U0928033

IAMAC

IAMAC
系列丛书

养老金投资管理

战略与机遇

"长江养老杯·IAMAC 2018–2019 年度征文"论文集

曹德云　苏　罡　主编

上海财经大学出版社

图书在版编目(CIP)数据

养老金投资管理:战略与机遇 “长江养老杯·IAMAC 2018—2019年度征文”论文集/曹德云,苏罡主编. —上海:上海财经大学出版社,2019.12

(IAMAC系列丛书)

ISBN 978-7-5642-3413-3/F·3413

Ⅰ.①养… Ⅱ.①曹…②苏… Ⅲ.①退休金-投资管理-研究-中国 Ⅳ.①F249.213.4

中国版本图书馆CIP数据核字(2019)第252827号

□ 责任编辑 杨 娟
□ 封面设计 张克瑶
□ 版式设计 朱静怡

养老金投资管理:战略与机遇

“长江养老杯·IAMAC 2018—2019年度征文”论文集

曹德云 苏 罡 主编

上海财经大学出版社出版发行
(上海市中山北一路369号 邮编200083)
网 址:http://www.sufep.com
电子邮箱:webmaster@sufep.com
全国新华书店经销
上海华业装璜印刷厂印刷装订
2019年12月第1版 2019年12月第1次印刷

787mm×1092mm 1/16 14.75印张(插页:1) 297千字
定价:73.00元

编 委 会

主　编： 曹德云　苏　罡

副主编： 刘传葵　张　坤　段家喜

编　辑：（按照姓氏笔画排序）

卢　铮　朱　炜　朱　霞　陆　悦

陆媛媛　梁风波

序 一

社会保障制度事关广大人民福祉，尤其随着我国逐步进入老龄化社会，养老金可持续发展日益成为亟待认真思考和解决的现实问题。

党的十九大报告在谈及“加强社会保障体系建设”时，明确提出“按照兜底线、织密网、建机制的要求，全面建成覆盖全民、城乡统筹、权责清晰、保障适度、可持续的多层次社会保障体系。”当前，我国已初步搭建了一个由政府、企业和个人共同参与的多层次养老保障体系的基本框架，即第一层次基本养老保险；第二层次企业年金、职业年金和团体商业养老保险；第三层次个人商业养老保险。

多年来，我国保险业已深度参与多层次社会保障体系建设。在第一层次基本养老保险基金投资管理领域，6 家保险机构首批获得投资管理人资格，管理规模超过 450 亿元；在第二层次企业年金、职业年金领域，经过十余年的积极投入和深度参与，人身保险公司特别是专业养老保险公司充分发挥专业优势，为企事业单位养老金计划的发起、运营、给付提供全程管理服务，成为企业（职业）年金市场的主力军。截至 2018 年底，保险业累计受托管理的企业年金基金 7 501.7 亿元，保险业累计负责投资管理的企业年金资金余额 7 836.4 亿元，市场占比已超过 55%。职业年金市场启动不久，在目前已开展的新疆、山东、河南、辽宁及中央国家机关事业单位等 27 个单位的职业年金受托人招标中，全部中标的 5 家机构中有 4 家为保险机构，即国寿、平安、泰康和长江；在第三层次商业养老保险领域，经过近 30 年的发展，商业养老保险在服务网络、产品开发、信息系统、风险控制、精算技术等方面，均取得了长足的发展。此外，个人税收递延型商业养老保险从 2018 年 5 月 1 日开始试点实施。税延养老保险产品以“收益稳健、长期锁定、终身领取、精算平衡”为原则，充分发挥商业养老保险风险保障功能和长期资金管理优势，帮助参保人有效抵御养老金积累期的投资风险和退休后领取期的长寿风险。目前,个人税延养老保险试点运行平稳。

从全球实践看,过度依赖基本养老保险带来的国家财政可持续性压力不断加大,体系结构不平衡成为养老金改革的主要掣肘。针对上述难点,加强养老金投资与管理,激励养老金第二、第三层次发展,从而进一步创新养老金产品和体制机制,完善养老保障体系建设,共同推动养老金制度改革,提升全民养老保障水平,成为亟待研究的现实问题。

基于此,中国保险资产管理业协会主办、长江养老保险股份有限公司协办的“长江养老杯·IAMAC 2018—2019 年度征文”以“养老金投资管理:战略与机遇”为主题,向业界、学界和社会各界有识之士诚征独到见解。征文活动得到了监管部门、行业协会、专业机构以及各大高校学者的踊跃参与和积极投稿。本次征文活动经过严格初审,共有近 30 篇征文进入最终评审,经过协会专家、研究机构学者和会员单位专家组成的评委会的严格匿名评审,共评选出优秀论文 14 篇,有效推动了全行业积极思考多层次养老保障体系建设发展、养老金体制机制改革,以及养老金投资管理实务应用,取得了良好的舆论效果和广泛的社会影响。

“IAMAC 年度征文”是由中国保险资产管理业协会创办的行业重要研究品牌之一,目前已连续举办四届。征文主题紧扣政策动向和行业热点,引导业内与社会各界对中国保险资产管理业进行重点关注和深入探讨。激荡思想,凝聚智慧,“IAMAC 年度征文”将继续架设行业研究交流的桥梁和纽带,为行业发展做出积极贡献!

中国保险资产管理业协会

执行副会长兼秘书长 曹德云

2019 年 8 月 9 日

序　二

面对日益严重的人口老龄化问题，如何推动养老金市场化运营和多元化运作，以应对老龄化高峰来临时的挑战，成为养老保障制度改革的重要任务。

近年来，在监管部门的正确指导以及市场主体的共同推动下，养老金市场化投资加速扩围，行业发展迎来新的战略机遇期。第一支柱方面，自 2015 年 8 月国务院颁布《基本养老保险基金投资管理办法》以来，有关部门一直在努力推动各地基本养老保险基金的委托投资工作。截至 2018 年底，累计已有 17 个省（区、市）委托投资基本养老保险基金 8 580 亿元，已经到账的资金达到 6 050 亿元。在这 17 个省（区、市）里面，有 9 个启动了城乡居民基本养老保险基金的委托投资，合同金额达 773 亿元。第二支柱方面，一方面，企业年金制度建设与投资运营日趋规范与成熟。截至 2018 末，全国企业年金建立企业数达 8.74 万家，覆盖职工 2 388.17 万人，年末基金累计结存 14 770.38 亿元。2009—2018 年企业年金平均收益率为 5.00%，远高于 CPI 增速，较好地实现了企业年金资金的保值增值。另一方面，职业年金的运营准备工作稳步推进。截至 2019 年 6 月，已有 25 个省区市完成了职业年金计划受托人评选（全国共计 33 个职业年金项目需要选聘受托人）。与此同时，中央国家机关、山东省等职业年金计划已正式启动投资运作，为长期资金对接实体经济开辟了新的渠道。第三支柱方面，2018 年 4 月以来，个人税收递延型养老保险在上海市、福建省（含厦门市）和苏州工业园区三地开展试点，后续试点范围有望推广至全国；同时，养老目标基金、生命周期型养老保障产品等产品的陆续推出也极大地丰富了个人养老金产品的内涵。

目前，“IAMAC 年度征文”活动已成为凝聚全行业智慧与共识，牢牢把握养老金投资管理的历史机遇，以理论研究与实践探索共同推动养老金的市场化、专业化运营，不断优化养老金管理模式与商业生态的一个重要的平台。由中国保险资产管理业协会发起,长江养老保险股份有限公司协办的"长江养老杯·IAMAC 2018—2019 年度征文"主题确定为"养老金投资管理:战略与机遇"。本次征文活动得到了监管部门、行业协会、专业机构以及各大高校学者的踊跃参与和积极投稿。经评审委员会评审,编委会选取优秀论文集结出版,以期更好地汇聚业内与社会各界人士的真知灼见,进一步唤醒全社会的养老责任意识,进一步号召与呼吁全行业对养老金投资管理进行深入思考。

一花独放不是春,百花齐放春满园。我们相信,伴随着社会各界对老龄化问题重视程度的不断提升,我国的养老金制度改革与养老金投资管理必将取得更大的发展,我国的养老保障事业必将向着健康可持续的方向不断迈进,现在的老年人和将来的老年人都可以享受更加富足美好的退休生活。

长江养老保险股份有限公司

党委书记、董事长

2019 年 7 月 25 日

目 录

序一…………………………………………………………………………………………（1）

序二…………………………………………………………………………………………（1）

制度建设篇

企业年金投资行为短期化成因分析及对策…………………………… 叶　蓬（3）

个人养老金税优政策：国际经验、理论依据及中国建议……………… 段家喜（8）

积累制个人账户养老金的三个核心问题……………………………… 罗桂连（18）

关于职业年金发展的思考和建议……………………………………… 王晓平（24）

风险效率是中国建立税延养老保险制度的核心价值………………… 赵光毅（35）

我国养老金第三支柱制度建设探索……………………… 胡继晔　王　慧（40）

多元投资助力国家养老保障体系建设

——养老金的市场化投资与管理

………………………… 中国人寿资产管理有限公司养老保险投资管理研究小组（49）

“职业年金之谜”的破解之道

——多目标决策下的职业年金投管人选择问题……………………… 闫化海（57）

对个税递延养老保险的思考…………………………………………… 熊　鹭（62）

行业发展篇

保险业应积极包容信托型业务，加快寿险产品与养老金产品协同发展 … 苏　罡（71）

养老保险公司经营模式初探
——基于五家养老保险公司的案例分析…………………………… 裴　峰(82)
金融衍生品：养老金等长期投资管理的利器 ………………………… 吴长凤(89)
保险资金参与养老服务体系建设
——另类投资视角下保险资金投资养老社区的探讨……………… 马　勇(98)
基于信用角度探讨养老金产品投资地方债的价值和风险 …… 陈　瑞　徐　珂(107)
年金投资问题探讨 ……………………………………………………… 李　枢(119)
长期视角的养老金投资管理 …………………………………………… 王承炜(122)
普惠养老金融视角：另类投资挑战、机遇与创新 ……………… 远洋资本课题组(128)
养老金投资绿色资产支持证券的分析研究 ……………………… 陈　瑞　刘飞扬(133)
平台化运营助力税延养老资产管理探索 ……………………………… 于子翊(141)

国际经验篇

美国私营养老金改革和默认投资基金的选择
——生命周期基金 ……………………………… 龚　刚　邓佩云　彭昕卉(147)
从国际经验看我国商业养老保险资金的投资管理 …………………… 吴　杰(163)
美国 REITs 模式对中国养老地产发展的启示………………… 潘伟智　陈　瑞(174)
以参与香港市场为契机，积极布局养老金海外市场……………… 朱　炜　陆　悦(182)
借鉴海外养老目标基金经验，构建国内第三支柱养老体系……………… 李　真(187)
海外个人养老金产品与投资的经验借鉴和思考 …………………… 张舒宜　杜长春(202)
中美养老金体系对比及对我国养老金改革的借鉴 …………………… 冯铁良(212)
后记 ………………………………………………………………………… (223)

制度建设篇

企业年金投资行为短期化成因分析及对策

叶　蓬*

当前，企业年金投资呈现短期化的特征，投资目标的内在矛盾、合同期限和收益考核的短期化、“单位人”管理模式下缺乏个人投资选择权以及税收制度和会计核算方法不完善等都是造成投资行为短期化的原因。未来建议积极推动落实年金个人投资选择权，设定默认投资组合，引入生命周期产品理念，并进一步调整和优化税收优惠政策及会计核算方法，实现年金长期化投资。

一、目前企业年金投资期限状况

企业年金具有长期资金属性，职工从工作到退休领取养老金，一般需要经过 20—30 年，企业年金的负债周期也相应长达 20—30 年。从目前来看，企业年金投资过程中呈现短期化的特征，与其作为长期资金的属性不相适应。以某大型集合计划的投资管理情况为例，各组合以债券投资和另类投资为主。债权投资方面，所有组合的债券平均久期普遍偏短，基本在 2 年以下；另类投资方面，所有组合的产品期限主要集中在 5 年以下，绝大多数产品期限都在 10 年以下。对比国外养老基金，加拿大 CPPIB 近年来在另类投资领域选择将更多资金配置在期限更长的资产类型，其中基础设施的持有年限为 20 年以上，核心地产为 15 年以上。综合来看，我国企业年金投资目前尚无法满足长达 20—30 年的长期资金需求。

二、企业年金投资行为短期化成因分析

（一）企业年金基于“单位人”管理模式，缺乏个人投资选择权

我国的企业年金建立在传统“单位人”的管理模式基础上，这也是第二支柱享受税优，需要适应单位代扣代缴个税征管模式的必然选择。基于“单位”的企业年金计划建立、投管人选择和投资指引制定，使得个人选择权缺位，从而也会出现相应的弊端。

* 叶蓬，太平洋人寿保险股份有限公司副总经理、财务负责人。

1. 代理行使委托人职责的部门专业性缺乏的问题

从实际操作来看,建立计划的企业一般通过企业年金管理委员会负责企业年金重大决策,下设企业年金办公室负责日常与年金管理机构的对接,日常工作主要由人事部门和财务部门负责,年金经办人员和管理人员大多为兼职,企业相较于个人投资选择的专业性优势并没有得到体现。

2. 集中决策模式下资产配置有效性不足的问题

企业员工众多,职工的年龄、收入和退休储蓄情况因人而异,每一个人的风险偏好和预期收益都可能不同,不同年龄段的风险承受能力也不同,无法用一个标准来衡量。在目前的年金治理结构中,企业作为雇主承担选择年金管理机构的权利,并承担投资的风险责任。在这种模式下,企业的投资决策往往趋于保守,宁可选择低风险的投资策略,也不允许年度投资业绩出现亏损。这也导致投资管理人很难判断委托人的真实需求和风险承受能力,进而很难提供符合其风险偏好和预期的投资产品。

(二)企业年金投资目标存在矛盾性,合同期限及收益考核短期化

企业年金需要通过长期的投资增值以抵御个人退休后的长寿风险。但在实际操作过程中,受资本市场波动和委托人多面复杂的要求影响,年金投资难以做到长期配置。

1. 委托人风险偏好漂移的问题

委托人通常会对投管人提出两个要求:一是业绩不能出现亏损,必须实现绝对收益;二是有较好的相对排名,争取获得高于市场平均水平的超额收益。“牛市要相对收益、熊市要绝对收益”的心态十分普遍。这导致委托人对收益目标的要求会随着资本市场的高低起伏在绝对收益和相对收益之间转换,投管人为了兼顾绝对收益和相对收益,只能加大操作频率,通过择时博取更高收益。加之目前我国资本市场的高波动、不成熟特征,必然导致年金投资随短期市场沉浮而难以获得跨周期的长期收益。

2. 企业年金合同期限普遍较短,限制了有效的长期投资安排

目前企业年金投管合同期限普遍在三年及以下,合同短期化使得投资管理人仅以1—2年作为制定目标策略及考核业绩的期限单位,更加着眼于影响价格变动的短期因素,从而难以进行更加长期的资产配置,合同期限短也限制了投管人对于长期投资品种的选择。因为频繁更换投管人必然带来年金资产的变更,产生较大的转换成本,例如债券品种往往成交量有限,短期内变现就要降价抛售。同时,年金资产的转移也需要较长时间,转移期间无法作相应的投资安排。

3. 对于投管人的考核侧重短期和当期

企业年金的考核期限,一般包括合同期考核、年度考核和报告期考核。委托人对投管人的考核周期普遍在一年以内,有些甚至采用季度考核方式,很大程度上弱化了“合同期业绩考核”。许多委托人根据当年、当期的投资收益,调整新增缴费和存量资

产的分配比例。考核的短期化迫使投管人更加关注相对排名,无法接受投资组合短期大幅波动,从而忽视了长期性的战略资产配置。通过年金投管人实际排名来看,2012—2017 年,共有 9 家投管人累计投资业绩高于市场平均水平,但其中有 8 家出现过年度排名在后 50%的情况,因此按照短期排名和当期收益考核并不可靠。

(三)我国暂未征收资本利得税,短期交易不受交易成本约束

资本利得税是对投资者证券买卖所获取的价差收益(资本利得)征税。目前我国证券市场发展程度较低,基于推动证券市场发展,培养投资者信心等原因,我国目前暂未征收资本利得税。企业年金投管人进行短线交易的成本较低,从而导致长期持有各类投资品种的主动性降低。

(四)现行会计核算方法不能有效反映企业年金投资的长期属性

现行企业年金会计核算主要依据《企业会计准则第 10 号—企业年金基金》(以下简称“10 号准则”)的规定,具体操作一般参照中国证券业协会发布的《证券投资基金会计核算业务指引》(以下简称“基金核算指引”)。现行核算方法从以下两方面来看不利于企业年金的长期投资。

1. 按照市值计价放大了年金资产的波动,长期投资的价值未能体现

按照 10 号准则和基金核算指引的规定,企业年金投资的金融资产,其初始和后续计量只能选择金融资产“四分类”中的“以公允价值计量且其变动计入当期损益”的类型(一般指按市值计价,波动反映在当期净值变化中),而不能选择“持有至到期投资”“可供出售金融资产”“贷款和应收款”等类型。这意味着企业年金投资无论其持有目的和持有期限如何,均不能采用摊余成本法,年金资产净值必然随着金融产品的市值波动而波动。对于年金投管人来说,即使主观意愿是长期持有,在现行核算方法下势必也会受到短期市场波动的冲击,难以体现长期持有的价值,其结果往往是反向诱导投资经理频繁短期操作。

2. 企业年金资产与负债计量存在不匹配现象,长期资产配置难以实现

在企业年金仍以“单位”为主体,没有个人选择权的现实情况下,同一年金计划中,不同个体之间因年龄不同而实际领取年金的时间差别很大。如果将每一个年金计划视作独立的会计主体,则该主体对应资产方的缴费积累,也存在隐性的负债成本。因此,投资资产的久期分布应与未来现金流相匹配,大部分的投资资产(特别是固定收益类资产)应该是长期持有的,而非为了短期交易目的。目前采用的市值法计价,实际上并不支持长期资产配置的需要。

按照 10 号准则的列报要求,一方面,企业年金的负债只反映了当期退休者须领取的应付待遇,并没有考虑对未来退休的受益人所需承担的现时义务;另一方面,年金受益人的利益只是笼统地反映在净资产项下的“企业年金基金净值”中,当资产方的各项投资资产遇到市值大幅波动时,所造成的结果是:要么损害了当期退休者的利益,要么

损害了未来退休者的利益。

三、推动企业年金投资行为长期化的对策

(一)积极推动落实年金个人投资选择权

要推动企业年金长期发展,放开个人投资选择权十分必要,它不仅对提高职工参与积极性具有推动作用,而且对稳定资本市场、引入长期价值投资也意义重大。后续在年金投资选择权的设计上,可以参照国际经验,做好有限制地放开,每个年金计划可选的投资组合数量控制在合理区间内,并按照风险类别设置高、中、低不同风险程度的投资品种。同时,从服务个人客户,优化结构、提高效率的角度出发,进一步优化养老金管理机构在受托、投管、账管等环节的专业能力,为个人选择权的实施设计更加简单、透明和方便的操作流程,提供一站式的企业年金服务。

(二)设定合格默认投资组合,引入生命周期产品理念

美国在20世纪70年代推出401(K)制度以来,由于个人面对过多的选择而将养老金闲置或者选择了不适当养老金融产品的情况时有发生,影响了养老金的有效积累。因此,美国劳工部在2006年出台的《养老金保护法案》中推出养老金合格默认投资选择,雇主可以免责将雇员的养老金投向这些产品,这一举措极大地推动了401(K)的发展。有鉴于此,我国企业年金可以在落实个人投资选择权的同时,为受益人设计合理的默认投资选项,既能够克服个人投资专业性不足的问题,也能够进一步简化个人选择权放开后的相关流程。

在合格默认投资选择的设置中,最常见的是生命周期类产品,根据参与者年龄动态调整资产配置,并且只要确定退休年龄不需要提供额外的个人信息,为受益人提供简单易懂的投资选择。其基本规律是根据每个人离退休日期限不同来判断不同生命周期特征下的风险收益属性,从而对资产配置策略进行调整。针对有较长积累期,风险承受能力较高的年轻人群配置高风险、高波动性类资产,以获取高收益,此后随着年龄增长逐步降低高风险类资产配置比重,增加低风险类资产配置。临近退休时,则主要配置低风险的固定收益类和货币类等资产。

(三)进一步调整和优化税收政策配套措施

在我国目前不征收资本利得税的情况下,对于企业年金在领取时全额作为应纳税所得额征收个人所得税,实际上是对年金积累期间取得的投资收益征收了资本利得税,使得EET模式的税优吸引力大幅降低。可以考虑从引导年金资产长期投资的角度出发,对于长期持有的投资品种(比如持有期超过一年),允许领取时免征投资收益部分的个人所得税。这样不仅有利于提高年金税优的牵引作用,也有利于资本市场的长期、稳定发展。

此外,随着新个人所得税法的实施,可以考虑在综合扣除项目下增加个人年金缴

费的扣除额度，配合基本养老缴费比例的降低和年金投资个人选择权的放开，促进更多人从年轻时就养成自己为养老长期储备的习惯，推动三个支柱更加平衡、协调地发展。

（四）结合《国际会计准则第 9 号—金融工具》(IFRS9)的实施，优化企业年金会计核算，匹配年金长期投资属性

在国内会计准则与国际会计准则趋同的背景下，IFRS9 将于 2019 年 1 月起在境内上市企业施行，将于 2022 年 1 月起全面推行。IFRS9 将金融资产的计量方法由“四分类”改为“三分类”，即“摊余成本计量”“公允价值计量，变动计入其他综合收益(FVOCI)”和“公允价值计量，变动计入当期损益(FVTPL)”。如果一项债务投资工具符合 SPPI 特征（金融资产业务合同现金流量，solely payments of principal and interest on the principal amount outstanding)，即其产生的现金流量满足“仅为本金及未偿付本金对应之利息的支付”，则可以选择以摊余成本计量或分类为 FVOCI。这意味着企业年金持有的债券或一般贷款类投资如果能够通过 SPPI 测试，可以选择摊余成本计量。

从年金投资涉及的固定收益类产品（包括债券、信托产品、基础设施债权计划等）来看，许多产品的属性符合 SPPI 特征。如果准备长期持有收取合同约定的现金流，可以采用摊余成本计量。如果兼顾收取合同现金流和出售，可以归入 FVOCI(可回转损益)（目前 10 号准则尚不支持年金归类为 FVOCI)。对于股票、混合基金等权益类投资产品，则归类为“公允价值计量，变动计入当期损益(FVTPL)”。现行 10 号准则专门针对企业年金进行规范属于权宜之计，按照国际会计准则的框架体系，各类金融资产和负债的确认、计量和披露均应遵照 IFRS9 的要求。因此，随着 IFRS9 的实施，可以对 10 号准则进行修订或废止，全面接轨国际准则。在 IFRS9 规则下，企业年金计量方法的选择可以更好地契合年金资产和负债的特性，有利于长期资产配置。

（本文获“长江养老杯·IAMAC 2018—2019 年度征文”一等奖）

个人养老金税优政策：国际经验、理论依据及中国建议

段家喜*

个人养老金属于第三支柱。在人口老龄化的背景下，养老金体系多支柱化已成为全球共识。绝大多数国家强调政府在养老金体系中起主导作用，并积极利用好市场机制，给予税收优惠等政策促进私人养老金市场发展，产生了较好的成效，缓解了人口老龄化，提升了保障能力。税收优惠是个人养老金的发展引擎，在某种程度上，没有税优政策的支持，就没有真正意义上的第三支柱。当前中国正在着手制定或试点税收优惠政策，在这一过程中既有共识，也有分歧。总结好国际经验、剖析好理论依据，并结合中国实际提出建议，有利于制定出台更有效的政策，推进个人养老金市场的快速发展，让这个制度惠及广大人民群众。

一、国际经验

养老金社会化、制度化是工业革命的产物，也是现代文明社会的标志之一。养老金制度化实现了对长寿风险的有效保障；实现了个人一生收入消费的平滑；实现了年轻一代对老年一代的赡养。公共养老金是人类制度的伟大创新之一，在维护社会稳定、保障民生以及促进发展等方面发挥了巨大作用；但自其诞生之日起，即面临人口老龄化、经济增长波动等方面的挑战。在应对挑战的过程中，私人养老金作为结构式改革措施被大多数国家引入体系，并在缓解公共养老金压力等方面显得越来越重要。私人养老金包括职业年金（Occupational Pension）和个人养老金（Personal Pension），前者是由雇主发起设立，后者则是由个人购买的（有的国家允许雇主配资）。由于政治、经济、社会、人口、文化等方面的条件不同，各国选择了不同的私人养老金发展模式，大部分经济发达国家积极推出税优个人养老金（如表 1 所示）。根据 OECD 的研究报告，2013 年有 17 个 OECD 国家（总共 34 个）建立了强制或准强制的私人养老金制度，

* 段家喜，长江养老保险股份有限公司副总经理。

有 12 个国家的个人养老金覆盖率[①]超过 20%,分别是加拿大、捷克、丹麦、芬兰、德国、冰岛、韩国、挪威、新西兰、荷兰、瑞典和美国。

表 1　　部分国家建立税优个人养老金的时间轴

国家	初建时间	建立背景等	覆盖率
加拿大	1957 年	1957 年推出注册养老储蓄计划(RRSP),后又推出注册养老收入基金、免税储蓄账户等	24.7%
美国	1974 年	1974 年国会通过《雇员退休收入保障法案》,允许建立个人退休账户(即传统 IRA),缴费可税前列支;后分别于 1978 年、1986 年、1996 年和 1997 年推出 SEP－IRA、SAR－SEP－IRA、SIMPLE－IRA 和罗斯 IRA	22%
日本	1984 年	1984 年的税制改革,规定了个人年金保费的扣除条件	…
英国	1986 年	1986 年先推出 EET 式的个人养老金计划,个人自行缴费,也允许雇主为雇员缴费。后又推出个人存托养老金和自主投资型个人养老金	11.1%
法国	1994 年	1994 年对于参与补充性退休计划的个体经营者给予税收优惠,随后于 1997 年、2001 年、2003 年再次改革,均要求养老金以年金的形式支付	5.3%
韩国	1994 年	1994 年开始实施个人年金计划(PPS),包括个人退休年金账户及个人年金保险等	23.4%
瑞士	1999 年	1999 年联邦宪法第 111 条第 4 款对鼓励个人购买商业养老保险提出相应的政策规定。包括人身保险、养老金账户和养老金托管账户等形式	…
德国	2002 年	2002 年推出里斯特养老金,后于 2005 年推出吕库普养老金	35.2%
瑞典	不详	个人购买商业养老保险的保费可以在一定额度内抵扣所得税	36%
芬兰	2005 年	只有保险公司允许提供养老金储蓄计划,其保费可在一定额度内抵扣所得税	20.9%

注:笔者根据有关资料整理。转引自段家喜著,《知行养老金》,北京工业大学出版社,2018:103.

各国个人养老金的税优政策各不相同(如表 2 所示),归纳起来,主要有以下三种。

一是直接财政补贴。如德国里斯特养老金计划的国家补贴由基础补贴和子女补贴构成。基础补贴自 2002 年到 2008 年逐年增长,目前为成人每年 154 欧元,已婚夫妇为 308 欧元;子女最高补贴为 185 欧元(2008 年前出生的)或 300 欧元(2008 年以后出生的)。同时自 2008 年起,26 岁以下年轻人士参加还能得到最多 200 欧元的一次性特殊奖励。

二是税收减免或递延。如美国允许个人在税前向传统 IRAs 缴费,账户资产的增

① 覆盖率是指占工作年龄人口(15－64 岁)的比重。资料来源于 OECD:“Pensions at a glance 2015”。

值部分无须缴纳投资收益税,只在账户资金支取时缴纳个人所得税,属于 EET 模式;而罗斯 IRAs 是个人税后收入缴费,在资金支取环节享有税优政策,但账户资金的增值和领取可以免税,属于 TEE 模式。荷兰、韩国、芬兰、丹麦、比利时、卢森堡、西班牙等多数国家的个人养老金均采取 EET 模式。意大利、瑞典等个人养老金采取 ETT 模式。

三是设定缴费限额,即只能在一定缴费额度内享受税收减免。设置缴费限额的主要目的是在效率的基础上关注公平,防止富有人群滥用税优政策。如德国里斯特养老金计划设有最低和最高缴费限额,2005 年之后缴费限额最低为每年 60 欧元,最高缴费限额为参保人前一年度税前总收入的 4%,2008 年之后最高为每年 2 100 欧元,如果缴费额低于 4%,则国家补贴会相应减少。

表 2　　部分国家个人养老金税优政策情况

国家	基本情况
英国	缴纳个人养老金的费用在税前不可扣除,但税务局按个人缴费的一定比例(8∶2)供款,即个人缴费 80 英镑,税务局供款 20 英镑
澳大利亚	第二支柱并不强制个人缴费。若个人自愿从税前或税后收入中向超级年金账户缴费,就形成了养老金第三支柱。税前的超级年金缴费,能够减少个人的税前收入,将收入降至较低所得税税率区间(15%)。个人从税后收入中缴费,可享受政府的缴费匹配,即政府按照 1∶1.5 的比例补贴,最高限额为每年 1 500 澳元
加拿大	缴纳注册退休金储蓄计划(RRSP)费用的税前扣除额根据个人的收入水平确定,每年最高供款额是个人前一年度工作所得的 18%,2013 年最高扣除限额为 23 820 加元,2014 年为 24 270 加元,但如果之前年度的扣除限额未用完,可以将未用额度转至今年使用;如果结转了以前年度未用限额,缴纳的养老金费用仍高于扣除限额,超出限额 2 000 加元的部分每月需缴纳 1%的税款。但如果将超出部分取回,或者所有的缴费都是符合条件的团体 RRSP 缴费,或者是属于 1995 年 2 月 27 日之前的缴费,则不需缴纳 1%的税款。集体注册退休金计划(PPRP)的税前扣除规定与 RRSP 一致
新加坡	补充退休计划(SRS)的缴费可税前扣除,扣除额为上一年度该个人及其雇主为其实际所缴纳的养老金费用。非居民不可享受任何税前扣除。2013 年居民可缴纳的 SRS 费用最高额为 12 750 新币,外籍居民为 29 750 新币
美国	传统个人退休金计划允许税前扣除,2013 年个人最高缴费上限为 5 500 美元,50 岁及以上个人缴费上限增加至 6 500 美元。但如果当事人或其配偶纳入了雇主补充养老计划(其中就包括 401(K)计划),则缴纳的费用可能仅能部分税前扣除或者完全不能扣除。罗斯个人退休金计划则领取时不缴税
日本	2013 年合格个人养老金的税前扣除计算方法如下:缴费(A)低于 2 万日元时,缴费可全额税前扣除;缴费(A)在 2 万日元至 4 万日元之间时,税前扣除额为:A×0.5+10 000;缴费大于 4 万日元时,税前扣除额为 A×0.25+20 000,但最高扣除额不得超过 4 万日元

续表

国家	基本情况
德国	参加里斯特养老金计划的成员有权从政府获得补贴，包括直接补贴和特殊津贴。直接补贴 2008 年起为每年 154 欧元，如果有小孩则补贴上升为每年 185 欧元。政府对从所得税中扣除特殊津贴的方式设定了免税限额，从 2008 年起，从所得税中扣除的特殊津贴最高限额为 2 100 欧元

注：转引自段家喜著，《知行养老金》，北京工业大学出版社，2018：105.

值得关注的是，税优政策并非万能。并非给予税优政策，个人养老金就会得到很好的发展。各国个人养老金参与率差异比较大，如 2016 年新西兰的参与率高达 72.9%，而葡萄牙只有 4%。这主要取决于：(1)流程是否简洁易行，复杂细致的税优规则以及烦琐的投保流程均是影响参与率的因素；(2)是否有配套措施，如自动加入机制、三支柱之间资金的互通等。这些均可从美国 IRAs 发展历史中清晰看出，如图 1 所示，1981 年美国出台政策简化税收规则并扩大 IRAs 的适用，提高 IRAs 年度缴费限额，并提出建立覆盖全体雇员的"普遍式"IRAs，允许第二支柱的资金向 IRAs 转账。传统 IRAs 缴费额由 1981 年的 34 亿美元增长到 1982 年的 283 亿美元，并在 1982 年至 1986 年达到年均缴费 344 亿美元，实现了跨越式发展。但 1986 年的收紧政策则缴费额由 378 亿美元直线下降到 1987 年的 141 亿美元，并在后续年份仍保持较低的发展速度。

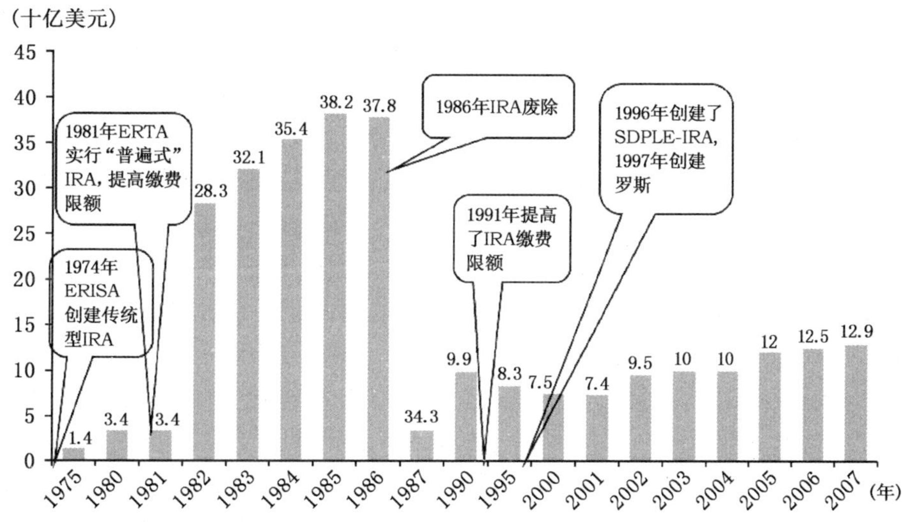

资料来源：段家喜著，《知行养老金》，北京工业大学出版社，2018：187.

图 1　美国传统 IRAs 发展情况图

二、理论依据

税收本质上是以满足公共需要为目的,由政府凭借政治权力(公共权力)进行收入分配而体现的特殊关系。税收具有无偿性、强制性、有固定限度,是可选择的政府收入的最佳形式。政府以税收方式获取财政资金,又将征税取得的资金从全社会角度重新安排,用于公共产品的供给和分配,甚至用于刺激经济发展。从宏观角度来看,税收能对经济体制、产业结构等起到平衡、调节和稳定的作用;从微观角度来看,税收对财富积累有明确的、相当大的潜在影响,影响消费者或生产者的利益或成本函数。根据经济学原理,征税会带来无谓损失,即:向买者征税时需求量会减少,向卖者征税时供给量会减少,进而减少市场规模。无谓损失就是使市场规模缩小到最优水平以下时引起的社会总剩余的减少。税收优惠作为税收调控经济的一个政策工具和实现载体,其运行机制与标准税制相同,但产生的影响和效果却相反。在既定的税制结构下,税收优惠可以刺激个人的当期消费、培育市场、促进经济增长。

建立公共养老金,或者说政府介入养老金体系,是作为应对市场失灵的有效措施出现的。工业革命改变生产方式和社会关系,同时也改变了养老等风险呈现的形态及影响。与农业社会相比,在养老问题及养老风险领域工业社会有以下特点:(1)家庭不再是生产单位,通常不再具有资源(特别是劳动力资源)配置等生产性功能;劳动也不再是终身之事,劳动力的职业生涯分为就业和退休两个阶段,在退休阶段收入降低甚至没有收入。(2)工业化生产导致劳动人口进一步集聚和城市的发展,养老风险从家庭外溢至社会,并集聚。(3)贫富差距拉大,老年贫困成为严重的社会问题,并可能影响社会稳定。保险是防范和管理风险的有效手段。早在18世纪中叶甚至17世纪末就有了商业养老保险(养老金),但市场失灵的客观、普遍存在,意味着单独依靠市场,无法有效解决养老问题,无法有效达到经济效率和社会公平的双重目标。19世纪末发生了由政府干预下的强制性公共养老金制度变迁,政府干预自由市场,在借鉴商业养老金运行机制的基础上,揉入强制参与、费用补贴、收入再分配等元素,建立公共养老金,由政府亲自出面为劳动者甚至全体国民经营并提供一份养老金。这在一定程度上克服了市场失灵带来的一系列问题,同时也有效缓解了劳资和社会矛盾,促进了社会和谐与稳定,产生了巨大的外部性,进而得到各国效仿。据世界银行资料,目前90%以上的国家或地区建立了特征不一的公共养老金制度。

在20世纪70年代之前,无论是在俾斯麦模式还是贝弗里奇模式下,公共养老金均给予相对慷慨的养老保障,更有许多国家建立了“从摇篮到坟墓”的福利国家社会,民众不需要多做打算就可以使退休生活保持在一定水平。但此后经济形势的变化、人口老龄化的不断加剧,越来越多的国家看到了问题的严重性,体会到公共养老金承受的挑战。改革刻不容缓,更多的国家是希望引入市场机制,提升效率;希望统筹更多的资源用于应对养老风险。这表现在两个方面：一是优化宏观效率。表现为腾出一部分空间或领域交由市场发挥作用，甚至使市场发挥基础性作用。这主要体现在养老金体系的结构式改革上，大部分国家引入完全积累制的私人养老金制度（通常是DC模式），也改善体系的可持续性。二是提升微观效率。表现在参量式改革上，体现为将市场机制引入公共养老金领域，如多缴多得、税收激励机制、经办服务外包、结余基金市场化投资管理等，以提高公共养老金的微观运作效率。

税收就是促进养老金市场发展的重要工具之一。在个人养老金计划中，税收优惠通常指对养老金计划的缴费、基金管理与投资运营、待遇领取三个环节，提供免税、延税、补贴等激励政策。税收优惠实质上是征负项税，即给予财政补贴。① 养老金税收优惠本质上是政府牺牲短期内一定的财政收入，鼓励和引导个人通过养老金计划或产品安排自己的养老问题。税收优惠政策首先可以改变短视行为，也可以纠正外部性所导致的无效率，这主要是从改变个人收益函数来起作用的。图2直观展示了政府财政补贴对养老金市场的影响，政府给予消费者财政补贴，将导致需求曲线向右移动，并与原供给曲线形成新的市场均衡。此均衡点上，市场规模得到扩大；经办机构得到的价格高于无财政补贴时的均衡价格，买方支付的价格将低于无补贴时的均衡价格。经办机构得到的价格与买方支付价格之差，就是政府财政补贴的规模，也是需求曲线移动的垂直距离。

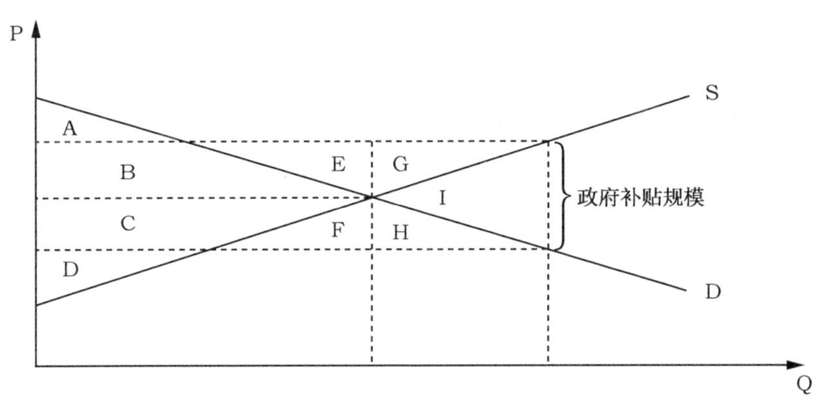

图2　税收补贴对养老金市场的影响

财政补贴的利益由经办机构和消费者共同分享，分享的程度取决于各自曲线的弹性，缺乏弹性的一方将从此项政策中获益更多些。但税收优惠政策也会导致无谓损失，也就是财政补贴无法完全转化为社会总剩余。如图2和表3所示，没有财政补贴

① 无论是直接给予补贴还是递延纳税，本质上都是一样的，都是给消费者负项税，即财政补贴。本文以财政补贴讨论税收优惠政策的效应。

时,消费者剩余和生产者剩余分别为A+B和C+D;有财政补贴时,消费者剩余增加到A+B+C+F+H,生产者剩余增加到C+D+B+E+G。而政府总补贴为B+C+E+F+G+H+I,大于社会总剩余(即消费者剩余与生产者剩余之和),多出的部分为I,即无谓损失。

表3　　财政补贴前后社会剩余变化表

	补贴前	补贴后	变化
消费者剩余	A+B	A+B+C+F+H	C+F+H
生产者剩余	C+D	C+D+B+E+G	B+E+G
政府补贴	0	B+C+E+F+G+H+I	B+C+E+F+G+H+I

注:政府补贴>消费者剩余+生产者剩余。

从契约或交易的角度来看,国家给予税优政策鼓励民众购买个人养老金,让渡了一部分经济利益;同时也对交易行为做出限制,以便制度设计更好为其初心,即养老保障或应对长寿风险服务。这种限制主要包括两个方面:一是限制领取的时点,通常要求退休时才能领取,除特殊情况外,提前领取会面临罚金(如补缴税款等)。这一限制使得税优个人养老金成为"长钱",即可以在十年甚至数十年的视角考虑投资或资产配置,进而成为资本市场的"压舱石",成为实体经济的主要且稳定的资金来源。二是限制领取的方式,通常各国允许参保人在退休时一次性领取一定比例或数额,但更多的是将资金引向年金化领取,甚至要求实现终身年金领取。从这个意义上讲,国家给予个人养老金税优政策,不仅有效缓解了养老压力,还产生了一个巨大的外部效应:建立了形成长钱的机制,支持实体经济的发展。

三、中国建议

当前中国人口老龄化形势严峻,并深刻影响经济、社会、政治。2016年中国60岁以上老人达到2.31亿人,2020年将增至2.55亿人左右,到2050年将超过4亿人,占比达到32.8%。中国养老金体系虽取得巨大改革发展成绩并发挥巨大作用,但其可持续性饱受诟病。公共养老金基金总体处于困难和不可持续的局面。以城镇职工基本养老保险为例,2016年基金总收入35 058亿元,其中征缴收入26 768亿元;基金支出达31 854亿元。即当年征缴收入不足以平衡基金支出,缺口达到5 086亿元;加上各级财政补贴(5 166亿元)及利息收入(1 070亿元)后,才勉强有结余1 150亿元。区域分布上呈现"贫富不均""苦乐不均"的状态,全国只有5个省(直辖市、区)当年征缴收入能够平衡基金支出;即使加上各级财政补贴及利息收入,仍然有7个省(直辖市、区)当年基金收入不足以弥补基金支出。

尽快发展包括个人养老金在内的私人养老金,是增加优质资源、破除养老金体系、缓解人口老龄化挑战的重要手段。中国早有共识,1991 年在国务院《关于企业职工养老保险制度改革的决定》(国发〔1991〕33 号)中就提出“三支柱”的概念,文件要求:“逐步建立起基本养老保险与企业补充养老保险和职工个人储蓄性养老保险相结合的制度,改变养老保险完全由国家、企业包下来的办法,实行国家、企业、个人三方共同负担”。这一理念和方向依然是正确的并指导实践,但现行体系依然是“公共养老金一柱独大”,市场化的进程相对比较缓慢。2018 年 4 月有关文件和政策出台,明确试点 EET 式个人养老金。但试点情况要远差于预期。截至 10 月底,上海税延养老保险业务累计承保保单 22 852 件,实现保费收入 3 400 余万元,全国占比 74.1%①。

为更好地推进个人养老金市场发展,建议如下。

(一)优化税优方式:由税收递延改为递延与补贴并举

无论直接补贴还是递延纳税,于财政而言在本质上是一致的,都是对民众购买个人养老金的行为征负项税,以此激励其购买。但其作用效果不同,递延纳税对于高收入群体有较好的激励作用,中低收入群体可能因收入达不到起征点而无法享受;直接补贴则更多向中低收入群体倾斜,操作简便,有利于让更多的人群享受政策福利,具有可控性、可获得感好等特点,更有利于提升制度公平性和覆盖面。

建议采取比较简明的个人养老金税优方式,主要有两项:一是直接补贴中低收入人群,具体额度可视财政及参保状况逐年确定;二是实行 EET,允许个人在一定额度内税前列支个人养老金缴费,并在投资环节免税,而在领取环节则合并其他收入缴税。可在试点基础上,积极探索并适时推出直接补贴式个人养老金,以扩大覆盖面,使政策惠及更广大人民群众特别是中低收入人群。

(二)提高税优力度:逐步提高个人养老金的替代率

税优力度直接影响替代率,影响个人养老金在体系中的分量和作用。税优力度大,个人缴费相应会多些,将来替代率就会高些,反之则低。对个人养老金应当给予多大的税优力度,没有国际经验可供借鉴,必须立足于中国国情,既取决于个人养老金目标替代率的设定,还取决于财政的可负担性。在当前“实施更大规模的减税降费”的语境下,可适当提高税优力度。如将税前扣除的比例提高到工资计税基数的 12%;并对于年缴费 6 000 元以上且未达到个人所得税起征点的,给予年缴费总额 10%的直接补贴。

同时可以试点采取以下配套措施:一是引入“自动加入”机制②。由用人单位(同

① 转引自《文汇报》2018 年 12 月 6 日。

② 根据美国斯坦福大学经济学教授 Raj Chetty 的研究结果“税收补贴政策主要影响那些高收入、金融知识丰富、最不需要政府干预养老规划的少部分人群;而自动缴费机制会增加大部分人的养老储蓄。自动缴费机制比税收补贴对增加养老储蓄的效果明显,其原因在于大部分人具有某种惰性,加之部分国家申报税收优惠程序比较复杂,如果政府让个人主动选择加入养老金第三支柱、开设养老储蓄账户或申请税收减免等事项,大部分人可能不会参加;反之如果政府让个人主动选择是否退出已经开设好的账户,大部分人不会选择退出。依此,建立个人养老金自动加入和自动缴费机制成为提升其参与率的有效办法。

时也是代扣个人所得税单位)代理员工办理加入税优个人养老金的相关手续,这将会大大有利于市场开拓和参与率的提升。二是打通三支柱之间资金流动的渠道。中国公共养老金采取统账结合的模式,已经建立了个人账户;企业年金(职业年金)也有个人账户,将来个人养老金也会设立个人账户。三者之间存在功能重叠,甚至市场竞争。应该建立以下制度,以促进三者之间的对接,提升个人养老的适用性和参与率:(1)允许符合一定条件的参保人将第一支柱中的个人账户直接转移至第二支柱或第三支柱,并实现市场化投资管理;(2)允许离职人员将其企业年金(职业年金)归属个人的资金转移到其第三支柱;(3)对于所在单位未建立企业年金的,允许将企业年金中给予个人的税收政策转移叠加到个人养老金。

(三)简化参保流程:建立兼容、开放、高效的制度框架

采取“统一账户+管理账户”的模式。如图3所示,建立信息平台,各金融机构为首次投保的参保人申请建立“统一账户”,“统一账户”具有唯一性,可实现投保人身份校验、税优产品登记、个人账户信息查询,并与税务信息系统无缝对接,实现投保人纳税抵扣、税务稽查以及直接补贴发放等功能。各金融机构在其内部为投保人建立管理账户和资金账户,实现产品的配置和转换等功能。

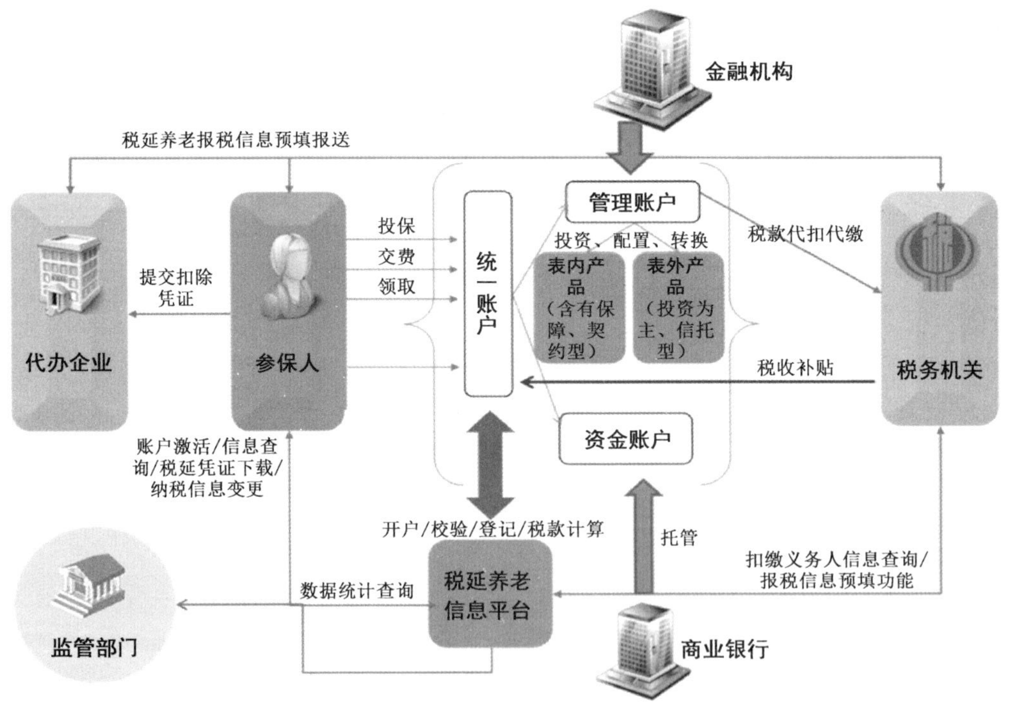

图3 中国税优个人养老金流程框架设想

这一模式具有以下特点:一是兼容开放,各金融机构可以在同一平台上参与竞争,并按投保人需求配置本机构或其他金融机构提供的产品。二是灵活多样,投保人可以在不同金融机构参保并建立管理账户,可配置多样化的产品,实现保障和投资的双重目的;同时信息平台和统一账户可保证了信息的准确性,也便于税务监管和金融行为监管。三是平台增信,信息平台的建设与运行,既可以提升效率和控制风险,还可以起到增信的作用,提升制度的公信力。投保人通过信息系统,即可完成计划下的缴费、投保、查询、产品(或资产)配置、领取等功能,也便于推行个人养老金计划的电子化和无纸化,节省成本。

(本文获“长江养老杯·IAMAC 2018—2019 年度征文”二等奖)

积累制个人账户养老金的三个核心问题

罗桂连[*]

本文首先阐述公共养老金、职业养老金、个人养老金是独立的同等重要的三个支柱，而不是相互依赖的有优先级差别的三个层次，还提出国内构建三支柱养老金制度的目标模式与路径。随后，阐释“受益人利益最大化”这一核心理念，并介绍个人账户养老金公共治理的八项要点。最后，介绍积累的养老资产年金化的理念、理论和要点。

一、“三支柱”而不是“三层次”

公共养老金、职业养老金、个人养老金构成有能力积累养老金的中等以上收入人群的“三支柱”养老金。每个支柱都应当足够强大，可以不受其他支柱影响，独立地提供一份持续、稳定、可预期的养老金，才能共同支撑起占人口大多数的中等以上收入人群的长期养老金需求，确保不出现系统性的养老金危机，这是进入老龄化的现代国家的共同选择。确实没有积累能力的小部分人群，只能依靠公共养老金兜底，保障其基本生活需要。

三个支柱是具有同等重要性的独立构件，才能实现资产配置、风险分散和相互补充的系统稳定性效果。如果理解为基本、补充、额外等三个有优先顺序、相互依赖并厚此薄彼的三个“层次”，过于强调“基本”层次这一个支柱，而忽视其他两个支柱，形成跛腿的结构，则会造成整体养老金制度结构的不稳定。如果其他两个支柱没有或很弱，而所谓的“基本”也不可依托，则有可能酿成养老金危机。

我国政府在 1991 年就明确提出逐步建立起基本养老保险、企业补充养老保险和职工个人储蓄性养老保险相结合的三支柱制度。但是，经过近 30 年的发展，实际运行情况与制度设计初衷差距悬殊。由于第一支柱基本养老保险的缴费率高达 28%，企业缴费负担重，加上企业年金是自愿性计划，大部分企业既没有能力也没有动力为员工建立企业年金之类的职业养老金计划。截至 2016 年底，全国建立企业年金的单位

* 罗桂连，中国国际工程咨询公司研究中心投融资处。

7.6 万户，参加职工 2 325 万人，占当前参加职工基本养老保险人数 88 777 万人的 2.62%，积累基金 1.1 万亿元，平均每个成员结存企业年金基金 4.73 万元。无论从覆盖率还是积累基金数量判断，企业年金为主体的职业养老金还远未达到作为一个支柱的地位。由于国家对个人养老金没有任何优惠鼓励政策和制度保障，国内制度性的个人养老金尚未真正起步。“三支柱”只剩下一个支柱，其他两个支柱连跛腿都还谈不上，养老金制度在结构上存在风险。

更为忧心的是，现行统账结合的部分积累制企业职工基本养老保险制度，在财务平衡、缴费率、待遇水平等方面都不具有持续性。由于制度设立时遇到国营企业减员增效改革和银行体制改革，不得不为已经退休的国营企业制度“老人”和提前退休的裁减人员支付养老金，采用了“高费率、混账管理”等权宜性政策，在执行过程中大量挪用个人账户资金，结构性问题与矛盾逐步暴露。政府本应承担的转制成本没有承担，使得巨额转制成本搅和在新的缴费型养老保险制度中，新制度运行时出现的资金缺口由财政买单。政府财政责任不清，各地方统筹单位有内在动力把责任往上级财政推，并尽可能往中央财政推。政府对资金缺口“实缺实补”，财政成为最终的兜底者，补贴压力越来越大。

虽然政府没有承担转制成本，对资金缺口承担不可推卸的责任，但是财政责任不清晰存在以下弊端：一是不清楚转制成本的规模，就不能确定每年到底需要多少财政资金来补偿转制成本，那么造成基金缺口的原因，到底是制度设计本身、管理漏洞还是转制成本，则成为一笔糊涂账。二是由于财政稀里糊涂地兜底，其他原因造成的收支不平衡也由财政兜底，导致在缴费、管理及支付等各个环节均存在道德风险，财政对基本养老保险的补贴成为黑洞。三是财政的社会保障支出应更多用于社会救助、低保等保障性及福利性支出，如果高比例的财政资金用来补贴缴费型养老保险制度，必定会挤压其他方面的资金，形成“劫贫济富”的逆向再分配效应。

在现有基本养老保险制度上进行修补，无法适应人口老龄化迫切形势的需要，已经到制度重构的关键时刻。

一是我国养老金制度需要结构性改革，在维持基本养老金制度为“社会统筹”与“个人账户”相结合的条件下，改革要点是“社会统筹国民化，积累制个人账户养老金全民化与市场化”。应由国家、雇主、个人(家庭)分别承担不同但互补的养老责任，尽快建立起真正的多支柱的养老金制度(见表 1)。

表 1　　我国养老金制度改革的目标模式

支柱	覆盖人群	资金来源	管理模式	养老金水平	制度功能
公共养老金	全体国民、普惠待遇	社会保障税等	全国统筹、公共经办机构管理，长期精算平衡	当地社会平均工资的 20%～30%	消除老年贫困，确保基本生活需要

续表

支柱	覆盖人群	资金来源	管理模式	养老金水平	制度功能
职业养老金	有正规劳动合同的就业人群，个人财务生命周期内的平滑消费	基于工薪收入的制度性养老储蓄、税优补贴、投资收益等	商业机构通过信托或保险等方式市场化运营管理，政府规制与监管	待遇取决于退休前的积累，高于本人退休前工资水平的30％	实现体面乃至高水平的退休生活
个人养老金	有养老金积累能力的人群（占全体国民的70％～80％），个人财务生命周期内的平滑消费	个人（家庭）择时、酌情的制度性养老储蓄、税优补贴、投资收益等	商业机构通过信托或保险等方式市场化运营管理，政府规制与监管	待遇取决于退休前的积累，高于当地社会平均工资水平的30％	实现体面乃至高水平的退休生活

将现有城镇企业职工的基础养老金、城乡居民的基础养老金、部分城市的养老补贴以及向老龄人口支付的最低生活保证金等并轨纳入由“社会保障税”支撑的中央统筹非缴费关联（养老金待遇与个人纳税和缴费情况不关联）的普惠型（覆盖全体达到退休年龄的人群）基础养老金（建议改为“公共养老金”）。制度目的是消除老年贫困，实现人人老有所养和社会公平待遇。

视同缴费人群，事业单位、公务员群体的制度中人，以及制度老人的养老金支付引起的转轨成本，需要通过国有企业利润分红、公共财政、土地之类的公共资源出让等方式筹资解决。公共养老金实现中长期精算平衡，而不仅是确保当期发放，建议做1年、3年、5年、10年、30年、50年、70年的精算平衡报告，尽早发现问题，并着手采取政策措施，增强公共养老金制度的可预期性和可信任度。

整合各类个人账户进入统一管理系统，个人账户全民化。国家制定一揽子养老储蓄延期征税政策，强制雇主向员工养老金个人账户交费，并鼓励个人“择时、酌情”储蓄养老金，让更多的个人拥有伴随一生的养老金个人账户。整合现存的企业职工基本养老保险个人账户、企业年金个人账户、城乡居民养老保险个人账户等，依法建立养老金个人账户管理规则和信息系统，在良好治理下实现养老基金安全投资运营和长期投资净收益；制度目的是实现个人平滑消费，拥有体面的退休生活。

二是完善个人账户养老金制度设计和养老基金安全运营机制，发挥个人账户养老金的积累功能，以应对人口老龄化的挑战。整合管理各类养老金个人账户，建立统一规范的养老金个人账户管理服务平台，设立个人账户养老金集中式清算所及公共信息系统，提升公共服务质量。

为确保个人账户养老金发挥作用，应强制要求或者通过自动准入制度要求雇主为所有符合的员工向合格职业养老金计划交费，雇主缴费比例不得低于法定最低比例，逐步提高雇主缴费比例至12％以上。

个人(家庭)在税收政策的激励下,可以根据个人财务生命周期择时、酌情选择确定自己的个人储蓄时段及金额。个人可以主动选择参加政府发起的养老金计划、雇主发起的单一雇主计划、所在行业发起的行业性计划或者营利性商业机构发起的集合计划,允许符合一定资格条件的个人作为受托人管理自己及其家人的养老金个人账户。

借鉴英国的经验,对于未能主动选择参加个人账户养老金计划的员工,雇主为其自动加入政府发起的养老金个人账户管理服务平台。未能参加合格职业养老金计划的城乡居民,可以主动选择加入政府发起的养老金个人账户管理服务平台进行养老储蓄。

三是养老金制度等社会政策设计及立法应广开言路、经过充分讨论达成尽可能广泛的社会共识。从 20 世纪 90 年代以来,国务院及有关部委已颁发一系列关于养老金制度改革的法规与文件,基本养老保险制度模式多次出现重大改变;而这种改变没有经过充分的论证与广泛讨论,导致各类参保人对现行养老金制度的信心持续性下降,对改革的担忧甚至抵触情绪有所增加。

二、受益人利益最大化

"受益人利益最大化"是信托型积累制养老金公共治理的核心理念,是积累制养老金行业的国际惯例。与积累制养老金管理相关的各国际组织,积累制养老金行业发展比较成熟的国家,均在相关法规及自律准则中明确提出"受益人利益最大化"这一核心理念。

积累制养老金制度基于预先积累和锁定账户,应该具有明确的积累目标,即月领养老金收入对个人退休前收入或社会平均工资的替代率。积累制养老金基于个人的财务生命周期进行平滑消费,应使用"养老金替代率"这一相对数量指标,而不是"养老金收入水平"之类的绝对数量指标。积累制养老金积累终值的来源包括雇主缴费、个人储蓄、税收让利及投资收益 4 个部分。

本文将"受益人利益最大化"这一核心理念界定为:在政府的有效规制及良好监管下,基于信托关系基础上的公共治理,用人单位与/或个人按一定的缴费水平进行持续性缴费/储蓄,在受托人的审慎管理下,实现积累养老资产的预期目标,为受益人提供稳定的较高水平的养老金替代率。积累制养老金公共治理强调政府规制和养老金的社会公益性,包括以下要点。

一是产权保护,即依法明确养老金的产权归属。在养老金受托管理期间坚持资产独立,并与受托人的固有资产分开管理,不论它被锁定多少年,转移多少次,经历多少回经济波动和金融海啸,永远不会用于清偿受托人及其他任何人的债务,投资收益在扣除管理费后还能持续超越通货膨胀,确保养老金权益可以安全回到受益人手里。

二是政策促进,即基于实现受益人最大利益而进行的公共政策选择。养老金政策应合理设定积累制养老金缴费的起始和截止年龄、多方分担的养老金缴费率、延期征税政策(EET),以及受托人有效竞争和合理管理费制度,发挥公共政策纠正市场失灵和管理风险的价值,确保积累制养老金制度始终为实现受益人利益而良性运行。

三是筹资保障,即通过多方缴费确保养老资产增量。养老金缴费的公共政策应尊重个人财务生命周期,允许个人一生择时、酌情地储蓄养老金;关注企业经营成本,以税收政策鼓励用人单位为其员工缴费;政府对养老储蓄采取税收减免和储蓄补贴政策,这些都是具有战略意义的应对人口老龄化的积极措施。

四是服务创新,即坚持受益人利益至上原则设计多元化服务模式,适度满足计划成员自主选择的意愿,分别提供自主决策、有限选择、默认选择等不同的养老金管理模式,政府进行分类规制与监管,为中小雇主和灵活就业人员参加养老金计划打开通道。

五是信托关系,即受托人是养老金市场化运营的全权责任人。养老金受托人是具有专业资格、能力和信誉记录的"有本事、靠得住"的靠谱机构,以其尽责的工作成效保障养老金安全运营,包括自身行为和委托行为,并要为其委托的服务商承担连带责任。

六是有效投资,即低成本、合理风险和稳健收益的管理风格。长期锁定账户的养老基金具有预期规模的雪球效应,养老金管理要坚持微利经营模式,控制成本、管理风险,追求稳健收益。伴随养老金雪球效应的出现,在微利经营模式下,随养老基金规模的增加,即使降低管理费率,养老金受托人的收入规模仍会增长,养老金委托人、受托人和受益人由此实现共赢、多赢,养老金受益人的利益最大化即在其中得以实现。

七是信息披露,即委托人和受托人之间的信息共享机制。这是克服委托代理风险的必要环节,也是委托人、受托人之间建立信任基础,保持长期合作关系的必要措施。应推行信息披露和委托人(受益人)培训,设立积累制养老金集中式清算所作为公共信息平台。

八是规制监管,即确保受托人"好人"准入和违规退出的制度安排。可以借鉴英国模式建立专门的养老金监督机构。通过完善的监管制度与流程来培育养老金受托人队伍,保持受托人"好人"行为的稳定与连续性。在养老金市场上有一句名言:"只要有受托人的有序退出,就没有养老金计划的破产"。

三、养老资产的年金化

年金化指将退休前长期积累的养老资产的一部分转换为可以终生分期领取的有保证的稳定收入流量,即养老年金,才拥有真实的养老金。老人应当确保从退休后某个时点开始直至终生,有可信赖的真实的养老金,用于满足实现老年生活目标的长期资金需求。

第一,养老资产并不等于真实的养老金。某退休长者可能拥有相当于预期年收入20倍、30倍或40倍的可投资性养老资产。这些资产可能高度分散化地配置到共同基金、投资项目(不动产、股权等)、养老资产账户中等。不过,由于寿命的随机性和不可预测性,加上金融市场的波动性,仍然面临资产撑不到最后一天的风险。也就是说,他缺乏有保证的退休收入现金流,面临很高的"终生破产概率",如果人还活着,资产却已耗尽或赔光,就悲剧了。预期寿命的普遍延长、通货膨胀的不可回避、金融市场的剧烈波动,都有可能对那些即使是最富有的退休长者造成毁灭性影响。缴费确定型雇主养老金计划,延税或免税储蓄账户或在共同基金、保本基金、独立管理账户中的大笔资产,都不是真实的养老金。只有当您将部分养老资产转换成为养老年金时,才拥有真实的养老金。

第二,养老资产需要多元化配置。退休收入产品分为三大类:首先是传统的共同基金、交易所交易基金、股票账户和其他资产积累账户,它们提供资产增值的渠道,但不提供终生收入保障。其次是提供终生收入的金融产品,包括待遇确定型职业养老金计划和个人购买的生命年金产品。配置这类产品可以帮助人们抵御长寿风险,但通常完全不可逆且流动性差。最后是介于这两类之间的金融产品。这类产品按次序获得收益保护,最常见的是附带生存利益保证的变额年金与附带生存利益保证的固定指数年金。这些产品既提供保证性收入,又会面临股市风险。将养老资产在这三类产品中进行合理配置非常理性,如通过生命年金规避长寿风险,投资公募基金获得资产增值。

第三,年金化部分养老资产是必由之路。真实的养老金,必须有人提供某种保证。历史上看,履行养老金支付承诺的主体可能是政府、雇主或保险公司等商业机构。需要指出,公共养老金虽然有保证,但待遇水平的普遍降低已是现实,而且还在加速降低,应该认识到这种现实并有所行动,不能过度依赖政府。全球范围内,参加待遇确定型的雇主职业养老金的员工越来越少,雇主通常只负责按期交费而不再保障养老金收入,回到雇主保障养老金收入的时代已不可能。您应该对自己的退休收入规划负责,而不是等待政治家重建20世纪50年代盛行于西欧福利国家的养老金制度,也不能寄希望于雇主重建待遇确定型养老金计划。拿出部分养老资产并转换为保险公司提供的养老金产品,最好是盯住通胀率的年金产品,可以在余生得到一份有保证的收入,防范寿命不确定性、通货膨胀、金融市场波动等可能遇到的风险,有些风险确实无法掌控,而老年人又无法承受。

第四,退休规划需要理论支撑和专业工具。生命周期模型为退休规划提供理论依据,应当在年富力强经济收入最好的时候,为老年时期的花销积累养老资产。现代金融经济学已经开发出一套准则,指导理性的个人如何在整个生命周期消费他们的终生财富,这些准则称为"平滑消费"。退休收入可持续性系数(RSQ)即描述退休收入计划可以持续运转的可能性。

(本文获"长江养老杯·IAMAC 2018—2019年度征文"三等奖)

关于职业年金发展的思考和建议

王晓平*

本文从发展职业年金是深化养老保障体系改革的必然要求入手，梳理了我国职业年金发展的历程，从实施方案出台情况、机构调研情况、系统建设情况等方面详细介绍了当前我国职业年金发展情况，汇总了当前各地职业年金招标情况。文章进一步对职业年金在待遇支付方式、投资运作模式及投资范围方面的特点进行了分析，并与基本养老保险基金、全国社会保障基金、企业年金等进行了比较，厘清了职业年金的特性，根据其特性对当前职业年金提出了六个应深入思考的问题。

一、发展职业年金是深化养老保障体系改革的必然要求

（一）构建多层次养老保障体系的需求

党的十八届三中全会要求，制定免费、延期征税的优惠政策，加快发展职业年金、企业年金、商业保险，构建多层次的社会保障体系。职业年金是我国养老保障体系第二支柱的重要组成部分，也是完善多层次养老保险体系的重要举措。

（二）保障机关事业单位员工待遇水平的要求

机关事业单位养老保险制度并轨以后，机关事业单位人员都要参加养老保险，缴费标准和待遇发放与城镇职工的基本养老保险基本上是一致的，这部分养老金的替代率不超过 60%，而改革前的机关事业单位养老保险金替代率都在 70% 以上。为了确保新老办法的平稳过渡，保障机关事业单位的人员待遇水平，需要建立职业年金起到补充作用，通过投资运营，将替代率保持在合理的区间。

（三）促进人力资源开发的要求

职业年金制度的建立，使得面向机关事业单位的职业年金与企业年金共同成为我国基本养老保险的重要补充，二者构成了一个覆盖所有职业人群的补充养老保险体系，有利于全国统一的人才市场建设。今后无论是机关事业单位工作人员向企业流

* 王晓平，长江养老保险股份有限公司。

动，还是企业工作人员进入各级机关事业单位，个人账户资金可以携带转移，这为机关事业单位和企业之间的人员合理流动提供了制度保障。

（四）实现职业年金基金保值增值的要求

推动职业年金市场化运营具有重要的实践意义，这一举措是在为中国未来养老保障制度的长远发展提供资金保障；是在为解决我国人口老龄化养老金紧张压力提供可行路径。社会老龄化日益加剧，养老基金的供给总量、供给结构与快速的老龄化进程不匹配，社会养老金支付压力巨大。职业年金进入资本市场运行，是遵循经济发展的客观规律，实现职业年金基金保值增值的重要途径。

二、我国职业年金制度发展历程

（一）职业年金制度的建立

作为养老保险双轨制并轨的配套措施，职业年金制度的发展一直和并轨政策同行。2008 年事业单位工作人员养老保险制度改革开始试点，将山西等 5 个试点省市的事业单位工作人员并入城镇职工养老保险，并首次提出要建立职业年金制度来弥补事业单位人员因改革降低的退休待遇，但由于该改革方案未对职业年金制度做具体的实施规划，配套措施不到位，导致试点地区并轨改革遭到部分事业单位人员的反对。

针对这一情况，李克强总理在 2014 年政府工作报告中明确提出，改革机关事业单位养老保险制度，鼓励发展企业年金、职业年金和商业保险，正式决定将职业年金制度上升到顶层政策制定层面。2015 年 1 月 14 日，国务院印发《关于机关事业单位工作人员养老保险制度改革的决定》，从 2014 年 10 月 1 日起对机关事业单位工作人员养老保险制度进行改革，机关事业单位职工必须强制参加城镇职工基本养老保险。2015 年 4 月 6 日，国务院办公厅印发《机关事业单位职业年金办法》，规定从 2014 年 10 月 1 日起实施机关事业单位工作人员职业年金制度，公共部门补充养老保险制度即职业年金制度建立，标志着职业年金制度实现了真正的“有法可依”。此次改革，从制度上解决了机关事业单位和城镇企业退休金“双轨制”问题，实现了养老保险体系的“多层次”，是中国社会保障发展史上的里程碑事件。

（二）职业年金基金投资运营准备阶段

2016 年 10 月 11 日，人力资源社会保障部和财政部联合印发《职业年金基金管理暂行办法》（下称“《办法》”），对职业年金基金管理职责、基金投资、收益分配及费用、计划管理及信息披露、监督检查等作出明确规定，提出职业年金基金财产限于境内投资，投资范围包括银行存款、国债、商业银行理财产品、信托产品、证券投资基金、股票、股指期货、养老金产品等金融产品。其中投资股票、股票基金、混合基金、股票型养老金产品的比例，合计不得高于投资组合委托投资资产净值的 30%。

2017 年 1 月，人社部发布《机关事业单位基本养老保险关系和职业年金转移接续经办规程(暂行)》的通知,意味着职业年金基金将实际步入投资运作阶段。2018 年 4 月,人社、财政两部办公厅联合发布《关于规范职业年金基金管理运营有关问题的通知》(人社厅发〔2018〕32 号)(以下简称“通知”),针对各地职业年金准备过程中存在的地方办法的合规性和业务流程的规范性等问题提出了严格要求。“通知”重申了 92 号文及其配套政策的核心地位,要求各省按照职业年金基金特点和市场化运营要求,合理构建职业年金市场管理运营体系。

(三)当前职业年金发展概况

1. 各地实施方案出台情况

部分省依据国家出台的相关制度,结合本地条件,渐次出台了职业年金相关管理制度,如 2017 年 11 月福建省最新出台了《福建省职业年金基金管理实施办法》;2018 年 2 月山东省出台了《山东省职业年金管理及投资运营实施办法》等。各地出台的职业年金经办细则对基金归集、经办规程、转移接续、基金监督、评选委员会人数构成、计划设置、资金分配、受托投管能否兼任等问题进一步细化。截至 2018 年底,已有河北、山东、海南、福建等 12 地颁布了职业年金基金管理实施方案或办法。就评选委员会人员构成来看,以 7 人(中央、新疆、上海)、9 人(山西、宁夏、辽宁、河南)、11 人模式(河北、山东、西藏、福建、天津)较为集中。在计划设置方面,多计划统一收益率已成为各地共识。除基金规模较小的地区(海南省:6 个)以外,大多数省份都确定计划数为 7 至 8 个(中央单位:7+1 个,新疆维吾尔自治区、山东省:8 个;河南省:8+3 个;辽宁省:9+3 个;福建省:10 个;上海市:7+4 个;安徽省:8+2 个)。资金分配来看,初始资金分配以平均分配、两级、三级分配方式为主,其中海南、青海、宁夏三地采取了平均分配的方式,中央、天津、上海采用了两级分配方式,福建、山西采用了三级分配方式。后续资金根据受托人计划管理考核情况实行差异化分配。中央和海南提出受托人不能同时兼任投管人,其余均未对此作出规定。

2. 机构调研情况

截至 2018 年底,已有 16 地下发了受托调研问卷,开展调研及数据采集工作。从问卷内容来看,各省市之间互相参考,问题设计较为相似。各地对受托机构的养老金类牌照情况、净利润、受托业务收入占比、受托管理规模、职工人数、年度负收益计划数、监管处罚情况、集合计划收益及波动指标等指标较为重视。

3. 系统建设情况

职业年金信息系统是实现年金机构管理、年金计划管理、投资组合管理、投资转换、投资成交管理、年金待遇支付、年金账户管理、费用管理、接口管理、统计报表、系统管理等功能的主要载体,直接关系到各地职业年金推进状况。由于职业年金和基本养老保险具有高度关联性,目前各地普遍采用一体化的机关保系统进行经办管理,并由原基本养老保险的系统开发商负责系统建设或改造。截至 2018 年底,33 地系统建设工作均已启动，其中中央、上海、浙江等16地已进入系统联调阶段，北京、贵州、云南等7地进入接口测试阶段，重庆、青海、吉林等10地处于需求编写阶段。

4. 职业年金招标情况

2017年12月21日，在《办法》印发一年之际，全国职业年金计划法人受托机构招标“第一枪”在新疆维吾尔自治区打响，随着首单落定，2018年各地职业年金计划也将相继启动。截至2018年底，中央国家机关、新疆、山东、河南、辽宁职业年金计划已完成受托人招标；中央国家机关、新疆、山东职业年金计划已完成投管人、托管人招标；2019年1月，上海、福建、安徽完成受托人招标；其他省市自治区职业年金招标工作也在有序推进，职业年金基金正式投资运作渐行渐近。

从受托机构招标结果来看，有3种模式：第一种模式为选出一定数量的受托机构，如新疆、山东均选出8家受托机构，福建选出了10家受托机构。第二种模式为“受托机构＋候补机构”，如中央国家机关采用“7＋1”模式，选出7家受托机构、1家候补机构；河南采用了“8＋3”模式，选出了8家受托机构、3家候补机构；辽宁采用了“9＋3”模式，选出了9家受托机构、3家候补机构；安徽采用了“8＋2”模式，选出了8家受托机构、3家候补机构。第三种模式为“受托机构＋特点计划受托人”，如上海的“7＋4”模式，选出了7家受托机构、4家特定计划受托人。中标机构集中在平安养老、太平养老、工商银行、招商银行、长江养老、中国人寿、泰康养老、建信养老等6家养老金公司、2家银行（见表1）。

表1　　截至2019年1月职业年金受托人评选结果

中标机构	招标方							
	中央国家机关	新疆	山东	河南	辽宁	上海	福建	安徽
平安养老	受托人资格	受托人资格	受托人资格	受托人资格	受托人资格	受托人资格	受托人资格	受托人资格
太平养老	受托人资格	受托人资格	受托人资格	受托人资格	受托人资格	受托人资格	受托人资格	受托人资格
工商银行	受托人资格	受托人资格	受托人资格	受托人资格	受托人资格	受托人资格	受托人资格	受托人资格
长江养老	受托人资格	受托人资格	受托人资格	受托人资格	受托人资格	受托人资格	受托人资格	受托人资格
中国人寿	受托人资格	受托人资格	受托人资格	受托人资格	受托人资格	受托人资格	受托人资格	受托人资格
泰康养老	受托人资格	受托人资格	受托人资格	受托人资格	受托人资格	受托人资格	受托人资格	受托人资格
建信养老	受托人资格	受托人资格	受托人资格	受托人资格	受托人资格	受托人资格	受托人资格	受托人资格

续表

中标机构	招标方							
	中央国家机关	新疆	山东	河南	辽宁	上海	福建	安徽
招商银行	受托人候补机构	受托人资格	受托人资格	受托人资格	受托人资格	特定计划受托人	受托人资格	受托人资格
中国银行	—	—	—	受托人候补机构	受托人资格	特定计划受托人	—	受托人候补机构
人民养老	—	—	—	受托人候补机构	受托人候补机构	特定计划受托人	受托人资格	受托人候补机构
农业银行	—	—	—	受托人候补机构	受托人候补机构	特定计划受托人	受托人资格	—
中信信托	—	—	—	—	受托人候补机构	—	—	—

从投管机构招标结果来看，共有 5 家机构连续中标了中央和新疆的 3 个账户，分别是易方达基金、工银瑞信基金、南方基金、泰康资产和招商基金，基金公司占了四席，显示出基金公司在职业年金投资管理人争夺中显现优势。中央国家机关、新疆、山东分别设置了 40 个、36 个、41 个组合，中央、山东各选出了 18 家投资管理人，山东选出了 22 家投资管理人；中标的投资管理人在每家管理组合数最多为 3 个，最少为 1 个(见表 2)。

表 2　　截至 2019 年 1 月职业年金投管人评选结果

中标机构	招标方		
	中央国家机关	新疆	山东
易方达基金	3	3	2
招商基金	3	3	2
工银瑞信	3	3	2
南方基金	3	3	2
泰康资产	3	3	2
富国基金	2	2	2
中信证券	3	2	2
中金公司	3	2	2
平安养老	3	2	2
太平养老	2	2	2

续表

中标机构	招标方		
	中央国家机关	新疆	山东
建信养老	2	2	2
人民养老	1	2	2
长江养老	1	2	2
博时基金	1	1	2
海富通基金	1	1	1
华夏基金	2	1	2
华泰资产	1	1	2
中国人寿	3	1	2
银华基金	0	0	1
新华养老	0	0	1
嘉实基金	0	0	2
国泰基金	0	0	2
合计	40	36	41

三、职业年金投资运营特点分析

(一)职业年金待遇支付方式

根据国家相关规定,职业年金基金采取集中委托投资运营的方式管理。其中,中央在京国家机关及所属事业单位职业年金基金由中央国家机关养老保险管理中心集中行使委托职责,各地机关事业单位职业年金基金由省级社会保险经办机构集中行使委托职责。我国现阶段职业年金账户仍采用“虚实结合”的积累模式,待遇发放采用待遇确定型模式,退休人员无论个人账户积累是否充足,均将按一定标准领取待遇,职业年金在启动运作时即面临资金兑付压力,并呈逐年上升趋势,对现金流匹配提出了更高的要求(见表3)。

表3　　职业年金、基本养老、企业年金待遇支付及经办等比较

业务环节	类　型		
	职业年金	基本养老	企业年金
业务经办	社保经办机构、金融机构	社保经办机构	金融机构

续表

业务环节	类　型		
	职业年金	基本养老	企业年金
缴费基数	60%～300%	60%～300%	年金方案
缴费比例	单位 8%、个人 4%	单位 20%、个人 8%	年金方案
账户管理	个人实账管理,非全额供款单位实账管理全额供款单位可以采用记账方式	个人采用记账记录单位进入统筹账户	实账管理
待遇支付	一次性转商保或按月领取	按照计发公式计算待遇,一直领到身故	领取的期数和金额都可以灵活设定
投资收益	个人账户及单位实账按照政策规定投资	个人账户未运营,按照法定利率记账 统筹账户按照政策规定投资	按照政策规定投资

(二)职业年金投资运作特点

与基本养老、企业年金投资方式比较,职业年金基金的最大差异在于主要采用委托方式开展投资运作,资金由省级统筹,可分为若干个职业年金计划,每个计划由一名受托人牵头,并最终委托多家投资管理人管理运作(见图 1、图 2)。职业年金涉及社保部门、受托人、投资管理人、托管人等多个角色;涉及账户管理、待遇计算、委托运营、监管等多个环节。职业年金业务流程复杂,涉及面广泛,呈现以下特点:一是职业年金基金由省级层面统筹,运营呈现"管理角色多、机构家数多、流程链条长"的特点;二是从职业年金投资运营各角色来看,受托人是核心,是年金基金投资运营的责任主体,负责年金基金的资产配置;三是信息平台建设难度大,依赖性强。

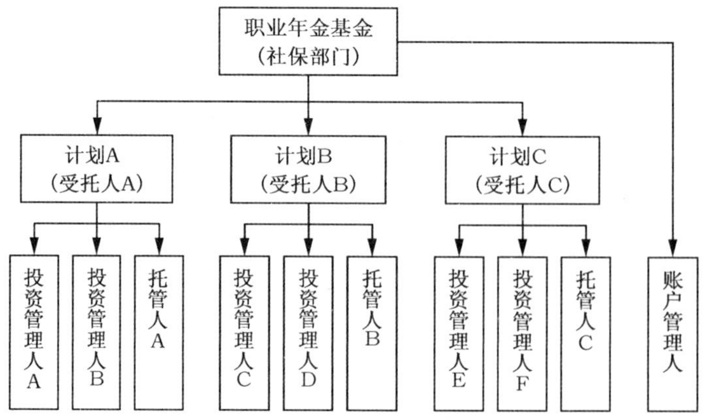

图 1　职业年金基金管理架构

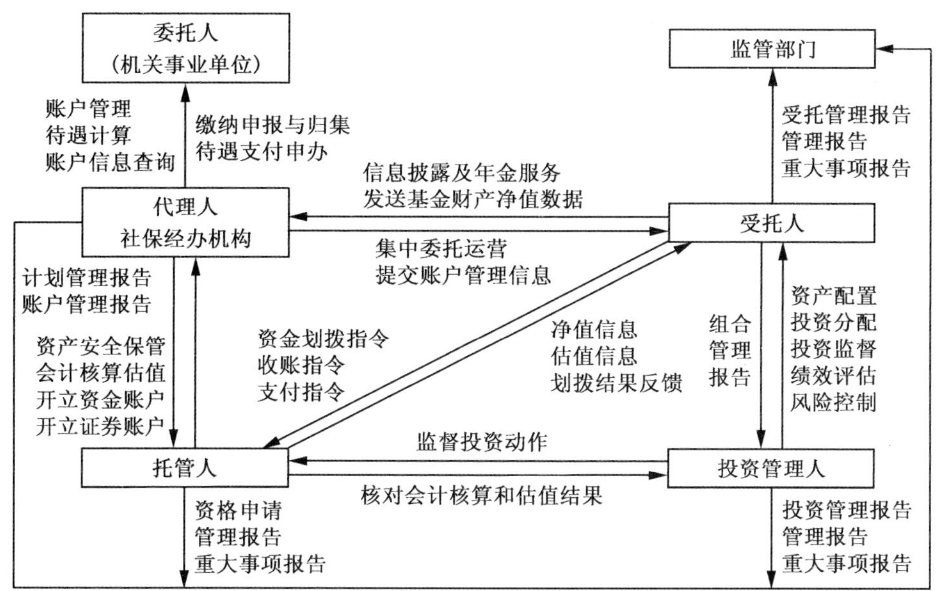

图 2　我国职业年金市场投资运作模式

(三)职业年金投资范围

投资范围方面,职业年金基金财产限于境内投资,投资范围包括银行存款、国债、中央银行票据、债券回购、证券投资基金、股票,以及信用等级在投资级以上的金融债、企业(公司)债、可转换债(含分离交易可转换债)、短期融资券和中期票据等金融产品,以及商业银行理财产品、信托产品、基础设施债权投资计划、特定资产管理计划、股指期货等创新类产品。

从投资范围来看,职业年金与企业年金的投资范围和投资比例限制都基本相似。与企业年金基金不同点在于职业年金基金明确不能投资万能险和投连险等保险产品。因此相对而言,企业年金历年的投资业绩也最具有参考性,在制定职业年金的投资业绩基准和投资目标时,可借鉴企业年金的相关经验。社保基金不仅能参与境外投资,还能投资更高比例的权益类资产,这也使得社保基金面临的投资风险和预期收益都更高。基本养老、全国社会保障基金、企业年金、职业年金基金投资范围对比详细情况如表 4 所示。

表 4　　职业年金、基本养老基金、全国社保基金、企业年金投资范围对比情况

类别	职业年金	基本养老基金	全国社会保障基金	企业年金
计算方式	公允价值	公允价值	按成本价计算	公允价值
流动性资产	银行活期存款、中央银行票据、一年期以内(含一年)的银行定期存款、债券回购、货币市场基金、货币型养老金产品≥5%	银行活期存款,一年期以内(含一年)的定期存款,中央银行票据,剩余期限在一年期以内(含一年)的国债,债券回购,货币型养老金产品,货币市场基金 ≥5%	银行存款和国债投资≥50%	银行活期存款、中央银行票据、债券回购等流动性产品以及货币市场基金的比例≥5%
固收类资产	一年期以上的银行定期存款、协议存款、国债、金融债、企业(公司)债、可转换债(含分离交易可转换债)、短期融资券、中期票据、商业银行理财产品、信托产品、基础设施债权投资计划、特定资产管理计划、债券基金、固定收益型养老金产品、混合型养老金产品≤135%	一年期以上的银行定期存款、协议存款、同业存单,剩余期限在一年期以上的国债,政策性、开发性银行债券,金融债,企业(公司)债,地方政府债券,可转换债(含分离交易可转换债),短期融资券,中期票据,资产支持证券,固定收益型养老金产品,混合型养老金产品,债券基金 ≤135%	证券投资基金、股票投资≤40%	投资银行定期存款、协议存款、国债、金融债、企业(公司)债、短期融资券、中期票据、万能保险产品等固定收益类产品以及可转换债(含分离交易可转换债)、债券基金、投资连结保险产品(股票投资比例不高于30%)的比例≤135%
权益类资产	股票、股票基金、混合基金、股票型养老金产品≤30%	股票、股票基金、混合基金、股票型养老金产品≤30%	证券投资基金、股票投资≪40%	投资股票等权益类产品以及股票基金、混合基金、投资连结保险产品(股票投资比例高于或者等于30%)的比例,不得高于投资组合企业年金基金财产净值的30%。
其他限制	未明确规定	投资国家重大项目和重点企业股权 ≤20%	未明确规定	未明确规定
境外投资	否	否	不得超过全国社保基金总资产的 20%	否

四、当前职业年金受托运营应深入思考的问题

（一）应注重对受托人投资能力的考察

资产配置通过确定基金整体中各类资产的投资比例，不仅能有效控制基金整体的投资风险，更有利于获得超额收益。因此，投资过程中不仅要掌握各类资产的长期收益和风险特征，而且要把握中短期内各类资产收益和风险的驱动因素。根据职业年金运营特点，受托人处于核心位置，其资产配置水平将决定职业年金基金的长期收益水平和风险水平。因此受托人首先必须具备较强的投资能力，并持续加强投资能力建设。

（二）应科学实施整体大类资产配置管控

职业年金下设多个计划，每个计划分设多个投资组合，并由不同投管人分别管理，基金整体的资产配置管理显得更为必要、难度也更大。从海外实践来看，资产配置管理更适合待遇确定型养老金计划，投资收益中大约 90%可以归因于资产配置贡献。大类资产配置是根据投资需求将投资资金在不同资产类别之间进行分配，对各类基金投资的收益和风险均起到决定性作用。

自 2017 年起，各类资管行业监管政策密集出台，资管产品增值税政策、资管新规等相继出台。在此背景下，养老金市场化运作对资本市场和职业年金本身有着双向影响，投资的重点已经从对个股个券的买卖交易转移至对各类资产价值及风险的分类甄别，职业年金应通过科学的资产配置来寻求稳定的业绩回报。

（三）投资方案应充分考虑资产与负债的匹配问题

职业年金刚一成立即面临待遇支付的问题，因此需保持足够的现金用以支付到期责任。必要的流动性储备成为职业年金资产配置的约束条件之一，过多的流动性会降低职业年金的投资收益；过少则会产生流动性危机。因此职业年金在制定投资方案时应充分考虑资产负债相匹配问题，重视资产端和负债端的互动，综合利用投资、精算、财务和风险等各领域专业人才的优势，形成合力，不断提升资产负债管理的整体能力，形成资产负债相协调的风险管控意识。

（四）代理人应做好计划监督和风险控制

我国职业年金基金由省级层面统筹，运营呈现“管理角色多、机构家数多、流程链条长”的特点。根据 92 号文，代理人应当“监督职业年金计划管理情况，建立职业年金计划风险控制机制”；核心在于以受托人为抓手实现对整个计划的风险管控，做好受托人监督工作。首先，做好代理人自身风险管控工作，基于账管人、经办人以及委托人代表的身份对自身负责的各项职责进行安全管控；其次，加强投资监督，通过受托人提供的日常投资监督数据，了解整个计划的投资情况，并且在多个计划基础上，形成对全省职业年金整体投资的资产配置和风险收益情况的把控；再次，应加强运营监督，通过与

受托人的定期交互,了解受托人对整个计划的管理情况,包括受托人自身运作情况以及受托人对托管人、投资管理人的管理情况。

(五)应高度注重信息平台建设

职业年金的运营、监督和管控,离不开信息系统的支持,其中既包括代理人与受托人之间的交互接口,也包括代理人自身对全省职业年金投资监督信息进行把控的服务平台、可靠的账户管理系统以及完善的报表平台、数据仓库等。管控中心应包括“业务流程监控中心”“数据核对中心”和“问题件管理中心”,通过集中化的手段进行全方位的安全管控,形成涵盖运营管理、投资监督和风险控制的健全、可靠的系统体系。同时,因社保征缴制度改革,2019 年 1 月 1 日起,改由税务部门统一征收社保费,税务征收模式改革将影响到现有的机关事业单位基本养老保险系统与税务部门系统的对接问题,社保和税务部门应进一步协商明确应匹配征收时对账的职责边界、信息交互流程及接口、虚账记实流程等问题。

(六)建立科学合理的业绩评价机制

一是要避免短期考核导致资金长钱短用。在可以接受的风险水平内获得最好回报是年金基金投资运营的唯一目标;长期投资目标是年金基金投资运营的根本属性,是制定年金投资政策和风险政策的重要依据。明确、合理的长期投资目标对于职业年金投资运营具有重要意义,有利于实现基金的保值增值。

二是要注重对超额收益的考核。在投资策略和委托投资基准都明确的情况下,对投资管理人业绩的评价应该注重超额收益,即投资管理人获得的超过投资基准的收益,实现基金安全、稳健、持续地增长。

三是要进行综合性考核。不仅要考察投资管理人历史业绩,还需要对公司治理、投资策略、投资流程、核心团队的稳定性等进行考察,切实做到不了解的机构不委托、不熟悉的产品不投资等。

(本文获“长江养老杯·IAMAC 2018—2019 年度征文”优秀奖)

风险效率是中国建立税延养老保险制度的核心价值

赵光毅*

2018年4月12日，财政部等五部委联合发布《关于开展个人税收递延型商业养老保险试点的通知》，2018年5月16日，银保监会发布《个人税收递延型商业保险业务管理暂行办法》，标志着中国税收支持的第三支柱养老保险正式启动。为什么建立这个制度？它有什么好处？这或许是享受制度福利之前，需要首先了解的问题。

一、风险效率是中国建立税延养老保险制度的核心价值

西方国家养老金体系的首要目标是平滑消费，鼓励长期储蓄，保证收入一生均匀分配，避免年轻挥霍，老来无着。与公共养老金通过代际再分配维护社会公平不同，个人养老金以市场化积累方式抵御老年风险，改善养老生活。递延税是鼓励长期储蓄的国际通用政策。但若认为这就是我国的制度原因，恐怕忽视了国情。中国居民储蓄率常年全球第一，人均储蓄全球第三，与西方的举债消费、寅吃卯粮截然不同。虽然中国人的消费理念在变化，但仅仅平滑消费，似乎制度需求并不迫切，最多是前瞻设计。

中国需要更多地抵御老龄风险。长寿风险和通胀风险是老年生活的重要威胁，包括两部分：一是风险的社会趋势。长寿成为常态，通胀日益普遍，退休生活漫长而昂贵，社会面临系统威胁。二是风险的个体差别。哪怕个人储蓄达到社会平均水平，仍会面临非预期支出。无论寿命超过预期，还是退休前发生意外事故或重大疾病，都存在保障需求。

老龄风险的社会趋势无法分散，只能以真金白银应对。提高养老资产的运营效率，将长期储蓄变为投资基金，才能有效增值。市场机制的效率优势是应对挑战的基础，也是增进福利的源泉。但同样重要的是，应对老龄风险的方式本身也存在风险，因为经营不当会造成资产损失，产生运营风险。老龄风险是基础风险，处于主要地位；运营风险是衍生风险，处于次要地位。为抵御主要风险，需要管控次要风险。风险管理

---

* 赵光毅，中国社会科学院国民经济学博士，参与了国际养老金监督官组织（IOPS）规则制定工作。

既是制度目标,也是目标的实现手段。

增进效率和管理风险是市场化保障的两个属性,相辅相成,不可或缺。既增进效率创造价值,又重视风险构筑保障,这种兼顾效率和保障的制度特性,可以称为风险效率。高储蓄条件下发展税延养老保险,风险效率具有比平滑消费更高的社会价值。秉持风险效率理念,我国正以递延税收为激励,鼓励民众进入有保障的效率模式。

二、税延养老保险实现风险效率的具体方式

(一)完整规划全生命周期养老保障

税延养老保险以"收益稳健、长期锁定、终身领取、精算平衡"为设计原则,为参保人提供全生命周期的养老保障规划。首先,"长期锁定"和"稳健收益"确定了供给管理方式。保费在个人账户长期锁定,保证了筹资机制的稳定性;收益稳健实现养老金持续增值,避免大起大落。其次,"终身领取"规定了需求管理方式。考虑全生命周期需求,领取期限不少于 15 年,并提供年金领取,可以延续到生命结束,实现终身服务。第三,"精算平衡"通盘考虑供需双方,寻求资产和负债在期限、金额等方面的全面匹配,统筹规划,打造终极关怀。

(二)提升养老金管理的经济效率

税延养老保险通过资产管理实现价值增值,经济效率体现为更低投入和更高产出,即投资收益的提高和管理费用的节约。投资收益依产品有所不同。A 类产品收益确定,积累期提供确定收益率(年复利)。B 类产品收益保底,积累期提供保底收益率(年复利),同时根据投资情况提供额外收益,分为 B1 款(每月结算)和 B2 款(每季度结算)。C 类产品收益浮动,积累期按照实际投资情况结算。

保险公司收取的费用包括初始费、资产管理费和产品转换费。初始费是指保险公司按照参保人每笔交纳保险费的一定比例收取的费用。A、B、C 类产品可收取初始费,A、B 类产品收取比例不超过 2%,C 类产品收取比例不超过 1%。资产管理费是指保险公司按照税延养老保险产品投资账户资产净值的一定比例收取的费用。C 类产品可收取资产管理费,收取比例不超过 1%。此外,保险公司还会按照参保人转出的产品账户价值的一定比例收取产品转换费用,比例上限视情况分别为 0.5%到 3%不等。

(三)提供坚实的风险保障

税延养老保险提供了两种保障。一种面向个体,保障人身风险,包括年金给付、全残保障和身故保障。年金给付是指参保人达到国家规定退休年龄或约定的领取年龄时,保险公司按照保险合同约定给付终身或长期的养老年金,并扣除对应的应纳税款。全残保障和身故保障,是指参保人发生保险合同约定的全残或身故保险事故的,保险公司一次性给付产品账户价值并扣除对应的应纳税款,同时根据保险合同约定额外给

付保险金。

另一种面向群体，保障运营风险。养老金运营风险包括市场风险和操作风险。市场风险是指经济金融变化造成资产价格波动，特别是金融危机带来系统风险，造成养老资产剧烈贬值。操作风险指养老资产管理存在漏洞，甚至发生丑闻，严重损害资金安全。市场风险主要影响临近退休人群，操作风险影响特定参保人群。群体风险具有显著的社会影响，保障需求更加重要。

管理运营风险要求避免单纯注重投资、片面强调收益的过激倾向。不只注重投资回报的长期平均水平，还重视投资收益的下行波动，更重视资金管理的安全稳妥。只重收益，不重风险，不符合养老金安全性先于收益性的要求。对于运营风险，税延养老保险提供了不同的风险承担模式。A 类产品保证收益，保险公司承担全部风险，但参保人无法分享市场向好的收益红利；B 类产品收益保底，与参保人共同承担市场风险，既分享红利，又保护参保人避免剧烈冲击；C 类产品收益浮动，参保人承担全部风险，虽享受全部红利，但承担所有损失。从性质上看，A 类产品只有保障，没有分红；B 类产品既有保障，又有红利；C 类产品只有投资，缺少保障。B 类产品实现了投资和保障的平衡，更符合养老金属性，可以成为优先选择。

三、风险效率对于中国国情下发展市场化养老保障具有重要意义

（一）当前中国实现风险效率的重要意义

风险效率既强调经济效率，享受市场红利，又合理分配风险，抵御风险冲击，对中国发展市场化养老保障意义重大。

一是维护养老金安全，贯彻供给侧结构性改革的战略部署。与一般财富管理不同，养老金管理的是老百姓的“养命钱”，对安全格外敏感。市场化保障虽有效率优势，但在金融危机的惨痛打击下引起了普遍担忧，甚至对养老保障制度失去了信心。为应对系统风险，美国 401(K)计划开始采用目标期限基金(TDF)等策略，根据年龄平滑风险，但实际效果并不理想。[①] 仅调整策略，不触及风险责任，不改变参保个人承担全部损失的被动状况，就无法挽救养老金制度的公信力。只有发挥金融机构专长，构建实质保护，才能赢得社会信任。中国资本市场方兴未艾，波动大、容量小，监管有待完善。面对尚不成熟的市场环境，养老保险制度作为社会政策的重要组成部分，尤其要重视保障功能，不打折扣地将党中央供给侧结构性改革关于“社会政策要兜底”的战略部署落到实处。

二是提高制度参与率，稳定长期缴费水平。税延养老保险是自愿性制度，鼓励而不是强制参保。社会信任对制度参与率至关重要。税延养老保险高度透明，参保人随

① 根据基金评级机构晨星(Morning Star)公司统计，2008 年，涵盖全部年龄段的 TDF 贬值了 32%，2010 年到期的 TDF 贬值了 25%。

时了解投资结果,风险损失敏感性高。行为金融表明,与资产上涨的正面影响相比,资产下跌对预期的负面影响更高,风险损失的敏感性更强。在市场波动大、经验少的中国尤其如此。参保人预期生成的不对称性,放大了市场动荡对制度信心的损害,严重抑制了制度参与率和缴费水平。只有确立保障,稳定预期,才能从根本上保证制度参与率,维持长期储蓄的稳定性。

三是保障金融消费者权益,降低消费者教育成本。强化金融教育,是西方投资界推出的危机应对药方,希望金融消费者通过学习,提高自我保护的能力,恢复制度信心。这本质上仍是将风险责任推给消费者的思路,是风险责任机制缺陷的一种变相表现。但这个药方不但实际效果十分有限,而且产生了很高的社会成本,干扰了专业分工。中国人普遍存在金融知识不足的问题,与其耗费大量资源对国人开展效果不明的消费者教育,不如建立坚实的风险保障,将责任从风险管理和承担能力都很薄弱的参保人,转向擅长风险管理的保险公司。这种风险责任与管理能力匹配的制度设计,效果好、成本低,可以成为更好的选择。

四是树立稳健可靠的制度形象,维护政府良好声誉。鲜明的民生属性使养老资产的经济波动具有显著的外部性特征,产生了广泛的社会和政治影响。中国社会的治理方式使民众对政府普遍存有依赖心理。"为人民服务"的执政理念,"爱民如子"的认知传统,让每一项社会政策都烙上了鲜明的体制印记,直接关系到政府形象。养老保险制度设计要特别关注社会影响,以风险保障为依托,构筑可靠制度,维护政府声誉。

(二)保障风险效率的制度安排

一是良好的风险治理结构。风险效率要求在金融机构和参保人之间建立合理的风险责任机制,将风险责任内化为保险公司的诚信义务。风险分担方式形成了债权债务关系,确保了保险公司与参保人利益的一致性。为了履行对参保人的诚信义务,保险公司存在内生动力主动开展风险管理。而在没有收益保障的治理结构中,参保人则承担全部风险,金融机构只收取管理费用,利润只与资产规模相关,与经营结果无关。这使得金融机构与参保人的目标发生冲突,为获取更多管理收入,存在冒险投资、损害参保人利益的动机。保障产品采用的是明确债券、债务关系的契约模式,无保障产品采用的是第三方资产管理的委托或信托模式。契约模式是更加完善的风险治理结构,能够消除金融机构的动机扭曲,为参保人利益提供有力保障。

二是完善的监管资本制度。保险公司开展保障业务,需要依靠完善的偿付能力监管制度。资本充足率要求为每一份保障业务都提供充分的资本缓冲,吸收风险损失,确保充足的财务能力履行未来的诚信义务。监管资本制度将社会资本汇聚成强大的风险缓冲,是人类社会抵御老龄风险的重要机制安排。而且,监管资本制度能够排除资产波动的外部性困扰,为长期投资策略提供了更大弹性,扩大了时间视野,为提高长期收益提供了更大空间。

三是持续的业务监管。风险效率的实现最终要依靠保险公司的良好服务和优质管理。监管机构已经就税延保险业务的资质、产品、销售、业务、投资和财务等方面提出了具体要求。12 家保险机构获得了经营资格，上海等试点地区已经开始了保单销售。随着试点范围的推广，保险公司的市场实践能否实现风险效率的核心价值，需要业务监管持续跟进，确保制度初衷。

四是充分的政策宣导。社会对税延养老保险的认识，目前更多地停留在税收优惠方面，还没有了解风险效率的核心价值。社会制度惠及民众，首先要获得民众的理解，因此，充分的政策解读和广泛的宣传引导必不可少。

（本文获“长江养老杯·IAMAC 2018—2019 年度征文”优秀奖）

我国养老金第三支柱制度建设探索

胡继晔　王　慧*

人口老龄化是我国长期面临的严峻挑战，应对老龄化问题必须要构建科学、合理、可持续的养老金体系。基于我国养老金三支柱的发展现状，建立我国养老金第三支柱制度迫在眉睫，而建立该制度应当基于个人账户而非产品。银行、证券、基金、保险、信托等行业均可参第三支柱建设，通过明确功能定位和账户制管理模式，在国家层面建立独立于第一支柱基本养老金、第二支柱职业（企业）年金之外的第三支柱个人养老金，推动居民个人养老理念从"储蓄养老"向"投资养老"转变。

一、我国养老金三支柱体系发展现状

（一）我国严峻的老龄化形势

我国是世界人口最多的国家，也是人口老龄化最快和老年人口规模最大的国家，还是短期内因人口政策变化导致家庭保障功能弱化最显著的国家。[①] 计划生育政策为我国人口老龄化的发展进程提供了加速度，使得我国在 30 年时间内就达到了西方国家上百年人口老龄化的发展程度；新中国成立后人均预期寿命的持续延长也是导致我国人口老龄化的重要因素，我国确实正在进入"少子高龄化"的时代[②]。事实上在 2050 年前后，我国进入深度老龄化后，其发展趋势并不会发生逆转，在 2050 年后，我国人口老龄化进程用进入"人口老龄化高原"来形容会更为恰当[③]。

也正是基于我国老龄化的严峻形势，2016 年 5 月，在中共中央政治局就我国人口老龄化的形势和对策集体学习时，习近平指出："满足数量庞大的老年群众需求、妥善

* 胡继晔，中国政法大学商学院教授、博士生导师；王慧，中国人寿养老保险股份有限公司发展规划部、中国政法大学法学院博士在读。

① 郑功成．深化中国养老金制度改革顶层设计[J]．教学与研究，2013(12)．

② 郑功成．中国养老金制度的风险在哪里[J]．中国金融，2010(17)．

③ 董克用，张栋．高峰还是高原？——中国人口老龄化形态及其对养老金体系影响的再思考[J]．人口与经济，2017(4)．

解决人口老龄化所带来的社会问题，事关国家发展全局，事关百姓福祉，需要下大气力应对。”[①]这是中央历史上首次就老龄化问题所进行的专题学习，将老龄化问题提到了“事关国家发展全局”的高度。

（二）我国三支柱养老金体系的基本构成

养老金体系是指国家通过再分配或转移或储蓄或投资等方式积累养老金资产，保证本国居民达到某一标准年龄后的老年生活。20世纪90年代，世界银行所提出的三支柱养老保障体系，为各国养老金体系建设提供了重要指导，分别是由政府提供的第一支柱基本养老金、由政府指定的专业机构提供的第二支柱职业养老金和第三支柱个人养老金。2005年世界银行发布了《21世纪的老年收入保障——养老金制度改革国际比较》报告，把三支柱理论延伸至五支柱。但从国际养老金发展的总体趋势来看，政府、单位和个人责任共担的三支柱仍然是现代养老金体系的核心。

自改革开放以来，我国逐步建立起了包括城镇职工基本养老保险、机关事业单位基本养老保险和城乡居民基本养老保险在内的基本养老保险体系，实现了制度全覆盖，使得就业者和非就业者均被纳入到了基本养老的范围之内。2004年我国企业年金相关的管理办法颁布，表明正式建立了第二支柱。2015年机关事业单位开始实行统账结合的模式，与企业保持了一致，“双轨制”问题的解决迈出了一大步。同时建立了机关事业单位第二支柱的职业年金制度。2018年4月2日《关于开展个人税收递延型商业养老保险试点的通知》（以下简称《通知》）的颁布，标志着我国养老金第三支柱的建设正式启动。

（三）我国养老金体系三支柱发展不均衡的现状

第一支柱基本养老金在我国三支柱占据绝对主导地位，国家直接补贴，单位和个人高额缴费，使得个人对基本养老金依赖度非常高，未来社会统筹属性将进一步强化，国家责任重大。基本养老保险发放水平已经连续数十年高速增长，即便近两年增长速度有所下降，但增速已经明显偏离养老基金实现自平衡条件。

第二支柱的企业年金和职业年金覆盖人数仍然十分有限。据人社部公布的《2017年全国企业年金基金业务数据摘要》的数据显示，2017年末全国参加企业年金的职工人数仅为2 331万人，[②]而同期参加城镇职工基本养老保险人数为40 199万人，[③]可以据此计算参加企业年金的职工人数仅占城镇企业职工的5.8%。目前，职业年金的预计参保人数约4 000万人。

---

① 新华社．中共中央政治局就我国人口老龄化的形势和对策举行第三十二次集体学习．http://www.gov.cn/xinwen/2016—05/28/content_5077706.htm，2016—5—28.

② 人力资源社会保障部社会保险基金监管．2017年全国企业年金基金业务数据摘要．http://www.mohrss.gov.cn/SYrlzyhshbzb/zwgk/szrs/qttjcl/201804/t20180404_291589.html，2018—4—4.

③ 人力资源社会保障部．2017年人力资源和社会保障统计快报数据．http://www.mohrss.gov.cn/SYrlzyhshbzb/zwgk/szrs/dtyjsu/201802/t20180202_287879.html，2018—2—2.

根据人社部社会保障研究所所长金维刚的研究,从2016年底养老金三支柱资产结余的结构来看,占比分别为78%、18%和4%。而根据国务院发展研究中心金融研究所朱俊生研究员对三支柱资金规模及替代率的研究,第三支柱的比重不足3%。针对不同国家养老金可持续性的评价指数中,德国安联公司公布了2016年"养老金可持续指数"(Pension Sustainability Index,PSI)。PSI指数选取了全球前54大经济体进行养老金制度可持续性的评价,排名越靠后,说明该国的养老金可持续问题越令人担忧。中国的养老金可持续指数PSI排名第53,位列倒数第二。①

总之,就我国三支柱体系的总体发展状况而言,养老金体系发展迅速,但明显失衡。第一支柱养老金的角色应当是保基本、广覆盖,保障低收入人群在退休后的基本收入来源,现在却几乎承担了全部养老保障责任。第二支柱承担的是补充养老的功能,但其主体还是主要在企业,在"新常态"的宏观经济环境下,企业建立第二支柱企业年金的积极性不高,而机关事业单位职业年金制度由于刚刚开始建立而积累有限。

虽然我国真正意义上的享受税收优惠的养老金第三支柱尚未进入运营,但理应属于第三支柱的商业保险已经获得发展。早在20世纪90年代的商业寿险就是典型的第三支柱,但商业寿险最大的缺憾就是没有享受税收优惠,主要依靠保险公司纯商业化的推销运营。从已有的商业寿险产品来看,基本上具备了收益保证、长期锁定、终身领取等独特功能。②

二、养老金第三支柱的功能定位

《通知》表明,将"有序扩大参与的金融机构和产品范围,将公募基金等产品纳入个人商业养老账户投资范围。"这说明养老金第三支柱的产品不仅限于纯粹的商业保险范围,个人商业养老账户为多元化的金融产品预留了空间。因此,有必要对我国养老金第三支柱内涵和外延进行明确的界定。

(一)养老金三支柱的概念范畴

目前决策层、学界和民众对于第一、二支柱基本达成共识,关于第三支柱的功能定位也基本形成共识,即第三支柱是个人自愿型补充养老储蓄,为希望年老时获得较高收入的人群提供高层次保护(蓝霞、王伟,2010③;董克用、孙博,2011④;缪艳娟,2012⑤)。因此,第三支柱的作用重点在于是基于个人的养老金投资积累,重点在于长期投资。郑秉文(2016)主张第三支柱应实现保险和投资双重功能,同时强调保险功能

① Allianz International Pension Papers 1/2016,2016 Pension Sustainability Index.

② 黄洪.探索有中国特色的多层次社会保障体系.http://www.cs.com.cn/hyzb/2017ylj/,2017-12-24.

③ 蓝霞,王伟.积极发展商业养老金,完善中国现行"三支柱"养老保障体系[J].经济研究导刊,2010(19).

④ 董克用,孙博.从多层次到多支柱:养老保障体系改革再思考[J].公共管理学报,2011(1).

⑤ 缪艳娟.我国三支柱养老金体系的重构[J].扬州大学学报(人文社会科学版),2012(1).

主要体现为第三支柱个人养老账户可以购买寿险产品。[①] 从严格意义上讲，保险产品也属于投资品，在个人可以自主安排其投资选择的情况下，其体现的主要是保障和长期投资功能。

世界银行在2005年就提出建立家庭成员之间或代际之间非正规保障形式的"第四支柱"，加拿大更是把退休后能起到重要作用的资金来源均视为"第四支柱"，包括房地产、应税金融投资、私人企业股权、免税储蓄账户，以及退休后再就业保险产品、遗产和其他家庭转移资金的资产。[②] 我国目前尚未正式提出"第四支柱"的概念，因此从广义上讲，凡是以养老为目的、合法的投资理财计划，旨在解决个人年老退休后的精神、物质待遇的财务安排，具有政府政策支持的所有养老金金融产品均可视为广义的第三支柱。

政府政策支持最直接的就是税收优惠，并且税后优惠应当明确其是第三支柱的鲜明特点，也是第三支柱的界定标准，与此同时，个人在享受税收优惠的权利的同时必须履行达到退休年龄才能领取的义务，如提前支取需要补缴税款。因此，从狭义上讲，为体现政府对社会保障体系建设的参与度、支持度和可操作性，将狭义的第三支柱定义为：政府以提供税收激励为基础，个人以养老为目的而自愿参加缴费和投资的养老金制度安排，是达到法定退休年龄才能领取的补充养老金。

（二）养老金第三支柱的四大功能

党的十九大报告明确指出了养老保障制度改革的方向——"按照兜底线、织密网、建机制的要求，全面建成覆盖全民、城乡统筹、权责清晰、保障适度、可持续的多层次社会保障体系"，在此背景下，我国养老金第三支柱应当具备政治、社会、经济、文化四大功能。

1. 政治功能——建立养老责任共担机制

从制度安排来看，养老金制度是各类养老责任主体，包括政府、雇主和个人之间通过责任分工形成的合作机制。三支柱制度体现了养老责任的合理分担。作为第一支柱的基本养老保险，通过个人向政府缴纳基本养老保险而建立，根据《社会保险法》第六十五条规定的"县级以上人民政府在社会保险基金出现支付不足时，给予补贴"，政府为公民的基本养老保险承担了"兜底"的责任。第二支柱的职业年金和企业年金体现了雇主（机关事业单位、企业）与雇员（公务员、事业单位员工、企业员工）之间的责任分担。雇主通过职业年金和企业年金制度安排，发挥"金手铐"的作用，雇员为自己积累更多的养老资金。第三支柱是通过国家税收优惠，使得个人提前做好储蓄或投资养

① 郑秉文．第三支柱商业养老金顶层设计：税收的作用及其深远意义[J]．中国人民大学学报，2016(1)．

② Kronick, Jeremy and Alexandre Laurin, "The Bigger Picture: How the Fourth Pillar Impacts Retirement Preparedness", Institut C. D. HOWE Institute commentary NO. 457, September 2016, Retirement Saving and Income.

老资金的规划。

2. 社会功能——实现劳动者流动权益保障

目前我国第一支柱基本养老保险转移接续已常态化,第二支柱的企业年金和职业年金却面临着职业转换过程中的转移接续问题。将第三支柱作为补充养老金的归集账户,能够增强第二支柱年金制度的便利性,更好地保障参与者的权益。当前,我国政府大力推行大众创业和万众创新,让社会资源实现自由流动,让社会财富真正实现公平分配,让创业者都拥有自由发展的空间,第三支柱应当发挥其重要作用。广大的创业者在职业转换过程中,除去缴纳基本养老保险外,还可以建立个人基于第三支柱的养老金体系。养老金第三支柱制度尤其适用于各类中小企业和自雇者,从而能够更好地实现社会保障体系的广覆盖。

3. 经济功能——促进资本市场长期、稳健发展

随着我国保险业的发展和完善,保险类金融机构资产投资管理经验快速积累,具备了发展养老理财产品的条件和能力。各金融机构的投资账户均采取专业托管,监督严格,资金安全有保障。第三支柱覆盖的范围自然包括商业养老保险,但绝不仅限于商业保险产品,它还应包括基金产品,覆盖基金业等其他适合投资的金融产品。养老基金能够最大程度地将分散、缺少生命周期规划的养老资金转化为集中管理的基金,这将不仅有利于促进资本市场健康发展,减少资本市场短期波动,为资本市场提供长期稳定资金,也有利于推动金融创新,满足个人养老保障需求的多样化。

4. 文化功能——推动居民养老理念的转变

在老龄化趋势越来越逼近的情况下,发挥国家、单位、个人三方面的积极性,建立和完善三支柱养老金体系成为社会共识。基于个人账户的第三支柱需要从传统的"储蓄养老"向"投资养老"过渡,通过基于个人账户的税收优惠来鼓励个人进行财富管理,包括购买目标日期基金和目标风险基金、购买商业寿险、购买锁定赎回期限的长期银行、信托理财等金融产品,来实现个人养老资产的保值、增值。从"储蓄养老"向"投资养老"应当成为养老金第三支柱发展的新理念。

三、我国养老金第三支柱的账户制模式

第三支柱账户制,即个人通过设立专门的实名制个人税优养老账户,个人购买的合格的养老金第三支柱产品均进入到该个人税优养老账户中,并享受税收优惠,所有投资产品选择、权益记录等活动都基于账户展开。《通知》明确了"个人商业养老资金账户"的唯一性,专用账户与居民身份证件绑定,此举意味着该账户作为个人养老第三支柱建设的载体正式落地实施。

(一)基于账户制的受托人责任

第三支柱的核心在于其基金完全积累、投资运作的透明性。在采取第三支柱账户

制的模式下，个人养老账户内的养老金资产全部归属于个人所有，类似于个人基金账户，只是其与一般的基金投资的不同之处在于其需要达到一定的年限才可以提取，以满足养老需要。第三支柱的这种特性契合信托管理模式，即个人账户所有者作为第三支柱个人账户投资的委托人和受益人，而适合的第三支柱投资运营机构作为受托人，由专业人士进行投资运营，在保证投资安全的前提下，实现个人养老账户资产的保值增值。因此，在建设第三支柱制度的过程中，强调受托人责任就显得非常重要。第三支柱中除商业寿险外的大部分个人养老账户资金都将以各类金融机构的资管的方式进行运作，各类金融机构也都将承担受托人的角色，而作为受托人，就必须履行受托人的信义义务，而信义义务又包括忠实义务和注意义务。

基金受托人忠实义务，即“受人之托、忠人之事”。忠实义务代表的是信义义务中禁止性的一面，即要求受托人为委托人的最佳利益，甚至只为委托人的单一利益而行动，以此来协调受托人与委托人的利益冲突。这也便是所谓的单一利益原则，也就是说受托人必须为了受益人的利益而工作，而且只能为受益人的利益工作，其他任何人的利益都不可以超越受益人的利益之上，不能有任何妨害受益人的利益的行为。信义义务积极的内涵则由注意义务（也称勤勉义务）来体现，它通过设定一个合理（reasonableness）或者谨慎（prudence）的标准，该标准是客观的，是根据行业规范和实践来确定的；如果受托人具有与委托人委托的事务相关的专业技能，则适用的注意标准就以一个拥有此种专业技能的理智、谨慎的商人作为参照。注意义务要求受托人以善良管理人的行事方式为受益人谋求最佳利益，这便为受托人的积极履行受托人责任设定了行为标准。

（二）第三支柱账户制的国际经验

从第三支柱制度国际经验来看，建立具有唯一账号的个人养老账户体系是主流，即个人在税收优惠情况下购买符合条件的第三支柱的金融产品，进入到唯一的、实名制建立的账户中。账户积累独立运作，缴费、投资、待遇领取和纳税全部都是基于账户的，以保证税收征管和相关监督的顺利实施，并在此基础上实施账户积累制，以准确记录账户持有人的储蓄和投资记录，同时可以保证税源不流失。

美国、澳大利亚、英国、智利等第三支柱建设较为发达的国家，都采取了账户制模式。美国、澳大利亚第三支柱名字直接称为“个人退休账户（Individual Retirement Account），英国则命名为个人储蓄账户 ISA（Individual Saving Account）。这些国家都是以个人养老账户为载体，鼓励民众通过 IRA 或者 ISA 账户进行个人养老储蓄和投资，实现个人养老资金积累，同时对账户实施基于信托的管理，要求受托人履行信义义务，有效保证了账户的安全性和可操作性，从而建立和发展了本国的养老金体系的第三支柱。各国竞相采取个人账户制的原因主要有以下几点：一是在账户制下，只要进入该账户资金以及通过该账户进行的投资都享有税收递延，这样能够避免面向产品的多项税优问题,提高制度效率。二是通过账户能准确反映个人养老的缴费规模和投资收益,在退休领取阶段能够更为准确地进行征税。三是依托账户,个人第二和第三支柱的养老储蓄可以不间断地转移,有利于劳动力流动和配置。此外,从世界范围来看,第三支柱个人账户还具有自愿性,几乎涵盖了所有居民,对于民众的参与资格基本没有限制,并且不具有强制性,保障了第三支柱覆盖人群的广泛性。

(三)我国第三支柱账户制的重要意义

第一,账户制更能发挥长期资金对于国民经济的助推作用。养老金是资本市场的压舱石、稳定器,欧美国家的实践经验证明了这一点。我国政府提出要推动供给侧结构性改革、经济脱虚向实,在此背景下建立的账户制多元化后端投资资金,更加迎合国家经济发展的现实需求。保险、基金、银行和信托理财产品的差异不仅仅体现在前端产品名称的不同,更重要的是后端的投资范围、期限等监管规则不同,因此,账户制下的养老资金可以运用在不同期限下的各个业务领域,投资覆盖的经济实体领域更加广阔,对于经济的推动作用会更加全面,更能发挥养老长期资金支持经济体系改革与国民经济发展的需求。

第二,从金融管理角度看,账户制更加适合金融行业发展的规律。金融机构在资产管理业务上相融共生,账户制更加契合金融机构的经营管理现状。一方面,很多寿险保单、基金公司的养老产品主要通过银行端进行销售,产品销售规模的大小很大程度上依赖银行的销售情况;另一方面,商业银行也越来越重视保险与基金的代理业务,代理的中间业务收入已成为重要收入来源,保险、基金、银行间相互依存的趋势不可逆转。因此,账户制更加适合金融行业发展的规律,在社会化分工、充分发挥金融各板块优势方面具备明显长处。

第三,账户制更加契合居民多元化的投资需求。从投资者角度看,不同年龄段的居民对金融产品的偏好会有明显差异,保险、基金、理财等产品在不同年龄阶段的居民中各有所爱。而且居民的投资偏好,还会随着财富状况的改变、不同地区经济水平的差异发生改变。账户制能够将选择权提供给到居民个人,更加契合市场需求。从另一角度看,银行由于网点众多,在账户管理、投资者教育、宣传推广方面有先天优势,而基金、保险、信托在产品投资、风险管理方面各有所长。通过账户制建立的综合金融产品供给体制,更能发挥金融机构间分工协作,进行优势互补的作用。

四、我国养老金第三支柱的监管机制

第三支柱作为补充养老金制度的范畴,是我国三支柱养老保障体系的重要组成部分。为保障第三支柱个人养老资金的安全以及实现其保值增值,就必须对第三支柱的监管问题进行研究,从而为第三支柱的快速发展保驾护航。

(一)坚持行为监管与功能监管相统一

养老金第三支柱是典型的混业经营,可以进行增量改革和创新,即推进我国资产管理行业统一标准监管的进程，避免在分业监管模式下，造成监管空白和监管套利以及由此引发的金融秩序混乱。对于第三支柱所涉及业务的行为监管，就是要求从事第三支柱业务就必须要有相关金融牌照，如同进行企业年金和职业年金的养老金管理一样。而功能监管是对相同功能、相同法律关系的金融产品按照统一标准、同一规则实施统一监管。对第三支柱业务而言，则是对横向的跨行业的从事第三支柱业务的金融机构实行统一监管。银行、保险、基金、信托、证券，都要遵守从养老金内生性需求、统一监管标准。

（二）建立综合监管的监管模式

就我国当前的金融监管体制而言，是典型的分业经营、分业监管的金融监管体制。当前的金融监管机构对待养老金的监管，更强调其作为一种金融机构的资金来源，并不着重突出其在业务运营模式上的差异，涉及养老金业务的金融机构依然按照该金融机构所属的金融机构类型来对之施行监管，当前专业型的养老金管理公司还处于试行和起步阶段。造成这种局面的原因，一方面也与我国养老金发展滞后，资产管理规模小和不发达有关。但是，也应当看到在未来的一段时间内，以第三支柱为主体的私人养老金将进入快速发展的时期，其必将会对我国的金融体系产生深远的影响。因此，在设计和探索我国的养老金监管体系的过程中，不但要考虑我国的现实的金融监管体系，还应当考虑其将来可能发生的变化。

（三）逐步从严格数量限制规则向审慎人规则过渡

对养老金投资运营的监管，有两种监管模式：一种是严格数量规则，另一种则是审慎人规则。严格数量限制规则比较适用于资本市场和法治环境不健全的市场，其内在缺点主要是妨碍了养老基金投资组合管理的最优化。审慎人规则是指在养老计划和养老基金的管理过程中，管理机构具有一个正常审慎的人在与他们从事财产交易时所应具有的审慎程度。随着中国资本市场逐步走向成熟，未来在针对第三支柱养老金投资管理人的监管中，为了发挥养老金投资管理人的专业优势，应当对投资限制有所放松。

（四）完善第三支柱私人养老金投资者适当性管理制度

作为第三支柱自愿的养老金投资者，其投资金额、投资经验、风险承受能力千差万别，在投资监管中必须落实投资者适当性管理规定，规范、落实经营机构的适当性义务。因此，养老金第三支柱管理服务机构在国内开展管理业务活动时，应充分了解和掌握我国关于投资者适当性管理的法律法规的规定。在识别投资者风险状况的过程中，也充分向投资者揭示风险，根据客户风险状况，推荐适合其风险承受能力的商业保险、基金、养老保障产品等不同类型的金融产品，贯彻投资者适当性管理制度，防范金融风险。

参考文献

[1]董克用．应对老龄化需高度重视养老金融发展[J]．当代金融家，2016(7):22—24.

[2]董克用，孙博．从多层次到多支柱:养老保障体系改革再思考[J]．公共管理学报，2011(1):1—9.

[3]董克用，张栋．高峰还是高原？——中国人口老龄化形态及其对养老金体系影响的再思考[J]．人口与经济，2017(4):43—53.

[4]胡继晔．金融服务养老的理论、实践和创新[J]．西南交通大学学报，2017(4):2—9.

[5]胡继晔．养老金融:理论界定及若干实践问题探讨[J]．财贸经济，2013(6):43—52.

[6]胡继晔．养老金监管的法经济学分析 [J]．政法论坛，2012(7):62—71.

[7]蓝霞，王伟．积极发展商业养老保险，完善中国现行"三支柱"养老保障体系[J]．经济研究导刊，2010(19):59—62.

[8]李心愉，段志明．税收递延、养老保障与社会福利[J]．保险研究，2017(7):63—70.

[9]缪艳娟．我国三支柱养老保险体系的重构[J]．扬州大学学报(人文社会科学版)，2012(1):33—38.

[10]吴祥佑，许莉．个税递延型养老保险的福利效应[J]．财经问题研究，2014(10):85—90.

[11]吴雨，彭嫦燕，尹志超．金融知识、财富积累和家庭资产结构[J]．当代经济科学，2016(4):19—29.

[12]郑秉文．第三支柱商业养老保险顶层设计:税收的作用及其深远意义[J]．中国人民大学学报，2016(1):2—11.

[13]郑秉文，张笑丽．中国引入"养老金融"的政策基础及其概念界定与内容分析[J]．北京劳动保障职业学院学报，2016(10):3—8.

[14]郑功成．深化中国养老保险制度改革顶层设计[J]．教学与研究，2013(12):12—22.

[15]郑功成．中国养老保险制度的风险在哪里[J]．中国金融，2010(17):40—41.

[16]郑功成．中国社会保障制度变迁与评估[M]．北京:中国人民大学出版社，2002.

[17]朱俊生．发展私营养老金加快构建完善多层次养老保险体系[J]．中国社会工作，2017(14):36—37.

[18] 朱俊生，袁铎珍．OECD国家促进私人养老金发展的措施及启示[J]．经济纵横，2018(3):86—99.

[19]Allianz International Pension Papers 1/2016, *2016 Pension Sustainability Index*.

[20] Kronick, Jeremy and Alexandre Laurin. *The Bigger Picture: How the Fourth Pillar Impacts Retirement Preparedness*, Institut C. D. HOWE Institute commentary NO. 457, September 2016, Retirement Saving and Income.

(本文获"长江养老杯·IAMAC 2018—2019 年度征文"优秀奖)

多元投资助力国家养老保障体系建设

——养老金的市场化投资与管理

中国人寿资产管理有限公司养老保险投资管理研究小组

伴随人口老龄化趋势，高效率养老保障体系成为降低社会养老负担、提高居民退休生活水平的必然要求。如何助力提高养老保障的覆盖程度、提升社会养老服务的供给水平，是我国养老金投资管理需要解决的核心问题。

本文从养老需求出发，通过分析养老金投资管理在养老保障体系中的定位，从多元资产管理方法、特定基础设施投资产品及养老生态构建三方面，提出通过养老金市场化投资管理，服务于国家养老保障体系建设的建议。希望借此对保险资管同业参与养老金市场差异化竞争提供可借鉴的思路。

一、养老需求分析

（一）人口老龄化日趋严峻

按照联合国的最新标准，一个地区 65 岁老人占总人口达到 7%即视为该地区进入老龄化社会。我国 2002 年老龄人口占比达到 7.3%，正式迈入老龄化社会。2016 年底，这一比重进一步上升至 10.8%。同时，随着劳动人口的下降，衡量老龄化社会负担的指标——老龄人口抚养比从 2011 年的 12.27%上升到 2016 年的 14.96%（见图 1）。

根据中国人民大学老年学研究所的测算，预计至 2020 年，我国老龄人口抚养比将上升至 16.9%，2050 年预计达到 27.9%，即未来 30 年，劳动人口的抚养压力将上升近 1 倍，人口老龄化将是我国新时代经济社会所要共同面对的重大课题（见图 2）。

（二）养老保障覆盖不足

我国的养老体系由三支柱构成，其中基本养老保险金制度为离退休人员提供基本生活保障。根据人力资源和社会保障部公布的统计数据显示，截止到 2016 年末，全国参加基本养老保险人数达 8.88 亿人，覆盖了总人口的 64.2%。

2016 年全年基本养老保险基金收入 3.8 万亿元，支出 3.4 万亿元，年末累计结存

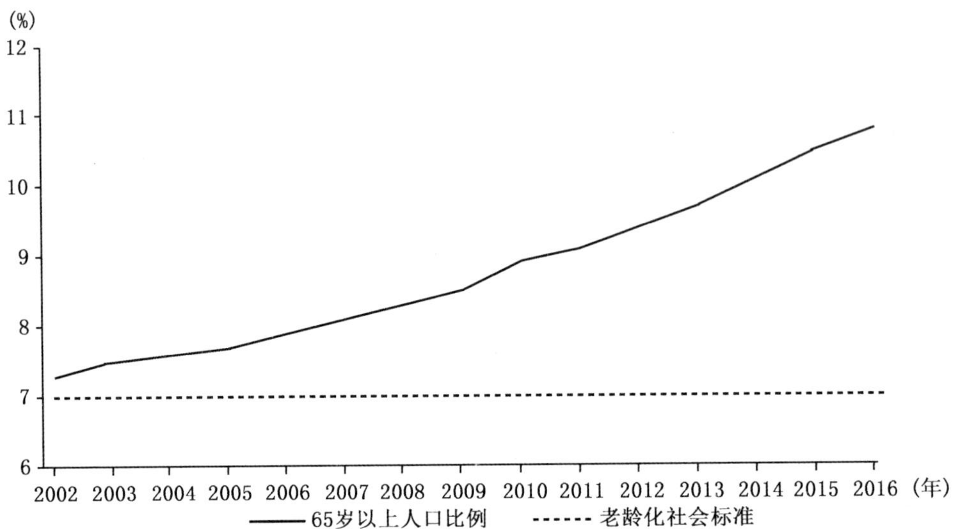

资料来源:Wind,国寿资产整理。

图 1　中国老龄人口占比持续增长

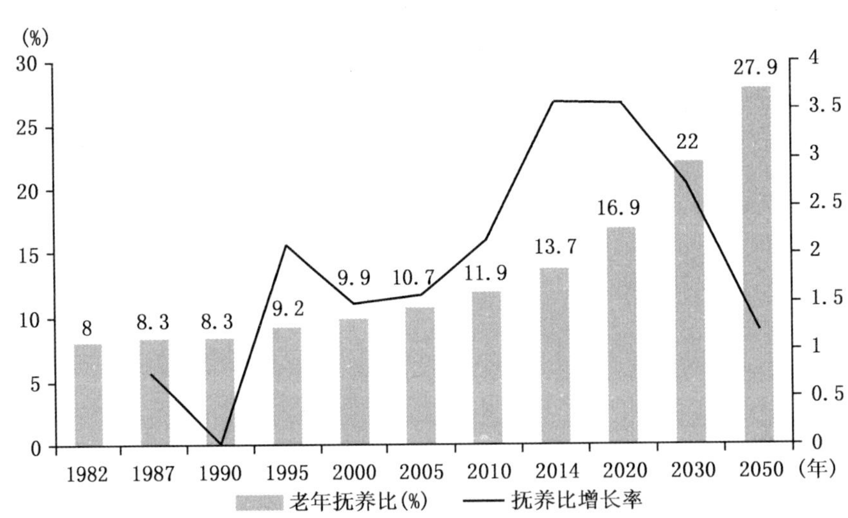

资料来源:中国人民大学老年学研究所,国寿资产整理。

图 2　老龄人口测算

4.4 万亿元,其中城镇职工基本养老保险基金累计结存 3.86 万亿元,城乡居民基本养老保险基金累计结存 0.54 万亿元。当年基本养老保险全年结余近 4 000 亿元,但当年征缴收入与支出相比出现 6 500 亿元的缺口，这是从 2013 年开始连续第 4 年出现的缺口大幅增加。按照中国社会科学院世界社保研究中心《中国养老金精算报告2018—2022》的测算，2018 年全国基金的可支付月数为 15.9，到 2020 年则下降为 14.7，而 2022 年进一步降低至 13.3，下降趋势和幅度都非常明显。预计到 2030 年，我国的养老金缺口将达 4.1 万亿元，2050 年缺口进一步扩大至 6.1 万亿元。

此外，“目标替代率”是衡量养老保障机制对退休前收入的覆盖水平。根据历年《人力资源及社会保障事业发展报告》，我国目前基本养老对社会平均工资的替代率在 45%左右，低于国际劳工组织退休金替代率最低标准 55%的水平。而二支柱企业年总规模 1.1 万亿元，与期望目标 20%的替代率水平差距较大（见图 3）。

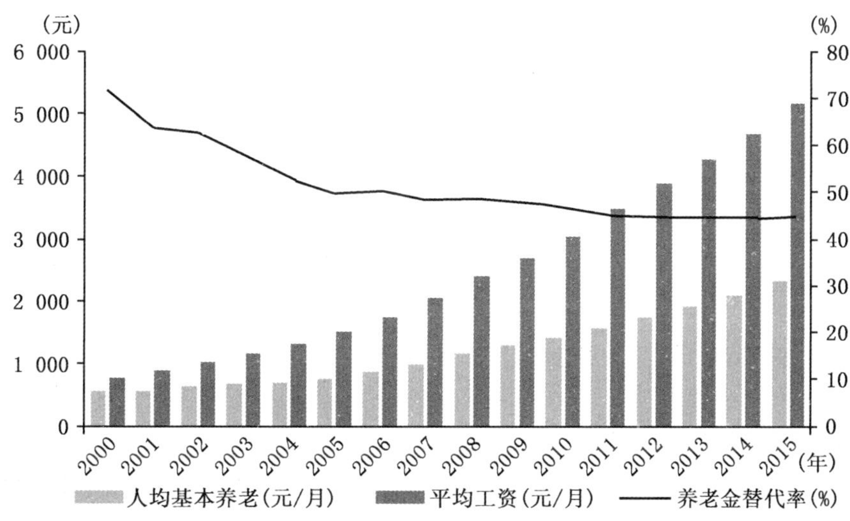

资料来源：Wind，国寿资产整理。

图 3 我国养老金替代率变化趋势

（三）养老金投资运作效率仍有加强空间

2016 年，由地方养老金委托全国社保管理的全国基本养老保险基金开始投资运营，首年投资回报率约为 5%，虽较此前地方管理有较大提升，但仍远低于过去 10 年来全国城镇职工 13.08%的平均工资增长率。由于资金安全性是基本养老金投资运作的首要要求，加上每年有大量资金用于当期支出，对于资金的流动性要求同样较高，进一步拉大了实际回报与期望回报的差距。

对比部分经济合作与发展组织（OECD）国家公共养老金名义投资回报率，我国基本养老保险基金投资回报目前处于中下游水平（见表 1）。

表 1　　部分 OECD 国家公共养老金年化收益(至 2015 年)

国家	5 年年化平均收益
澳大利亚	10.7%
比利时	4.1%
加拿大 CPP	10.5%
加拿大 QPP	10.8%
法国 AGIRC	4.6%
法国 ARCCO	5.0%
日本	6.5%
韩国	5.8%
西班牙	5.9%
瑞典 AP1	8.9%
美国	4.1%

资料来源:Annual Survey of Large Pension Funds and Public Pension Reserve Funds 2015,国寿资产整理。

(四)养老服务供给存在巨大缺口

《"十三五"国家老龄事业发展和养老体系建设规划》用"严峻形势""明显短板"总结了当前养老服务领域存在的问题。

机构养老方面,以北京、上海等一线城市为例,平均养老金水平仅能覆盖低端养老院的价格,但低端养老院空间狭小、体验感差,不能达到维持退休前平均生活质量的标准;中端养老院的价格稍高于养老金平均水平,除养老金外还需要额外动用积蓄或子女补贴,而该档次养老院是大城市老年人的主要选择,供给缺口最大;而高端养老院价格对一般家庭负担的压力过重,出现大量床位空置的情况。

此外,相对于机构养老,居家养老和社区养老是一种既能满足老年人养老意愿,又能够为老年人提供相对专业化和个性化服务的养老形式,但服务供给的不足同样明显。而在养老配套的健康养生领域,健康管理缺位、疾病预防不到位、公立医院看病难、私立医院看病贵、养老护理队伍专业水平不高、高素质专业技术人才匮乏等均是养老服务供给端面临的现实问题。

二、养老金投资管理的目标

养老保障领域存在的众多"缺口",已引起党中央国务院的高度重视。党的十九大报告指出"要积极应对人口老龄化,构建养老、孝老、敬老政策体系和社会环境,推进医养结合，加快老龄事业和产业发展”。2015 年，国务院发布《基本养老保险基金投资管理办法》，明确了基本养老保险基金要实现市场化、多元化投资的原则和方向。2017 年，国务院印发《关于加快发展商业养老保险的若干意见》，明确全面推动商业养老保险的发展。在养老服务方面，2016 年，国务院及相关部委出台养老服务相关文件达 8 项，力促养老产业持续健康发展；2017 年国务院印发《“十三五”国家老龄事业发展和养老体系建设规划》，进一步细化了养老体系建设的具体要求。保险行业积极落实国家战略安排，在保险业务、资产管理、养老投资等方面共同参与，发挥专业优势，助力养老保障体系建设。

（一）投资助力于养老金保障功能发挥

在成熟的养老保障体系架构中：第一支柱定位保证最低生活标准；第二支柱是养老保障的重要来源；第三支柱是为了进一步提高退休后的生活水平。参照美国目前的情况，三大支柱的占比分别为 10％、55％和 27％。我国第一支柱的占比约为 80％，其余为以企业年金为主的第二支柱，第三支柱处于筹备阶段。

在我国人口老龄化日趋严重、“未富先老”的背景下，采用现收现付制的第一支柱虽然可以体现不同代际人群之间的收入再分配，但面临极大的给付压力；而第二支柱由于占据企业大多数的中小型企业建立年金计划动力不足，也并未形成应有规模。因此，我国第三支柱构建不能简单照搬发达国家模式，要从养老保障体系现状出发，充分考虑基本保障不足、第二支柱覆盖远不充分等特征，面向广泛群体，从提供保障型养老保险产品入手。在此背景下，服务于保障型养老保险产品资金运用，努力提升养老人群退休收入水平，实现国家、企业和个人三方养老责任共担机制，是保险资产管理公司参与养老金投资管理的首要目标。

（二）投资助力于养老服务生态建设

目前养老保障服务基本均采取现金缴付、现金领取的模式，但从实际国情看，一方面，现金回报难以覆盖客户资产保值增值需求已是全球养老金投资的共同难点，国内养老金运作也同样面对二级市场投资中回报与波动的权衡难题；另一方面，在养老服务供给仍存在短缺的背景下，简单的现金领取也难以有效转化为实际的养老服务。而保险资管可发挥跨期配置的优势，在集团架构下协同多元布局养老产业，将养老金融与养老服务有机结合，实现养老保险多元化运作，为客户提供养老、养生、健康医疗全方位闭环式养老体验。以投资促进养老保障产业生态建设，是保险资产管理机构参与养老投资管理的另一重要领域。

三、养老金投资管理的多元投资模式

（一）多元资产投资管理及资产配置

市场化的核心，是促成资源的有效配置。养老金多元投资管理模式，根植于保险资金投资管理的能力优势,提供多元产品选择,和与养老需求密切结合而形成的多元资产解决方案。多元化养老金投资管理,对资产管理机构提出两方面要求。

一是多元化的投资管理经验,即资产管理机构的投研能力覆盖各资产类别和投资方式,可通过提供丰富的工具型投资产品,为客户提供多元化的投资选择。

二是成熟的资产配置方法体系,可综合运用传统的、创新的资产配置模型,构建适应不同负债约束要求的养老金投资组合策略,建立精准匹配的组合投资策略。

1. 多元资产覆盖

多元投资管理的核心,首先是对不同资产类别的收益、风险及相关性特征的清晰刻画。专业资产管理机构应对所有可投资资产特征进行深入分析和持续跟踪。

简单的股票、债券、商品及另类资产的资产分类颗粒度过粗,影响各类资产间相关性的因素过于复杂,难以识别和准确把握。因此,资产管理机构应对各类资产做进一步细分,并培育相应投资管理能力、选择优秀的投资管理人(见图 4)。

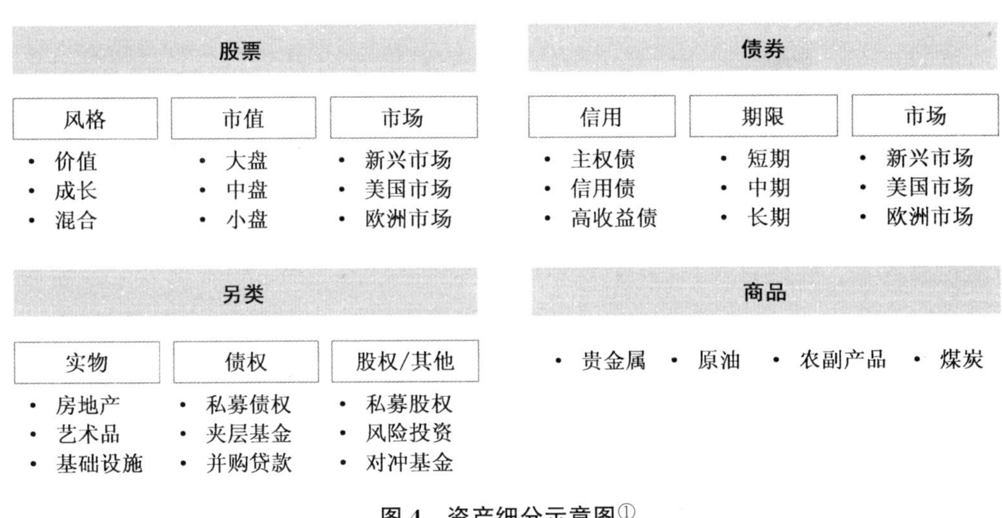

图 4 资产细分示意图①

实现对多元资产的覆盖,一方面是为自身资产配置提供了支持,一方面也为具备专业知识的养老保险产品提供机构、养老金投资管理机构提供投资工具选择,使其可自主构建投资组合。

2. 资产配置模型的运用

根据研究,资产配置可贡献投资组合整体收益的 80%以上,是资产管理过程中的重要环节。对于养老金资产管理,其目标在于为投资者提供长期稳定的投资收益,资产配置扮演着重要的角色。

---

① 以上分类仅为示意,可根据实际需要做进一步细分。

在资产配置模型的选择上，根据不同产品类型和负债约束进行选择和综合运用，并不必拘泥于某一特定模型。

（1）保障型产品的资产配置

面向中小企业主、自雇人群，重在提供安全性高、保障性强的养老保险产品，作为已有养老保障缺口的有效补充，其负债特征是追求低波动、现金流可持续。

根据“收益保证、长期锁定、终身领取、精算平衡”的养老保险产品的设计要求，可参照传统、分红保险资产资金运用的配置模式进行投资管理，为客户获取安全、稳定的投资回报。

在资产配置方法的选择上，可以从风险平配或风险预算模型出发，控制组合整体风险暴露。以现金流明确的固定收益类资产为核心，并可适当提高另类债权资产配置比例，获取流动性溢价；权益配置方面，以高股息率的价值型股票为主，获取稳定分红收益，同时股票价格上行可带来资本增值收益。

（2）投资型养老年金产品的资产配置

对于已解决基本保障，有较高投资收益要求的人群，可以万能、投连、保险资管产品、养老保障产品等形式，提供浮动收益投资型产品。

在投资型养老年金产品的设计上，一方面可提供覆盖各资产类别的工具类投资型养老年金产品；一方面可运用基于风险因子的资产配置模型进行组合构建，为投资者提供多资产类投资型养老年金产品。

在资产配置实践中，由于影响资产价格波动的因素并不单一，因此即使对大类资产进行细分，仍存在无法有效实现风险分散的情况，影响资产配置效率。

从国际先进经验来看，越来越多的机构采用基于风险因子的配置方法取代基于资产类别的配置模式。通过识别影响资产价格变动的风险因子如市值因子、利率因子、动量因子、风格因子等，实现更精准的资产配置。不同风险因子带来的风险溢价（Risk Premia）是投资收益的来源。

将细分的可投资资产与风险因子相结合，即识别最可代表某一风险因子的资产类别，并根据目标的风险因子配比选择相应可投资资产进行组合构建。

基于风险因子的资产配置需要养老金资产管理机构配备充足的、覆盖各类资产的专业投资人士，并进行海量的数据分析及处理。

（二）基础设施长期投资能力的运用

从全球范围看，相比私募股权、不动产、对冲基金等其他另类投资品种，基础设施债权投资并不能提供最高收益，但其所具有的低波动性及基于流动性溢价的较高投资回报，有助于提供养老金投资组合的风险调整收益，可有效匹配保险组合负债需求。而在人口稠密的发展中国家，基础设施资产往往可提供超越预期的风险调整回报。

金融危机后，随着利率的持续下行、公开市场收益的走低，为了分散风险和获取更高的投资收益,全球养老基金资产配置逐渐从传统资产类别向以基础设施为主的另类资产转移。特别在澳大利亚及加拿大,基础设施投资占养老金的比例高达10%~15%;在中国保险资金配置中,这一比例也达到20%。

投资能力方面,保险资产管理公司自2006年经国务院批准,以投资计划方式广泛投资于能源、交通、市政基础设施领域,累计规模已超过4万亿元,具有经验优势。

基于上述分析,可考虑开发专项养老金债权计划产品,设置通胀保护条款设计、与税收优惠政策挂钩,并进一步完善转让流通机制,一方面为养老金投资提供稳健债权资产来源,也使养老人群有机会直接参与国家经济建设。通过市场化运作,实现养老与促进经济发展的双赢。

(三)参与养老生态建设

近年来,中国人寿集团提出"大健康、大养老"的发展战略,将健康医疗产业投资、健康养老服务和保险有机地结合起来,探索建立满足客户健康养老需求的综合服务体系。

在养老养生方面,加快推进养老养生项目落地,不断推进和完善"三点一线、四季常青"战略布局,苏州阳澄湖半岛养老养生项目、天津空港医养综合项目、北京健康养老体验中心、三亚健康休闲养老项目、深圳社区养老项目已先后落地。"国寿嘉园"健康养老子品牌正式发布,"大养老"产品线不断丰富完善。推进"智慧养老联合创新实验室"建设,开展智慧养老创新。

在健康医疗产业布局方面,做好养老健康配套服务。成立健康并购股权基金(保险私募股权投资基金),为"大健康"战略迈出重要一步。成功投资康健国际、华大基因等健康管理类企业,不断完善健康管理产业链;与淄博市中心医院合作,合资设立新园区;投资入股南石医院,开展医疗合作;入股国药租赁,合作开展医疗设备租赁业务,延伸医疗产业链;加大健康医疗投资项目储备和探索力度,构建保险健康生态体系。未来,依托上述"大健康、大养老"的投资储备,中国人寿养老保险客户将能够享受更加全面、便捷的养老养生服务,通过购买养老保障产品实现"老有所养、老有所乐、老有所安"的目标,切实受惠于养老金融与养老服务的协同共进。

据不完全统计,在养老领域,8家保险机构已投资养老社区29个,项目遍及北京、天津、河北、上海、江苏、海南等18个省市,占地面积超过1 200万平方米,计划总投资近700亿元;而在健康医疗领域,在2017年初披露非保险子公司情况的11家寿险公司中,控股医疗健康领域子公司数量已多达48家,通过产业基金参与健康产业投资规模有望达千亿元量级。未来,保险与养老健康行业间的跨界合作,必将由目前的单纯股权投资转为更加深化的多元资源整合,进一步充分发挥保险业资金规模大、长期可持续特征,践行健康中国战略,助力国家老龄事业和产业发展。

“职业年金之谜”的破解之道

——多目标决策下的职业年金投管人选择问题

闫化海*

职业年金基金的治理结构复杂，且各养老金管理机构的利益诉求不一，使得职业年金投管人选择问题具有更大的难度和复杂性，称之为“职业年金之谜”。文章分析了职业年金之谜的成因，从管理学角度来看，职业年金之谜既是多机构多目标决策的管理问题，也是受益人利益最大化的优化问题。结合职业年金的特性，文章建设性地提出了八条解决思路和原则，为职业年金之谜的破解提供有益参考。

2015 年 4 月，国务院办公厅颁布实施《机关事业单位职业年金办法(国办发〔2015〕18 号)。2016 年 10 月，人社部颁布实施《职业年金基金管理暂行办法的通知》(人社部发〔2016〕92 号)。至此，职业年金基金的基本政策制度建设已经完成，接下来将会启动职业年金基金市场的管理人招标和实际投资运作等工作。

2017 年 12 月 16 日，新疆完成职业年金基金受托人的招标工作，并于当天公布了职业年金基金受托人的中标结果。2018 年 6 月，山东省和中直机关分别启动职业年金受托人的招标工作，并分别于 2018 年 6 月 29 日和 7 月 2 日公布了受托人的中标情况。上述三省市完成职业年金受托人招标之后，也将很快启动投管人的招标工作。

由于职业年金投管人的选择在实际运作中会受到诸多方面复杂因素的影响，对于职业年金投管人如何选择问题的研讨，学术界和业界从来没有停止过。一方面，职业年金基金的治理结构相对于企业年金基金多了一个管理层级，使得职业年金投管人选择的难度和复杂度呈几何级数增加，完全不同于企业年金基金投管人的选择考量；另一方面，投资业绩是后验的，存在不确定性，加上职业年金基金各管理机构的利益诉求不一，使得职业年金基金投管人的选择错综复杂，选择思路五花八门，公说公有理，婆说婆有理，就像一个难以解开的谜团。故称职业年金投资管理人的选择问题为“职业年金之谜”。

---

* 闫化海，CAFF50 特邀研究员。

一、"职业年金之谜"的成因

企业年金基金和职业年金基金构成了我国养老金体系的第二支柱。2004 年 23 号令确定的企业年金的基本政策制度，明确了企业年金受托人的职责。2011 年 11 号令基本延续了受托人的职责。2015 年国家启动国家机关事业单位的补充养老保险改革，建立职业年金，在充分借鉴企业年金发展经验的基础上，结合我国机关事业单位的实际情况，经过多轮征求意见和沟通，逐渐形成了个性化的职业年金基金治理结构。与企业年金相比，职业年金在治理结构与受托人职责方面具有很大的不同。

（一）治理结构方面

职业年金治理结构的设计是基于企业年金十余年安全运行基础上的，但职业年金基金在年金缴费、操作难度、政府责任、信息保密等方面不同于企业年金基金的特点，使得职业年金的治理结构不同于企业年金的治理结构。主要的变化有：一是增加了代理人管理角色；二是代理人行使账户管理人的职能，取消了账户管理人；三是设立多个受托人计划。在企业年金计划中只有一个受托人计划，职业年金计划下有 5－8 个受托人计划；四是治理结构增加了一层，企业年金有组合层，职业年金有计划层和组合层。

在原企业年金治理结构下，存在受托人空心化和边缘化的可能。而在职业年金计划中，由于具有多个受托人计划，每个受托人计划下又有多个投资组合，在此情形下发生受托人空心化和边缘化的可能性很小。通常情况下，代理人对职业年金基金的管理主要是通过受托人进行的，在明确了投管人选择的规则后，由受托人独立选择其受托人计划下的投管人，代理人不会介入投管人的选择。

（二）受托人职责方面

2011 年 11 号令明确了受托人的主要职责，包括选择、管理、更换投管人、账管人和托管人、战略资产配置、投资监督、信息披露等。2013 年人社部颁布实施 23 号文和 24 号文，在 11 号令基础上扩大了企业年金的投资范围，同时赋予受托人新的职责，"可根据企业年金计划受托管理合同约定将基金财产投资于一个或者多个养老金产品"，即开展受托直投工作。2016 年 92 号文规定了职业年金受托人的职责，在 11 号令和 24 号文的基础上增加了两点重要内容，即对受托人计划的风险控制和投资业绩负责。具体来说，职业年金受托人职责上的重大变化体现在代理人对受托人的考核管理上，前者对后者最重要的考核为后者在风险管控和投资业绩方面的管理思路和管理业绩，并占有非常大的比重。这在企业年金对受托人的考核中是较少出现的。

由于职业年金基金与企业年金基金在治理结构和受托人职责方面的差异，使得职业年金基金对投管人的选择完全不同于企业年金基金，其难度和复杂度远胜于后者。以职业年金计划中有多个受托人计划为例，由于每个受托人计划可选多个投管人，使得受托人和投管人的关系从企业年金中的线性关系演变成为职业年金中的网状关系；使得职业年金投管人的选择问题演变成多个受托人和多个投管人的排列组合游戏，增加了无限想象和非常多的配对可能性，同时也为投管人的选择带来了更多不确定性。如果代理人允许计划受托人兼任投管人，那么又将在这个游戏中加入更多新的不确定因素，可谓错综复杂。

二、“职业年金之谜”源于多机构多目标决策问题

(一)职业年金各管理人的决策目标

代理人、受托人和投管人是职业年金基金治理结构中最重要的三个管理人角色，在职业年金基金投管人选择问题上，这三个管理人角色的目标和利益诉求均存在不一致的情况。

代理人：职业年金基金是国家机关事业单位工作人员的补充养老金，对个人退休养老水准起着至关重要的作用。在保证资金安全的前提下，受益人的利益最大化是职业年金基金的目标。也就是说，委托人和代理人的目标是受益人的利益最大化(充分考虑风险的前提下)，在职业年金基金实际管理过程中，一定要充分认识、了解和规避相关风险。

受托人：在现有制度安排下，受托人的利益取向在一定程度上与受益人是一致的。首先，受托人作为养老金管理机构，其自身利益最大化是其根本的利益所在；其次，在职业年金治理结构中，受托人作为核心角色承担了重要的风险管控和投资业绩的重任，投资业绩的好坏决定了受托人的管理费收入多少。因此，受托人的利益最大化目标在一定程度上与受益人利益最大化的目标是一致的，促使受托人尽全力做好该受托人计划的投资业绩。

投管人：从投管人的角度来讲，获得更高的投资收益和自身利益最大化是其内在动力。我国企业年金基金的投资管理模式是专户模式。在专户模式下，企业年金投管人对投资组合中的资金投资负责任并主导其资产配置工作，但由于各种主观因素和客观因素的影响以及投资业绩的不确定性，投管人可能在自身利益最大化和受益人利益最大化之间进行摇摆。职业年金基金投管人的投资管理模式和企业年金一样，也是专户模式，在职业年金基金发展过程中也可能存在上述情形。

总体而言，职业年金的制度安排是信托文化，是在借鉴企业年金十多年发展经验基础上演变而来的。为确保职业年金基金的安全，职业年金各管理人之间的相互制衡、相互监督的制度设计，严格的基金托管和市场化的投资运作方式，完善的制度流程设计可确保职业年金安全有效的运作。

(二)从决策管理的视角看，职业年金之谜是多机构多目标的决策问题

从决策管理的角度看，职业年金投管人的选择问题是多机构多目标的决策管理问

题，其结果是各方利益博弈的结果。其中，受益人和代理人的目标和利益诉求是问题的主要目标，受托人和投管人的目标是次要目标。通常来说，多机构多目标的决策管理是经过多方博弈后妥协的结果。在进行职业年金投管人选择时，一定要牢记主要目标并以此为核心，从受益人利益最大化角度进行选择和决策。

（三）从优化的角度看，职业年金之谜是个优化问题

从优化选择的角度看，职业年金投管人的选择问题是多重约束条件下的次优选择结果。职业年金基金选择投资管理人的目的是保值增值，从优化视角看，其目标函数是职业年金计划整体收益（包括各个受托人计划收益）的最大化，约束条件包括该职业年金计划下的受托人计划的数量、受托人的风控能力和资产配置能力、各受托人计划下的投管人数及其行业分布、各投管人在职业年金计划下和各受托人计划下的资金分配及其占比分布等情况、投资经理的投资风格和投资特点等因素。而且上述约束因素也存在诸多不确定性，故职业年金之谜问题是没有最优解的，只是在一定约束条件下存在合理范围的较优解。

三、破解"职业年金之谜"的考量原则

从职业年金计划整体的角度来看，要保证职业年金投管人选择工作顺利进行，有效破解职业年金之谜，需要考量如下方法或原则。

（一）受益人利益最大化原则

在职业年金基金投管人选择过程中，坚持受益人利益最大化原则是对职业年金基金实施有效管理的前提。在投管人选择、资金分配等方面都要以受益人利益最大化为出发点和决策依据，以保障职业年金基金的安全和保值增值。

（二）分散风险原则

不同的投管人有不同的投资优势和投资风格。在投管人选择上要充分分散风险，选择相关性不大的投管人或投资经理进行组合，确保不会把鸡蛋放在同一个篮子中，达到充分分散风险的目的。

（三）平衡局部与整体关系原则

职业年金计划有多个受托人计划，在每个受托人计划中也有多个投管人组合。众所周知，个体（局部）最优化的加总不一定带来整体的最优化。职业年金计划存在两层嵌套关系，要同时处理好职业年金计划和各受托人计划的平衡关系。

（四）兼顾公平与效率原则

受托人在选择投管人时要公平对待所有投管人，严格按照评分标准公平选择投管人，避免存在向己方投管人倾斜或分配更多资金的情况发生。此外，在计划层和组合层配置养老金产品，可以有效提升职业年金计划层和各组合层的投资效率和管理效率。

（五）公开和统一原则

目前国内22家具备职业年金投管人资格的机构在养老金投资方面各具特色，在多家竞逐市场上的职业年金投资管理人招投标项目时，应拥有平等的参评机会和公允的评分标准。同时，为提高受托人选择投管人的效率，对各投管人的述标工作可统一在同一时间、同一地点进行，便于受托人一次性地对各投管人的参评方案进行评标并给出评分结果。

（六）合理性和适当性原则

根据本省市职业年金基金的规模和已确定的受托人计划数量，结合职业年金投资的规模效应，合理确定每个受托人计划中投资管理人的数量，确保职业年金基金起始投资的平稳顺畅进行；同时要充分了解委托人和代理人的风险收益偏好，为委托人选择相对更适合委托人风险偏好的投管人。

（七）受托直投或提供一种解决思路

受托直投是指受托人在受托人计划层面配置养老金产品的主动投资行为，受托直投可以在计划层面很好地起到平滑投资业绩、减少业绩波动的作用，确保职业年金基金的安全、稳健地投资运作。有效开展受托直投工作，受托人要做到如下两点：在全市场上公开公平地选择和配置养老金产品、受托人的资产配置能力得到市场和客户的充分认可，目前受托人在这两方面还有非常大的提升空间。

（八）及时沟通和反馈原则

在职业年金投管人的招标过程中，受托人要与委托人、代理人、投管人建立有效的沟通协调机制，对选择工作中可能遇到的各种问题和风险点，受托人要第一时间向代理人反馈并积极沟通、协调解决办法，确保投管人选择工作顺利开展。

对个税递延养老保险的思考

熊　鹭*

个税递延养老保险属于个人储蓄性养老保险，指投保人的保费在比例和限额之内，可在缴纳时税前扣除，退休领取保险金时再补缴个人所得税。个人储蓄性养老保险和基本养老保险、补充性养老保险（也称企业年金）共同构成养老保险体系的三大支柱。目前中国第一支柱基本养老保险占比达90%，而第二和第三支柱保费占比仅为10%左右。2016年，保险全行业具有养老性质的人身保险保费收入为8 600亿元，退休后分期能领取养老金的保费收入为1 500亿元，养老年金占比仅为4.4%，而英美发达国家养老金保险在人身险保费中占比超过35%。

2018年4月，《关于开展个人税收递延型商业养老保险试点的通知》（财税〔2018〕22号）规定，自2018年5月1日起，在上海、福建省（含厦门市）和苏州工业园区试点实施个人税收递延型商业养老保险，期限一年。如何进一步配合个税改革，总结经验进一步推广，值得思考。

一、个税递延养老保险的现状

2018年4月以前，我国已规定对保险公司开展的寿险业务免除所得税，对保险公司开展的一年期以上返还性人身保险业务的养老年金保险保费收入免征营业税；对个人购买商业养老保险后取得的保险赔款免缴个人所得税；但并没有制定任何鼓励个人建立储蓄型养老保险的税收优惠政策。

2018年4月财税〔2018〕22号发布后，至2019年1月11日止，银保监会分四次批准了20家保险公司经营税延型养老保险。据不完全统计，各家保险公司已有超过60款产品投放市场。按照积累期养老金的不同收益类型分，税延养老保险产品主要包括收益确定型、收益保底型、收益浮动型三类产品。收益确定型是指在积累期提供确定收益率（年复利）的产品，类似于传统的寿险产品；收益保底型是指在积累期提供保底

* 熊鹭，厦门大学经济学博士，研究员。

收益率(年复利),同时可根据投资情况提供额外收益的产品,类似于万能险和分红险,该类产品又可分为按月结算收益的产品和按季度结算收益的产品;第三是收益浮动型产品,指在积累期按照实际投资情况结算收益的产品,类似于投连险。按照领取方式,税延养老保险可分为终身月领(或年领),固定期限15(或20)年月领(或年领)等。试点期间个人商业养老资金账户封闭运行,与居民身份证绑定,使用中国保险信息技术管理有限责任公司建立的信息平台。产品适用范围和相关规定见表1。

表1　　个税递延养老保险情况一览表

纳税人	项目				
	应纳税所得额扣除限额	年龄限制	交费方式	特点	税率
取得工资薪金、连续性劳务报酬所得的个人	当月工资薪金、连续性劳务报酬收入的6%和1 000元孰低	16周岁以上,未达到国家退休年龄	月交	第一,不管投保者在退休以后有多长的寿命,继承人都可以领取提款时在其个人账户中积累的资金;第二,投保者资金高出其个人账户中积累的资金量,如果选择存续,保险公司将根据有关规定向其支付养老金,直到去世;第三,递延养老保险运用了税前扣除支付,代收代缴所得税模式,并非全部人员适合参加	缴费期间不缴纳个人所得税,当个人达到规定条件领取商业养老金收入时,25%部分免税,其他75%部分按照10%的比例税率缴纳其他所得的个人所得税
取得个体工商户生产经营所得、对企事业单位的承包承租经营所得的个体工商业主,个人独资企业投资者、合伙企业自然人合伙人和承包承租经营者	当年应税收入的6%和12 000元孰低	16周岁以上,未达到国家退休年龄	年交		

资料来源:笔者整理。

综合来看,我国这次递延养老保险的试点主要采用的是EET模式,即在养老保险缴费和积累阶段免征个人所得税,领取养老金阶段才征个人所得税。税前扣除购买商业养老保险产品的保费支出可以直接减轻个人所得税负担,暂不征收账户资金的收益,可以直接增加账户中的累积收入,领取养老金则适用较低的税率。

个人税收递延养老保险的推行不仅有利于建立个人养老保险第三支柱,而且可以促进商业保险产业的发展。从个人所得税的角度看,税收递延养老保险的税收优惠会带来个人所得税的减少,但保险公司营业额会出现增加,从而带来相关税款的增加。对于个人来说,个税递延养老保险不仅可以获得资金投资产生的累积时间价值,而且可以享受未来较低的个人所得税税率。

二、个税递延养老保险存在的主要问题

(一)政策试点宣传不到位

目前社会上整体对购买商业保险包括养老保险的意识较为淡薄,并没有意识到基

本养老保险并不能提供充足的养老替代率,因此,在购买时往往优先购买健康险、重大疾病险。2017 年 7 月,税优健康险在全国试点,该税收优惠政策可给予个人每月最高 200 元健康险支出的个税前扣除。在个人收入有限的情况下,投保人往往会优先选择购买税优健康险。据统计,至今年 2 月底,目前开展个人税收递延型养老保险业务的 16 家保险公司累计实现保费不足亿元,不少人甚至都不知道该项税收优惠政策。个税递延的优势除了未来税率低外,另一个优势是资金投资产生的时间价值。

(二)税收优惠力度不够

目前规定取得工资薪金、连续性劳务报酬所得的个人,其每个月缴纳保费的税前扣除最高限额按 1 000 元和当月的收入 6%孰低的原则确定,如纳税人想多增加保额,超过的部分在后期退休时还需要缴纳个人所得税。总体优惠的额度偏低,缺乏足够的吸引力。

(三)享受税收优惠的范围较窄

《关于开展个人税收递延型商业养老保险试点的通知》文件中规定的享受税延养老保险的适用人员为取得工资薪金、连续性劳务报酬所得的个人,以及取得个体工商户生产经营所得、对企事业单位的承包承租经营所得的个体工商业主、个人独资企业投资者、合伙企业自然人、合伙人和承包承租经营者,但并不适用城乡未在职居民和自由职业者,而这两类人由于没有固定的收入,恰恰需要增加个人商业养老保险作为补充。2018 年底的个税改革减税面广,据税务总局统计,有 8 000 万人受益于个税改革不用再缴纳个税,这使得享受税收优惠的范围进一步变窄。由于优惠政策的覆盖面较小,即使进行推广,也难以促进养老保险第三支柱的真正建立。

(四)优惠政策存在一定累退效应

试点政策规定应纳税所得额的扣除限额是当月工资薪金、连续性劳务报酬收入的 6%和 1 000 元孰低,因此,对于月收入高于 16 667 元的人群,每月只能扣除 1 000 元,从而避免收入越高,享受优惠越多的不公平现象,但对于低于 16 667 元的收入人群,仍存在累退效应。此外,相比年轻人,在职老年人由于接近退休,虽然养老需求迫切,能享受的优惠期限却较短,享受的税收优惠也较少,这也是另一种形式的累退效应。

(五)没有对投保人投保后的行为进行规定

试点政策仅规定投保人领取养老金的年限,但并未限制投保人投保后退保并领取保费的行为。商业保险"退保自由",因此,作为商业养老保险的税收递延型养老保险有可能出现退保的现象。如果不在政策中加以明确限制,投保人就可能把递延养老保险当做避税的工具,从而失去了国家鼓励商业养老保险的目的。

三、个人储蓄型养老保险产品的国际比较

为了鼓励个人储蓄型养老保险的建立,世界各国推出多种多样的个人储蓄型养老

保险产品，主要分为“投资”模式和“保险”模式两种，制定相应的免税规定，并积累了相当的经验，如保费一次性的税收减免，按期缴费的税收减免等(见表 2)。有的国家建立可以享受税收优惠的特殊储蓄账户，如加拿大的注册退休储蓄计划(RRSP)、美国的个人退休账户(IRA)和法国的人民退休养老储蓄计划(PERP)等。

表 2　　欧洲国家个人储蓄型养老保险产品所得税待遇

国别	缴费阶段	收益阶段
奥地利	可扣减保费	纳税
比利时	按特殊比例进行减税	纳税
塞浦路斯	可扣减保费	纳税
丹麦	可扣减保费	纳税
德国	可扣减保费	纳税
希腊	分家庭收入和个人收入确定可扣减的保费额	纳税
匈牙利	可从所得税中扣减保费	纳税
爱尔兰	不允许扣减	纳税
意大利	限额扣减保费	纳税
卢森堡	可扣减保费	纳税

资料来源：Tax treatment of 2nd and 3rd pillar pension products.

综合来看，世界各国第三支柱的养老保险体系在税收处理方面主要有以下几个特点。

(一)税收待遇通常采用 EET

世界各国在设计个税递延政策时主要考虑四方面的问题：一是缴费阶段的税收待遇；二是投资阶段的税收待遇；三是领取阶段的税收待遇；四是如何避免滥用企业年金税收优惠。其中，前三个问题均存在免税(E，Exempt)和征税(T，Tax)两种情况[①]，因此，理论上个税递延保险的税收待遇就可能存在 TEE、TTE、TTT、TET、EEE、ETE、ETT、EET 八种组合，其中，完全的 EEE 和完全的 TTT 是比较少见的，目前各国较常使用的是 EET 和 TEE 两种模式，其中又以 EET 最常见。

(二)税率动态调整

在领取阶段，如果实行的是 EET 模式，适用的税率动态调整，如意大利第三支柱养老金从 2007 年 9 月 1 日起，个税递延养老保险在领取阶段征收 15%的单一税率，超过 15 年后，税率每年减少 0.3%，下限为 9%。西班牙则规定在领取阶段，随着保单

① 若进一步细分，可分为部分免税、完全免税、部分征税、完全征税四种情况，本文将部分免税归为免税，将部分征税归为征税。

时间的延续,可以享受到免税优惠。

(三)规定保费支出的抵扣上限

英国对企业年金和个人储蓄养老保险的保费支出允许从个人应纳税所得额中扣除,但也规定了扣除的抵扣上限,如2013—2014年规定的抵扣上限为5万英镑,终身最多抵扣150万英镑,超限额后部分适用较高的税率。德国里斯特法案也规定了购买商业养老保险的税收抵扣费用上限,并且随着投保时间的延长,抵扣费用上限也会相应增加。抵扣上限的机制设计较好地解决了公平问题。

(四)保费抵扣支出的区别政策

一些国家会对不同年限和不同年纪的投保人规定不同的保费抵扣支出。如西班牙对个人商业养老保险在缴费阶段缴费每年的抵扣上限为10 000欧元和收入30%之间的最小值;对50岁以上的投保人则规定12 500欧元和收入50%之间的最小值。法国规定在缴费阶段,如果投保期超过八年的长期人寿保险可以抵扣个人所得税,并且规定税前抵扣上限为每对夫妇一年9 200欧元。

(五)给予直接财政补贴

除了给予税收补贴外,为了照顾低收入家庭,鼓励他们也参与个人养老金计划,有的国家还会同时给予财政补贴。如英国政府除了对个人养老保险给予税率折扣外,还会给予特别的奖励。

四、政策建议

(一)加强政策宣传

个税递延养老保险是有利于政府、保险公司和个人的多赢政策,可以缓解基本养老保险的压力并弥补企业年金的不足。但我们在调研中了解到:目前社会上包括试点地区对个税递延政策的了解并不充分,由于投保的时间较长,有的还担心受骗。相关部门以及保险公司应积极宣传税延养老保险,宣传该项产品的税收优惠政策,鼓励符合条件的购买个税递延养老保险作为个人养老的有益补充。从个税抵扣流程看,目前个税递延养老保险办理并不复杂,只需要登录中保信平台由团体批量或个人自行下载抵扣凭证,再由企业统一或个人自行办理报税。常用四种投保流程包括:企业统一投保;企业组织、员工自行投保;人力资源平台公司给客户端公司投保;个人独立投保。无论何种投保方式都需要有相应的政策宣传和说明,以方便社会对个税递延养老保险政策的了解。

(二)提高税收优惠力度

在试点地区,个税递延养老保险的推广效果并不明显,其中一个原因是税收优惠力度较低。从财政部2018年发布的缴费限额来看,试点地区当年月收入超过5 000元的都可以享受政策的优惠,月收入的扣除限额是按每月工资、连续性劳务报酬收入的6%和1 000元的限额扣除，如果以试点地区上海2018年月收入7 000元的投保人为例，扣除五险一金和免征额后，再扣除收入的6%，每月可以节省的税款仅为30多元，税收优惠的力度并不大，因此，将来可以考虑在限额上做适当调整或者建立定期调整机制。

（三）扩大享受税收优惠的范围

扩大享受税收优惠的范围其实是个税递延养老保险政策出台的题中应有之义。目前我国基本养老保险作为第一支柱占比达到90%，而第二、第三支柱占比仅为10%左右，加强个税递延养老保险的推广，扩大享受税收优惠范围非常有必要。此外，还可以为较低收入者提供一定的补贴或对其再适当降低费率，以鼓励购买。

（四）控制税收累退效应

现有个税递延养老保险在限额内投保，收入越高优惠越多，控制税收累退效应最好的办法是建立个税递延养老保险保费抵扣支出的终身抵扣上限，目前世界上不少国家包括英国和德国在这方面都有经验可鉴。不仅规定每年的抵扣上限，而且规定了终身的抵扣上限，从而较好地减少了税收累退效应。

（五）对投保后的行为进行规范

个税递延养老保险的管理包括缴费、投资及领取三个阶段，可能长达几十年，作为商业养老保险的税收递延型养老保险有可能出现退保现象，可考虑在政策中加以明确投保人投保后退保并领取保费的税务处理，如已享受税收优惠的应退回已享受的部分税款。

此外，为了提高养老资金配置的灵活度，个税递延养老保险可以考虑给参保人在不同的递延养老保险之间进行产品转换，进行资金的合理配置，提高投保产品的灵活度。国外一些成熟的市场，如美国，甚至允许第二、第三支柱账户相互转化，当企业年金管理者的投资收益不如预期时，可将企业年金账户的资金转移到收益较高的个税递延养老保险产品进行投资。

行业发展篇

保险业应积极包容信托型业务，加快寿险产品与养老金产品协同发展

苏　罡*

当前，随着中国居民理财意识的觉醒和金融市场的快速发展，金融机构正在由负债模式向信托模式渗透，养老金已成为各类金融机构在资产管理领域的关键角力点。对于保险机构而言，通过包容信托型业务，深度参与养老金市场，将更好地提升保险业的综合竞争力，在大资管时代中推动银行保险行业的健康稳定发展。

一、养老金在现代经济体中的关键角色

（一）养老金是优质资本的核心来源

养老金具有规模大、期限长、来源稳定的特征，通过专业的资产管理机构和金融产品服务，养老金可转化为经济增长所需的直接融资和中长期资本，能够有效缓解当前金融体系中存在的短期资金匹配长期资产所带来的流动性风险问题。从美国的经验来看，养老金作为美国资本市场重要的机构投资者，在锚定资产价值、优化投资者结构、倡导长期价值投资等方面发挥了积极作用，特别是在金融危机期间，养老金逃仓比例低，有效地起到了稳定市场的作用。

（二）养老金是消费能力的兜底保障

弗朗科・莫迪利安尼的生命周期消费理论认为，人们会在更长时间范围内计划他们的生活消费开支，以达到他们在整个生命周期内消费的最佳配置。充足的养老金储备不仅能够满足人们退休后美好生活的需要，同时也能够有效刺激当期消费，进而拉动经济的增长。

（三）养老金是社会公平的基础支撑

养老金是社会公平的基础支撑。一方面，养老金可体现同代之间的社会公平，在一定程度上缓解社会财富分配不公的现状，体现社会公平，实现普惠化。另一方面，养

* 苏罡，长江养老保险股份有限公司党委书记、董事长，中国保险资产管理业协会副会长、养老金管理专业委员会主任委员。

老金也可促进代际之间的社会公平。安集思在《养老金管理的未来》中指出,养老金是全球唯一负有信托责任开展代际投资的投资者主体,其制定投资战略时,公平对待当代养老金领取人以及离退休还有三四十年甚至五十年的青年员工的财务需求。从这个角度而言,养老金将推动资本市场朝着创造更多财富、更可持续、陷入危机的可能性更低,且更合理、更公平的方向发展。

二、养老金与银行、保险、证券机构的相互关系

(一)养老金是金融机构从负债模式渗透到信托模式的重要推动力

1. 我国居民财富积累快速增长,对于金融风险的辩证认识程度日益提升

我国城镇居民家庭可支配收入已从2000年底约6 280元快速上升至2017年底约36 396元的水平。根据《贝恩咨询一招商银行:2017年私人财富报告》:截至2016年末,我国个人持有的可投资资产总体规模达165万亿元,高净值人群(可投资资产超过1 000万元)数量达到158万人。在财富积累快速增长的同时,居民的金融意识也不断增强。其一,更加重视金融资产的投资与配置,社科院数据显示,截至2014年底,我国居民资产中金融资产的占比为40.7%,较2004年提升6.8个百分点(见图1)。同时,贝恩公司的调查数据显示,高净值人群更偏好利用金融投资间接助推事业发展(见图2)。其二,随着受益人最大化观念的兴起以及对金融风险辩证认识程度的日益提升,投资者更加了解金融机构负债型和信托型业务的本质,因而在选择投资品种时不再局限于保本保收益类的品种,而是愿意承担一部分的风险而获取更多的超额收益。近年来私募基金、房地产基金、对冲基金、黄金等另类资产也越来越受到市场关注。

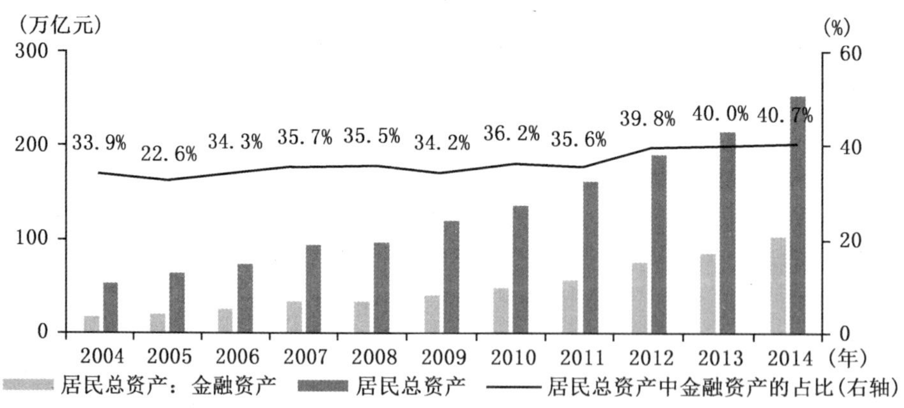

数据来源:社科院版国家资产负债表,Wind。

图1 2004—2014年中国居民金融资产规模及占比均显著提升

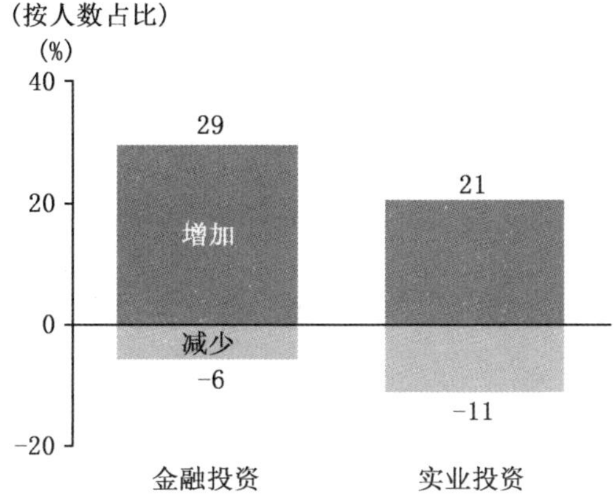

数据来源:招商银行一贝恩公司高净值人群调查分析。

图 2　2017 年末中国高净值人群未来对实业投资及金融投资的偏好

2. 从境外市场的发展经验来看,养老金由待遇确定型(DB)向缴费确定型(DC)模式的转换是提升投资者金融意识的重要渠道,同时也是金融机构从负债模式渗透到信托模式的重要推动力

美联储数据显示,在美国私人养老金资产中,DC 占比整体呈现不断上升的趋势,虽然期间受到金融危机的影响出现了一定的回落,但自 2008 年以来 DC 发展驶入快车道,占比由 2008 年末的 51.1%提升至 2017 年末的 66.3%(见图 3)。对比同期美国居民和非营利机构部门的金融资产分布情况,也同样呈现出由负债型向信托型转变的趋势,包括存款、信贷市场工具、证券信贷、人寿险准备金等在内的负债型金融资产的占比呈现下滑趋势,由 2008 年底的 31.9%下降至 2017 年末的 22.3%;而包括股票、共同基金、非公司企业资产等在内的信托型资产占比呈现快速上升,由 2008 年底的 35.1%提升至 2017 年末的 47.5%,这其中还不包括养老金配额以及其他杂项金融资产中信托型的部分(见图 4)。养老金由 DB 模式转向 DC 模式的过程与居民金融资产配置由负债型转向信托型的过程具有互动性,两者相互促进。

(二)养老金是各类金融机构在资产管理领域的关键角力点

1. 积极参与养老金管理是践行十九大精神、助力多层次社会保障体系建设的应有之义,当前我国养老金市场尚处于起步阶段,发展空间广阔

当前,我国初步搭建了一个由政府、企业和个人共同参与的多层次养老保险体系的基本框架,但与十九大报告提出的“全面建成覆盖全民、城乡统筹、权责清晰、保障适度、可持续的多层次社会保障体系”仍有不小差距:一是发展不平衡,我国三支柱养老金体系以第一支柱独大,第一支柱基本养老的占比高达 85%;二是储备不充分,截至

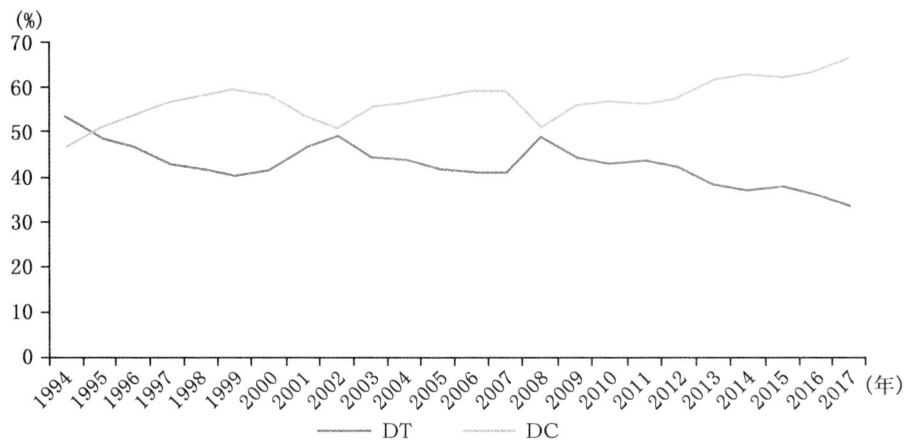

数据来源:美联储。

图 3　美国私人养老金资产分布

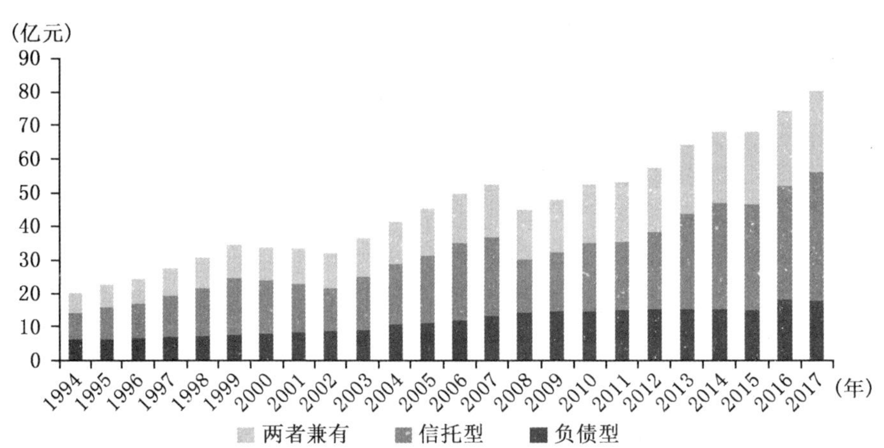

数据来源:美国经济分析局,Wind。

注:负债型金融资产包括存款、信贷市场工具、证券信贷、人寿险准备金等;信托型金融资产包括股票、共同基金、非公司企业资产等;两者兼有型包括养老金配额、杂项资产等。

图 4　美国居民和非营利机构部门金融资产分布

2017 年末,我国养老金储备余额 8.5 万亿人民币,占 GDP 的 10.3%,而同期美国养老金储备的 GDP 占比为 160%;三是覆盖不全面,目前第二支柱企业年金的员工参与率仅为 3.0%左右(相对于全部劳动人口基数,如果相对于基本养老保险参保人口基数则为 6%左右),而美国则在 60%以上(相对于全部劳动人口基数)。总体而言,我国养老金市场尚处于起步阶段，具有广阔的市场空间。当前，基本养老保险基金已正式启动市场化投资运营，面向机关事业单位的职业年金已陆续启动招标工作，第三支柱的税延养老保险、养老目标基金也正积极进行试点与推广，这些都为金融机构广泛参与养老金管理带来了机遇。

2. 无论在客户端还是在资金端，养老金业务都具有特殊的优势，目前银行、保险、证券、基金、信托等金融机构都在积极争夺市场份额，竞争空前激烈

从客户端来看，伴随着居民财富的不断增长，个人客户的重要性正在日益凸显。日本与我国金融市场结构较为相似，近年来呈现出国家资产集中于居民部门且占比不断提升的特征。截至 2016 年末，其居民净资产占到国家净资产的 76.1%，较 2008 年提升了 6.1 个百分点(见图 5)。在我国，根据社科院的统计，居民部门净资产也远高于企业及政府部门，2014 年占到国家净资产的 51.9%，并且从历年的增长速度来看，居民部门净资产增速保持在 15%左右，增长势头快于企业部门及政府部门(见图 6)。以银行理财资金为例，个人投资投资者也是银行理财市场的主力军，截至 2017 年末，银行理财产品存续余额 29.54 万亿元，其中个人类产品存续余额 19.79 万亿元，占比 66.99%(见表 1)。养老金是为个人客户提供全生命周期服务的优质载体，因此，对于进一步吸引个人客户、提高市场份额具有极为重要的意义。

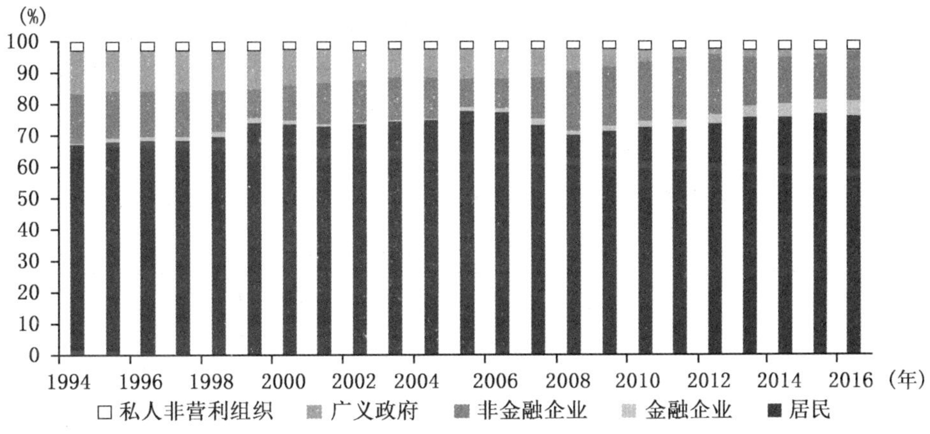

数据来源：日本内阁府，Wind。

图 5　日本分部门净资产占比

从资金端来看，养老金具有资金期限长、规模增长稳定的特征，具备突出的长期业务优势。以美国为例，近年来其第二支柱的参与率都维持在 60%左右的水平，但规模却从 2008 年的 10.3 万亿美元提升至 2017 年的 19.0 万亿美元，年均增幅达 9.4%(见图 7)。

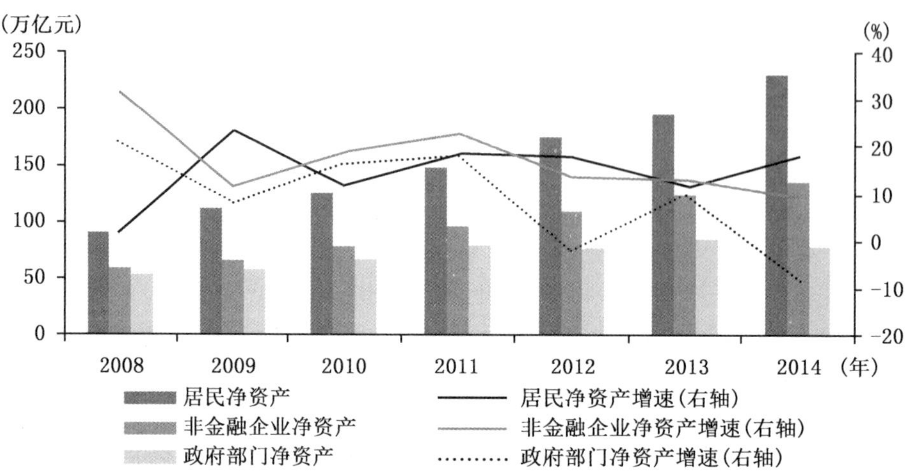

数据来源:社科院版国家资产负债表,Wind。

图 6 中国分部门净资产分布及增速

从当前的竞争态势来看,银行、保险、基金、证券、信托等金融机构都十分重视养老金市场,行业与行业之间、公司与公司之间的竞争都相当激烈。以企业年金为例,目前托管人职责全部由商业银行承担,并且承担了大部分的账户管理人角色(截至 2018 年二季度,78.6%的企业账户和 85.4%的个人账户由银行管理);受托管理方面,截至 2018 年二季度,保险机构受托管理资产 6 736 亿元,银行受托管理资产 1 965 亿元,信托公司受托管理资产 91.2 亿元,分别占比 76.6%、22.4%和 1.0%;在投资管理方面,保险、基金、证券、银行均有积极参与,分别占比 55.1%、36.5%、7.9%和 0.5%。

表 1　银行理财产品发行与存续情况　单位:万亿元

产品类型	2017 年 总募集金额	2017 年 总募集金额占比	2017 年末 存续余额	2017 年末 存续余额占比
个人类	110.44	63.62%	19.79	66.99%
机构专属类	49.23	28.36%	6.5	22.01%
金融同业类	13.92	8.02%	3.25	11.00%
合计	173.59	100.00%	2 954.00%	100.00%

数据来源:银行业理财登记托管中心:中国银行业理财市场报告(2017)。

三、寿险与养老金协同发展的基本逻辑

(一)客户需求多元化是寿险与养老金协同发展的必然要求

对于寿险和养老金来说,以客户需求为导向,深刻理解客户需求是行业发展的关

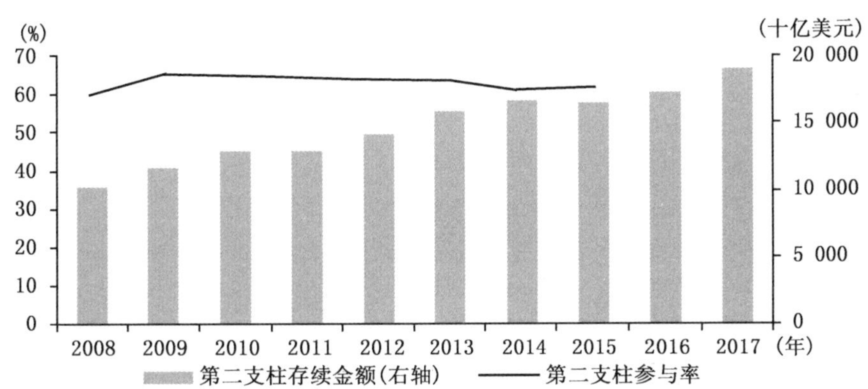

数据来源:美国劳动局,美国ICI投资公司协会。

图7 美国第二支柱绝对规模及覆盖率水平

键。随着人们财富积累、政策环境和思想观念的变化,客户对于财富管理的需求呈现多元化的特征。其一,随着社会经济水平的发展,中等收入群体比重不断扩大,人们的风险保障意识不断加强,希望在现有的基础上平稳实现财富的积累;其二,当财富进一步积累时,人们希望通过更多的投资手段实现更高水平的财富增值。而在投资的过程中,又需要更多的风险保障措施以避免出现巨大的损失和异常波动。因此,客户需求当前正朝着风险保障和财富增值并存的方向演变,并且是一个交替发展的过程。寿险的优势主要在于其他金融产品所不具备的风险保障功能;养老金则更多地着眼于风险保障基础上,通过多种投资方式实现财富增值,两者互相协同,是未来推动更加良性发展的关键点。

(二)养老金与寿险是商业模式协同的天然同盟军

1. 养老金与寿险在客户属性上天然匹配

保险机构特别是寿险业始终是在生命表的基础上,通过精算技术,针对不同年龄、不同财务状况的人群设计开发并提供相应的产品,通过寿险、健康险和养老险等做好客户一生的风险保障管理。养老金管理的核心目的,是做好贯穿生命周期的长期投资,并在不同的年龄阶段提供针对性的产品和服务,为退休生活提供充足的资金保障。因此,两者对客户全生命周期管理的相关理念能够达成一致。

2. 养老金与寿险在资金属性上天然匹配

保险资金和养老金一样具有规模大、周期长、追求稳定长期收益的特征。从近年全球大资管市场的资金来源构成来看,养老金和保险资金的机构资金占比在60%左右,已经成为稳定的长期资金来源。从美国市场来看,美国养老金和保险资金是相辅相成、共同成长的状态,并且养老金的规模增长十分迅速(见图8)。相比之下,中国市场化运作的养老金规模较小,与保险资金之间仍有一定的差距,还未形成良好的互动(见图9)。

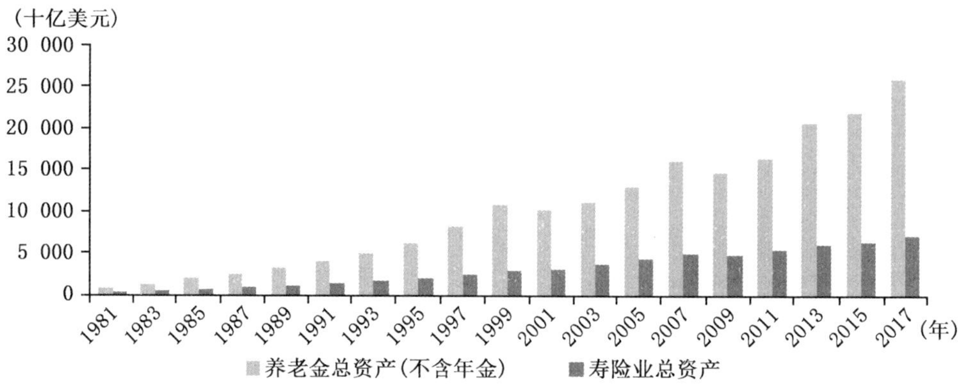

数据来源:美国ICI投资公司协会,美国寿险业报告(ACLI)。

图8　美国养老金及寿险业资产规模情况

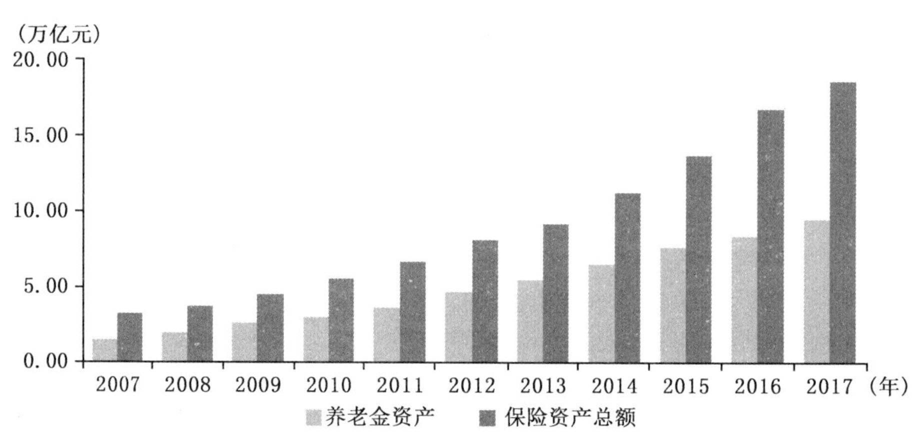

数据来源:人社部,银保监会,全国社保基金理事会。

图9　中国养老金及保险资产规模情况

3. 养老金与寿险在投资理念上天然匹配

养老金和保险资金的长期资金属性,决定了其承担的对社会公众的责任。通过稳健的投资运营实现资金的保值增值,切实维护好资金持有人的利益,两者在投资的理念上天然契合。保险资金的风险保障属性要求其始终追求收益的长期、稳定、可持续,在资产负债管理基础上实现长期投资、价值投资和稳健投资。养老金投资管理过程中,需要把握好收益率和波动率之间的平衡。

(三)包容信托型业务是寿险避免自我封闭和借力养老金市场的内在诉求

当前寿险业务发展遇到阶段性瓶颈:一是新业务发展速度呈现趋缓。保监会数据显示,2018 年上半年,人身险公司原保险保费收入 16 345.19 亿元,同比下降 8.50%。其中,寿险业务原保险保费收入 13 361.44 亿元,同比下降 12.15%。二是内外部经济金融环境的日益复杂对寿险公司资产负债管理提出了更高的要求。传统保单业务以负债管理模式为主,注重负债与资产的平衡,近年来随着利率市场化的不断推进以及人身险定价利率的放开,寿险公司负债端的成本不断走高,特别是受宏观经济下行压力加大、利率水平长期趋势走低的影响,负债型产品的"高收益"将难以为继。三是金融创新以及资管行业的蓬勃发展对寿险产品造成冲击。从美国的发展经验来看,在保险业发展的初期,保险资金来源中寿险产品的贡献率接近 70%;随着年金的快速发展,年金逐渐成为境外保险机构最重要的资金来源,2014 年美国年金产品的资金规模约为寿险产品的 2.3 倍。大力发展养老金业务是保险公司包容信托型业务、避免自我封闭、提升综合竞争力的重要切入口,也是更好地服务个人客户、拥抱大资管时代的重要抓手(见图 10)。

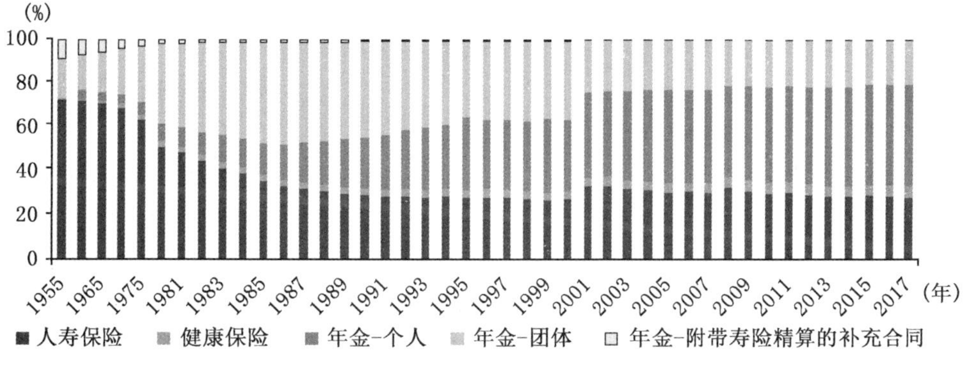

资料来源:美国寿险业报告(ACLI)。

图 10 美国保险产品大类(资金规模占比)

四、我国银行保险业在养老金市场的站位与竞争策略

当前,我国养老金市场尚处于起步阶段,整个养老金规模占 GDP 的比重仅为 10%,与美国养老金市场占美国 GDP 比重 160%相比差距甚远,养老金市场发展空间巨大。银行保险业需进一步夯实理论基础,充分发挥自身优势,弥补能力短板,力求始终在养老金市场中发挥核心力量。

(一)充分发挥保险业独有的优势

作为养老金的主要参与者,我国保险机构积累了养老金管理方面的相关优势。一

是基于年金化产品设计和供给上的绝对优势,保险机构利用生命表、经验数据和科学的精算技术,为客户提供覆盖全生命周期的保险保障,帮助客户有效管理健康风险和长寿风险,合理规划个人和家庭财务安排,满足百姓医疗、疾病、护理、养老金资产保值增值、定期年金、终身年金等方面个性化、差异化的需要。二是基于全面、专业、标准化的运营服务优势,保险机构在产品设计、销售流程、资金运用、风险管理等方面均有着严格的要求。三是基于精算技术和长寿风险管理的专业优势,一方面通过科学地测算风险,平衡风险和收益,另一方面,保险业是唯一能够提供终生年金产品的行业,年金化领取可帮助参保人合力安排养老金收入,解决人均寿命不断延长后的长期养老问题。四是基于长期资产负债管理的优势,在满足资产负债期限匹配的基础上,获取稳定的长期回报。从企业年金投资管理的实践来看,保险公司历年的投资业绩也较为出色,特别是近几年来投资范围的逐步拓宽,投资能力提升很快,并不落后于公募基金等其他金融机构,有些领域甚至还处于领先地位。

(二)加快弥补自身能力短板

一是持续引进和培养优秀的养老金管理人才。优秀的人才是养老金市场发展的重要核心支撑。针对目前养老金融行业对优秀专业人才吸引不足、人员易流失、多元化人才培养难度大、人才发展空间有限等问题,建议加大就业舆论导向,加快养老金融基础人才的培养,通过完善养老金管理机构的公司治理结构和激励机制,培育稳定的专业人才队伍,推动养老金市场更快更好发展。

二是在确保资金安全的基础上提升获取风险溢价的能力。与其他资管机构相比,保险资金对固定收益工具有更高的偏好,《中国保险资产管理业发展报告(2018)》显示:截至2017年末,整体看,险资投资固定收益类资产占比稳定在70%左右。一方面,保险资金的风险保障属性使其对投资的安全性和稳定性提出了更高的要求,监管部门也对保险资金的运用提出了较为严格的监管要求。根据2014年《中国保监会关于加强和改进保险资金运用比例监管的通知》,保险资金投资权益类资产、不动产类资产的账面余额需控制在公司上季末总资产的30%;投资其他金融资产的账面余额需控制在公司上季末总资产的25%;境外投资余额需控制在公司上季末总资产的15%。另一方面,以固定收益为主的配置方向使得保险机构在运用复杂金融工具获取风险溢价的能力方面有所欠缺,建议保险机构从自身资源禀赋出发,通过探索扩大股权投资比例、优化另类投资结构、适当加大跨境投资等方式,实现资产配置结构的全球化和多元化,提升整体的风险投资收益率。

(三)打造与基金、银行理财产品平等竞争的完整的信托型养老金产品链

养老金积累期需求是抵御投资风险和通胀风险,确保养老资金本金安全的基础上取得长期稳健的投资收益,此时需要购买可以进行长期资金配置甚至长期锁定的产品以实现充足的资金储备。

养老金领取期需求是抵御长寿风险，更好做到精算平衡，实现退休后养老金的终身领取或长期领取，以维持长期较好的生活水平，这种情形下，养老资金呈现短周期定期流出的特征。但这一阶段如果可以购买同样具备高流动性特征，且能够在一定程度上进一步带来稳健收益的产品，将会进一步提升原有的退休生活水平。

因此，保险业可考虑养老金积累期和领取期的不同功能，在保险产品长期稳健特点之上，同时开发设计积累期产品（流动性要求低）与领取期产品（流动性要求高），充分参与和覆盖信托型养老金产品链。

（本文获“长江养老杯·IAMAC 2018—2019 年度征文”特别支持奖）

养老保险公司经营模式初探

——基于五家养老保险公司的案例分析

裴　峰*

自2004年我国《企业年金试行条例》及相关配套政策法规出台以来，顺应企业年金市场发展的需要，经保监会批准，我国先后成立了平安养老、太平养老、长江养老、国寿养老、泰康养老等专业养老保险公司①。本文以上述5家主要养老保险公司年度信息披露报告为依据，从业务结构、盈利结构和组织结构三个维度，分析了养老保险企业的经营模式，并结合当前经营环境的变化，对我国养老保险公司经营模式的未来发展问题进行了初步探讨。

一、养老保险公司的经营模式分析

我国5家主要养老保险公司在发展过程中，结合市场环境和自身实际，探索形成了各具特色的经营模式，具体体现在业务结构、盈利结构和组织结构上的较大差异。

（一）业务结构

5家养老保险公司主要业务分3类：一是企业年金业务。这是养老保险公司的主营业务，其中又细分为针对基金规模较大的状况而设立的单一计划和针对基金规模有限而设立的集合计划。2016年，我国企业年金基金规模达11 074亿元，市场上有55款集合计划产品，1 417款单一计划产品②。养老保险公司受托业务和投资管理业务规模在市场上均处于领先地位。二是非年金信托型养老保险。主要是由养老保险公司发起的团体养老保障和个人养老保障委托管理业务。比如，长江养老的盛世系列养老保障产品，太平养老的金世系列、金中系列养老保障产品，以及国寿养老的福寿系列

---

* 裴峰，太平养老保险股份有限公司办公室副总经理（主持工作）。

① 截至2017年底，我国共有8家专业养老保险公司（按业务规模排序）：国寿养老、平安养老、太平养老、泰康养老、长江养老、安邦养老、新华养老、人保养老。本文仅以平安养老、太平养老、长江养老、国寿养老、泰康养老等5家养老保险公司为例。

② 《2016年企业年金市场发展回顾和展望》，http://mt.sohu.com/business/d20170413/133770466_475899.shtml。

养老保障产品等。三是团险业务。指养老保险公司签发的以团体为保险对象，以集体名义投保的一种承保方式。比如，太平养老的太平盛世团体终身重大疾病保险（C款）和太平盛世吉祥康健团体终身重大疾病保险等。从5家养老保险公司的情况看，主要有3种业务结构模式。

1. 信托型养老金业务＋契约型团体寿险双轮驱动模式

该模式以太平养老、泰康养老为代表。由于企业年金市场竞争激烈，加上投入期限长、展业成本高等原因，专业养老保险公司的盈利难问题非常突出。2010年年报显示：国寿养老亏损1.9亿元，泰康养老亏损1 900万元，太平养老亏损1.5亿元，平安养老虽然实现1.6亿元盈利，但其年金业务亏损1.3亿元。[①] 为了扭转亏损局面，泰康养老、太平养老等养老保险企业纷纷将传统团险调整为重要业务条线，试图通过团险创造利润反哺企业年金。2009年，太平养老整体移接了太平人寿的团险业务。2011年，泰康养老增加团体寿险业务的申请获保监会批准，整体移接泰康人寿团体事业部，也开始经营团险业务。

2. 单一信托型养老金管理模式

该模式以国寿养老和长江养老为代表。这两家公司成立之初即获得了团险业务经营资质，但截至目前仍专注于信托型养老金业务，尚未开展团险业务。长江养老是伴随着上海养老保障体制改革而成长起来的一家专业养老金管理公司，因整体承接上海市原有企业年金基金的管理而成立。长江养老把自身定位为专业养老金管理公司，主要从事信托型企业年金业务、养老保障委托业务以及其他养老金资产的受托管理业务。国寿养老的目标是打造“国内一流、国际领先、品牌卓著、值得信赖”的专业养老金管理公司，业务范围覆盖信托型企业年金、养老保障委托管理等。

3. 综合金融模式

该模式以平安养老为代表。2007年，经保监会批准，平安养老启动重组转型，平移了平安人寿的团险业务，并与平安人寿销售渠道整合，从而在机构网络、人才队伍、服务平台等方面实现快速扩张。随后，在平安保险集团综合金融战略指引下，平安养老积极推进交叉销售。2009年其销售的信托产品达到100亿元，同时，还提供销售健康险、财产险、信用卡、信托、证券、存贷款等综合金融服务。

（二）盈利结构

从会计学角度看，养老保险企业盈利模式的基本逻辑同样是“利润＝收入－支出”，更具体地讲：养老保险企业利润＝保险业务收入－保险业务支出＋准备金提转差＋投资收益＋其他收入－其他支出－保户红利支出＋营业外收入－营业外支出。综合5家养老保险公司的情况，其经营范围主要涉及企业年金、长期寿险、短期意外健康险等，其业务获取渠道包括直销和经纪代理，决定其盈利的核心要素如下。

① 资料来源：各公司2010年度信息披露报告。

养老金业务采取信托模式，其管理的资产并不反映在公司账面上，不占用公司资本金。决定其盈利的核心要素是管理资产规模大小。规模越大，养老保险企业的利润水平和资本回报水平越高。其盈利模式是：

利润＝规模×利润率

长期寿险业务利润主要是由利差、死差、费差"三差"构成，其盈利模式是：

利润率＝预定（利率/死亡率/费率）－实际（利率/死亡率/费率）

短期意外险及健康险利润主要取决于保费收入和综合成本率，包括综合赔付率和综合费用率。其利润模式是：

利润＝已赚保费－综合赔付－综合费用

从5家养老保险公司盈利的实际情况看，以太平养老、泰康养老为代表的"信托型养老金业务＋契约型团体寿险双轮驱动模式"，主要通过团险业务弥补企业年金业务的亏损。泰康养老2011年整体接收泰康人寿团险业务后，当年即实现盈利。太平养老则在2013年首次打平盈利。以国寿养老和长江养老为代表的"单一信托型养老金管理模式"，主要依靠提升投资管理能力获取批量性的、具有规模效应的委托资产，其利润来源主要来自投资管理费收入。以平安养老为代表的"综合金融模式"得益于其多元化的业务模式、规模化的销售队伍和网点优势，早在2010年就实现扭亏为盈，当年实现1.6亿元盈利，至今其仍是五大养老金保险企业中盈利水平最高的公司。

（三）组织结构

5大养老保险公司的组织结构可以划分为3种模式：一种是"总分公司"模式。以平安养老、泰康养老和太平养老为代表。这主要是由于其业务范围决定的，虽然企业年金和养老保障委托管理业务可以在全国范围内展开，不受分支机构限制，但在全国范围内开拓团险业务必须在业务开展区域设立分支机构。二是"区域中心"模式。2009年以来，长江养老先后设立了北区、东区和中南区域三个区域养老金中心，作为其拓展全国企业年金业务的综合服务平台。三是"集团内部开拓"模式。主要是国寿养老，由于其不直接经营契约型团险业务，所以依托集团内部销售网络、营销队伍和服务平台等推动做大企业年金规模。

二、当前经营环境的变化及挑战

近年来，养老保险企业的经营环境发生了很大变化，这为养老保险企业的经营模式带来了新的机遇和挑战。

（一）新时代

党的十九大指出："中国特色社会主义进入新时代"。这一历史方位的变化从根本上改变了养老保险企业的经营环境：从宏观经济环境来看，我国经济已由高速增长阶段转向高质量发展阶段，贯彻新发展理念，注重经济发展质量和创新驱动，成为国家的产业政策导向。保险业“规模扩张型”发展模式赖以存在的外部环境不复存在。从微观经济环境来看，我国经济增速持续放缓，促使央行等监管部门通过影响短期利率引导中长期利率走低。我国保险业所处的利率环境更加复杂。国际经验表明，在一国经济发展中，利率长期下行与中短期周期波动是必然的规律。① 发展保障型保险产品成为保险业应对复杂经济环境的有效选择。

（二）大养老

为了有效应对老龄化，国家全面发力三支柱养老保障体系建设。第一支柱正式准入：2016 年 11 月，基本养老保险基金市场化运作正式启动；第二支柱全面扩容：2016 年 6 月，国家人社部、财政部联合印发了《职业年金基金管理暂行办法》；第三支柱即将开闸：个人税延型商业养老保险行将落地。一方面，由于养老保险企业在长期精算、长期资产配置、养老保险产品开发、专业化人才和服务网络等方面的固有优势，决定了其必然在国家多层次混合型养老保障体系建设中大有可为。另一方面，养老服务是一个涵盖养老地产、养老金管理、养老医疗保健、康复护理等的多类型、多层次、多样化的“银发产业链”，养老保险企业必须从产品开发、系统建设、人才储备、投资能力、组织架构等多方面入手，探索建立完备的保险业养老产业链。

（三）泛资管

随着国内机构与个人财富的迅速积累，催生了对更加丰富多元的资产管理渠道持续增长的需求。自 2012 年 5 月开始，我国金融监管部门制定出台了一系列措施，逐步打破了证券、期货、银行、保险、信托等行业间的竞争壁垒，资产管理行业进入了竞争、创新、混业经营的泛资管时代。虽然近年来国家金融监管部门强化了金融监管，但强监管的目的是整治通道业务和资金池等伴生的刚性兑付等潜在风险，使资产管理回归本源，这并不改变泛资管的发展大势。尤其对养老保险公司来说，2005 年以来，我国企业年金市场并未出现预期的“井喷”现象，甚至呈现“疲软”态势。为了在激烈的市场竞争中生存发展，迫切需要通过拓展第三方资产管理业务，来不断扩大资产管理规模。

（四）信息化

在“互联网＋”浪潮的推动下，信息化发展在数字化基础上向网络化、智能化、互联化、融合化方向发展，这对保险业产生了巨大影响。2016 年，我国保险业新增保单 95.45 亿张，其中，互联网保险保单 61.65 亿张。② 互联网保险以“场景＋定制”为发展方向，带来了保险业发展理念、模式和路径的深刻变革。但是，互联网技术的终极意义是提升客户体验、风控能力和企业内部运行效率，探索新的业务模式，这并未改变金融的本质。2016 年 10 月，国家保监会发布了《互联网保险风险专项整治工作实施方

① 俞平康．从低利率环境到复杂利率环境[J]．商业文化，2017(7)．

② 《互联网保险的市场竞争和趋势分析》，http://finance.eastmoney.com/news/1372,20171025788363740.html。

案》,其目的是集中整治互联网高现金价值业务等违规行为,这无法改变资金对互联网保险的热情。2017 年上半年,互联网保险新业务签单件数 46.66 亿件,同比增长 123.55%。可以预见,互联网保险将在更注重风险防范的基础上不断创新,走持续健康发展之路。

(五)严监管

近年来,国内金融行业监管日趋严格。2017 年 4 月,保监会密集下发"1+4"系列文件,标志着我国保险业新一轮防范风险、加强监管、规范市场的开始。2017 年 7 月,全国金融工作会议进一步明确了金融工作要坚持回归本源、优化结构、强化监管、市场导向四项重要原则,紧紧围绕服务实体经济、防控金融风险、深化金融改革三项任务。在新的监管环境下,强监管、补短板、治乱象、防风险和支持金融服务实体经济成为金融监管部门工作的新常态;同业业务、通道业务、理财业务、网络金融等成为整治重点;穿透式监管、跨行业协同监管成为趋势。养老保险行业必须主动适应监管政策调整,准确把握保险产品开发和资金运用方向,更加注重保险回归本源和坚持规范经营,更加注重发展长期型价值型业务,更加注重培育在经营成本、定价能力和投资能力等方面的核心竞争力,在服务实体经济中实现持续健康发展。

三、养老保险公司经营模式的发展趋向

在各种复杂因素的综合推动下,养老保险公司的业务结构、盈利结构和组织结构呈现新的发展趋向。

(一)业务结构

从业务类型看,养老保险公司的业务范围不断拓展:一是向养老保障三支柱体系拓展。第一支柱方面,2016 年 12 月,全国社会保障基金理事会公布了基本养老保险基金投资管理人名单,平安养老、长江养老、国寿养老等已经入围。第二支柱方面,个人税延型商业养老保险预计将于 2018 年从保险行业先行试点。职业年金业务也有望在未来启动。二是向团体下的个人客户拓展。养老保险企业拥有海量的法人客户,在开拓团体下的个人客户上具有明显优势。职域营销和个人养老保障业务等作为"蓝海市场",成为养老保险企业竞争的焦点。三是向第三方资产管理业务拓展。养老保险企业高度重视资产管理创新业务,积极争取第三方资产,努力做大管理资产规模。四是向大养老产业链拓展。未来养老保险业的竞争,不仅仅是保险业务的竞争,而是围绕大健康、大养老产业链和生态圈的竞争。许多养老保险企业从产品开发入手,加快推动从"疾病治疗"为主向"健康保障"为主转型,持续延伸健康管理链条,探索构建"医养结合""康养结合"的服务模式。同时,发挥养老资金优势,通过债权投资计划、股权投资计划、不动产投资计划等形式,积极参与养老服务产业链建设。

在业务结构上,随着业务范围的拓展,养老保险企业趋向于构建立体式的业务体

系，从企业客户、政府客户、个人客户多维度同步发力，建立政府、企业、个人多元并立、协调联动、整体开发的业务布局。在业务范围和开发节奏上采取梯次推进策略：第一步与客户确立信托型企业年金和团体养老保障合作关系；第二步跟进开展契约型团体健康险和意外保险业务，以及个人养老保障业务；第三步开展保险产品渠道代理业务合作；第四步积极开展员工职域营销合作。通过对法人和团体客户的深层次挖掘，推动建立信托型业务与契约型业务相结合，长险业务与短险业务相结合，企业法人客户和个人客户相结合的立体式业务体系。

（二）盈利结构

5 家养老保险公司业务结构的差异决定其主要盈利来源各不相同（见表 1）。以 2016 年为例，平安养老、泰康养老、太平养老营业收入中已赚保费分别占比 86%、83%、84%。而长江养老和国寿养老，2016 年养老金管理费收入占其总营业收入分别达到 86%和 81%。主要盈利来源的差异进一步决定了 5 家养老保险企业盈利模式构建的侧重点各不相同。

表 1　　2016 年五大养老保险公司的收入结构（亿元）

项目	太平养老			国寿养老			平安养老			泰康养老			长江养老		
	2016 年	占比	同比	2016 年	占比	同比	2016 年	占比	同比	2016 年	占比	同比	2016 年	占比	同比
已赚保费	35.96	84%	23%	—	—	—	147.7	86%	23%	33.79	83%	111%	—		—
其他业务收入	0.25	1%	−69%	0.03	0%	38%	1.84	1%	−39%	1.93	5%	612%	0.17	4%	193%
养老金管理费收入	3.16	7%	6%	7.22	81%	18%	10.84	6%	57%	0.34	1%	−15%	4.05	86%	41%
投资收益	3.65	8%	−12%	0.7	8%	24%	11.87	7%	−27%	4.48	11%	82%	0.5	11%	−29%

资料来源：5 家养老保险公司 2016 年年报。

对于养老金业务来说，养老保险企业重点从规模和利润率两个方面下功夫。在做大资产规模上，养老保险公司在专注于年金类业务的同时，加大主动型管理业务拓展力度，积极获取第三方资金，推动做大养老资产管理规模。2016 年，平安养老第三方委托管理资产突破 600 亿元，长江养老第三方资管业务为其贡献了超过 1/4 的养老金管理费收入。在提高利润率上，为满足企业年金、职业年金、养老保障管理、第三方资产受托管理等不同的资产配置需求，各养老保险企业纷纷加快相关领域专业投资能力和业务资质建设工作。对于团险业务来说，由于其受偿付能力监管的严格约束，养老保险企业重视发展长期期缴业务，并加强高手续费和高赔付业务管控，提升业务品质和效益。

（三）组织结构

养老保险企业的组织结构呈现出两个方面的发展趋向：一是注重运用信息技术重构企业组织架构。在全民信息化时代，客户的行为方式和消费习惯发生了很大变化，保险服务的提供和互动从线下向线上转移,大数据、云计算为海量数据的集聚和分析挖掘提供了可能。养老保险企业积极利用信息化技术推动业务流程再造,形成线上线下联动的运作机制,提升客户体验。从长远来看,在信息技术的推动下,养老保险企业的组织架构将呈现"去中心化"的发展趋向,最终会形成一种以客户和一线员工为中心的网状结构,以实现对客户和一线需求的快速回应。二是注重集团内部资源的整合。随着客户需求逐步从单一的保险需求向综合的金融服务转变,养老保险企业依托集团优势,加大内部资源整合力度,努力为客户提供"一站式"的金融服务。比如,太平养老依托集团"一个客户、一个太平"综合经营模式,平安养老依托集团"一个客户、多个产品、一站式服务"的业务模式,为客户提供综合性金融服务。而长江养老整体并入太平洋保险集团后,即与太保寿险、太保产险携手在全国 30 个省市自治区设立的"太平洋一长江养老业务合作中心",把年金类业务纳入集团寿产养协作平台,整合三方的政府和企业资源,推动企业年金、职业年金等业务的开拓。

参考文献

[1]陈文辉. 中国寿险业经营规律研究——费用、盈亏平衡、资本需求[M]. 北京:中国财政经济出版社,2008.

[2]俞平康. 从低利率环境到复杂利率环境[J]. 商业文化,2017(7).

[3]方国斌. 我国养老保险公司盈利模式探析[J]. 保险研究,2011(10).

[4]叶安照,刘家养. 近年来我国保险公司核心竞争力研究[J]. 广西师范大学学报:哲学社会科学版,2008(5).

[5]陈丽. 专业养老保险公司的优势和经营策略[J]. 中国保险,2005(5).

[6]何慧珍. 对培育和提升我国保险业核心竞争力的战略思考[J]. 中央财经大学学报,2005(8).

[7]祝向军. 后危机时代保险公司盈利模式选择的理论分析[J]. 广东金融学院学报,2010(10).

(本文获"长江养老杯·IAMAC 2018—2019 年度征文"二等奖)

金融衍生品:养老金等长期投资管理的利器

吴长凤*

近年来,为应对我国养老金体系面临的严峻挑战,经过政界、学界的深入探讨和持续努力,我国养老金体系的改革和创新又迈出了重要步伐,对我国金融市场的健康发展和经济增长都具有重要的长期战略意义。金融衍生品作为投资管理工具,对于养老基金等长期投资管理能够发挥什么样的作用?本文借鉴欧美等养老金体系比较成熟的市场经验,阐述了运用金融衍生品的优势。

金融衍生品已经成为欧美养老金等长期投资管理的利器和支柱,越来越多的养老基金奉行"审慎人原则",运用金融衍生品对资产负债进行精细化管理,增强长期投资的复利效应。我国相关各界应树立正确的衍生品价值理念,投资管理人应掌握相关专业知识和技能,评估金融衍生品的适用性,这是"卖者尽责"应遵循的重要步骤。

一、我国养老金制度改革的战略意义

2018 年 4 月,我国以税收为激励的养老金制度改革开启了重要一步。从全球来看,一国养老金体系的发展和进步能够改变金融体系结构、稳定资本市场秩序、促进直接融资健康发展和经济增长。

第二次世界大战后,美国股票市场的家庭直接持股占 90%;到 2010 年,这一数字降低到 30%以下,持有份额大部分都转移到金融机构,金融机构成为最大的权益持有者。这种结构性变化直接促进了公司治理、资产定价、税收政策的有效性和相关制度的完善。Kristian Rydqvist 等(2014)①对 8 个国家② 60 年面板数据的研究分析表明:税收和退休制度改革是这些变化背后的两大支柱性力量。家庭更愿意在延税退休计划中储蓄;缴费确定型计划如 401(K)账户,通过工资扣减频繁积累小额供款,允许个

* 吴长凤,北京金融衍生品研究院。

① Kristian Rydqvist, Joshua Spizman, Ilya Strebulaev, Government policy and ownership of equity securities, *Journal of Financial Economics*, 2014(111):70—85.

② 包括美国、加拿大、芬兰、法国、德国、日本、瑞典、英国。

人自己选择服务商，这使汇集小额交易的共同基金得到快速发展。根据美国投资公司协会报告，近年来，美国养老金投资占全部共同基金的比例已近50%。

由于养老金计划、养老型共同基金投资的大规模、长期性、投资策略的分散性和逆周期特征，以及会员供款的稳定性，因此相对于其他市场参与者，养老基金更能够承受短期市场波动并稳定资产价格，更能够发挥稳定金融体系的作用。Ashok 等（2013）①研究表明，在大多数 OECD 国家，养老基金是非常重要的机构投资者，最近十几年，即使经历了两次严重的金融危机，这些国家的养老金依然保持了大规模增长；养老金投资于股票市场的规模和股票市场的波动性呈现出负相关的特征，即养老基金作为机构投资者可以降低股票市场的波动性、提高金融市场效率，并促进金融创新。

20 世纪 80 年代是美国私人养老体系得以迅速发展的年代，同时也是美国经济结构转型的年代。当时，走出经济滞涨的力量驱动了政府大规模减税和养老金立法改革，而这不但成为金融机构长期发展演变的原因，而且居民养老金以金融机构为桥梁促进了美国直接融资的健康发展，并通过改善公司盈利能力，进而推动美国经济的复苏和繁荣。几十年来，养老金相关政策的制定和演进产生了意想不到的长期效果，对实体经济发展和人们生活养老保障的互惠和谐发挥了非常重要的作用。

二、全球养老金等长期资金利用金融衍生品的概况

随着全球人口老龄化问题的加剧，养老基金投资的长期稳定增值越来越重要。20 世纪末以来，为提高投资效益，各国养老基金投资的国际化程度越来越高，另类投资比例不断增大；金融市场环境波动的加剧，给养老基金等长期资产负债管理带来了更大的挑战，推动资产管理机构利用金融衍生品，使资产负债管理、风险管理、运营管理等不断精致化。

2017 年，Milliman 对澳大利亚政府强基金管理人（super funds）的调查显示②，澳大利亚的养老基金投资对衍生品的运用已经非常成熟和稳健。79%的基金“总是”或“经常”利用衍生品进行风险管理或对冲，从不运用的仅占 3%；52%的基金“时而”运用衍生品增强收益；在更换投资经理的过渡阶段，全部基金都会运用衍生品，“经常”用的占 48%；42%的基金“总是”或“经常”运用衍生品进行动态资产配置或市场择时；85%的基金表示，他们从不运用衍生品提高杠杆，不承担超额风险。

加拿大银行 2016 年的调查报告显示③，加拿大 8 个最大的公共养老金都属于待遇确定型（Defined Benefit，DB），其主要的共同特征之一是都利用金融衍生品增强收

① Ashok Thomas，Luca Spataro and Nanditha Mathew. Pension funds and Stock Market Volatility：An Empirical Analysis of OECD countries，Discussion Paper n. 162，2013.

② Milliman 2017 Australian Derivative Survey.

③ Guillaume Bédard-Pagé，Annick Demers，Eric Tuer and Miville Tremblay，Large Canadian Public Pension Funds：A Financial System Perspective，Financial System Review，BANK OF CANADA，June 2016.

益、降低风险。2008 年金融危机以来,8 家公共养老基金提高了金融衍生品的运用。

2013 年,英国全国养老基金协会 NAPF(National Association of Pension Funds Limited)在一份报告中指出[①]:过去 10 年,英国养老基金直接或通过投资经理增加了对衍生品的运用,衍生策略越来越普遍,主要用于管理负债相关风险;2012 年 NAPF 的年度调查结果显示,有 57%的养老金计划使用衍生品。使用衍生品叠加是管理资产负债匹配风险的常用方法。

Ryan Labs 资产管理公司 2016 年的一份报告显示[②]:从 2011 年到 2015 年,美国养老基金使用衍生品的比例增长了 56%,意味着现阶段 70%的美国养老基金都将衍生品作为其投资策略的一部分。2015 年年底,Calypso Technology 的调查显示:2008 年以来,很多投资管理公司增加了衍生品使用量,如增加利率衍生品、权益衍生品、外汇衍生品使用量的公司分别占 38.4%、32%和 44.9%;而下降的公司占比分别只有 15.2%、15.5%和 9.2%。大约一半的受访者表示他们每天或每周使用利率、股票或外汇衍生品。早在 1998 年,CME 的一份报告[③]就指出,近 10 年来,利用金融期货和期权的养老基金投资管理者大幅度增加,运用目标包括风险对冲、调整资产配置比例、增强投资收益等。

从保险资金来看,2015 年年末,运用衍生品的美国保险公司[④]数量虽然仅占 5%,但大部分是大型保险公司,保险资产占比达 63%。其中主要参与者是寿险公司,持有各类衍生品的名义价值占所有保险公司的 94.7%,2011 至 2015 年五年持有的衍生品名义价值年复合增长率为 13.2%。从风险对冲类别看,2015 年底,保险公司持有利率类和权益类衍生品的名义价值分别占 52%和 26%,五年复合增长率分别为 14%和 25.7%。

三、金融衍生品在养老金等长期投资管理中的运用及优势

(一)金融衍生品在养老金投资管理中的运用

从养老金计划投资的层次上,可以把对衍生品的运用分为两大类:一是战略性大类资产配置和再平衡管理;二是叠加策略(overlay strategy)。

1. 战略性大类资产配置和再平衡管理

运用衍生品完成战略性大类资产配置目标,一般是指在养老金计划总资产的大类资产配置中,利用衍生品可以完成通过基础资产无法做到或者成本高昂的战略配置目标。在养老基金全球化配置的大趋势下,很多管理者通过投资于衍生品配置外国资

---

① Derivatives and Risk Management Made Simple, National Association of Pension Funds Limited, December 2013.

② The Growing Demand for Overlay Strategies in Pension Fund Management.

③ Futures and options for pension plans trading, CME, 1998.

④ https://www.naic.org/, National Association of Insurance Commissioners.

产。图1是2015年底BlackRock对跨越欧洲、亚洲和美洲的10个国家,合计管理资产规模超过3万亿美元的100多个养老基金管理人,在全球化投资过程中运用工具的调查情况:从全球来看,有43%的养老金计划运用衍生品配置外国资产。

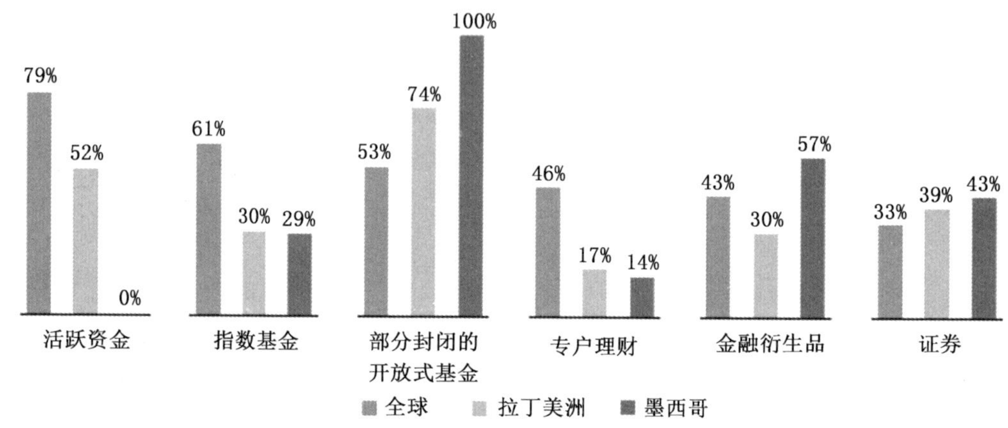

资料来源:https://www.blackrock.com/.

图1　全球养老基金配置外国资产的投资工具选择

再平衡管理方面,例如当基金由于现金的流入或流出,使得资产组合与战略配置政策不一致时,可以利用权益或固定收益衍生品管理现金资产以最大限度地降低交易成本。通常情况下,由于成本、流动性、稳定性等问题,基础资产配置的变化通常是逐步进行的。金融衍生品可以平滑养老基金向长期资产配置的过渡。

2. 衍生品叠加策略(overlay strategy)

一般意义上讲,叠加策略是指综合养老基金的所有投资管理账户的投资情况,在此基础上对计划的总体投资进行风险管理、增强收益、更换投资管理人的过渡期管理等,从而提高资产管理效益。叠加策略通常利用金融衍生品来实现目标,因此也称为衍生品叠加。衍生品叠加已经成为现代养老金管理的主流,有的养老基金在内部实施,有的外包给其他金融机构。

可以说,叠加策略是养老基金投资的精致化管理,具体策略多种多样,包括可转移alpha叠加策略、外汇叠加策略、对冲基金复制、市场风险对冲、战术资产配置调整、资产负债匹配风险管理等。当然,很多以风险对冲和增强收益为目的的叠加策略同样可以在单个投资管理账户实施(见图2)。

资产负债匹配管理。在养老金投资风险管理框架中,纳入衍生品,如国债期货,可以对冲负债的利率敏感度,有益于降低资金积累比率(funded ratio)①的波动性,改善

① 积累比率(funded ratio)是指养老金计划的资产市值除以未来各期负债贴现的总和。

养老金计划的资金积累状况(funded status)①(见图 3),同时对现有资产配置不会带来较大影响。

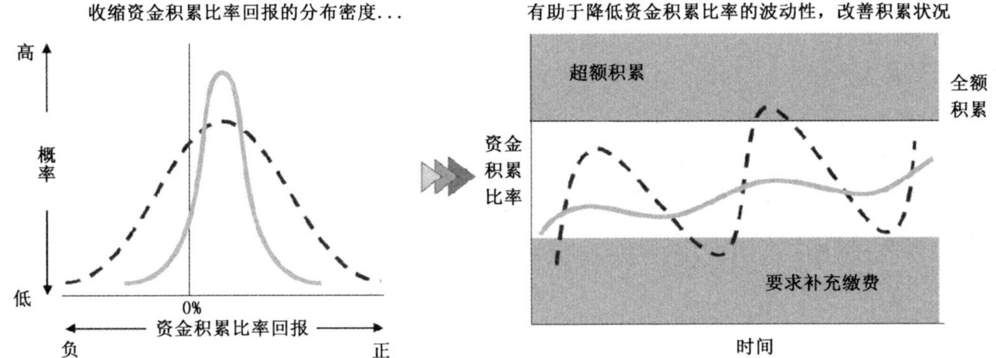

资料来源:2016 investment symposium—Session 20: Using Derivatives for Pension Investing.

图 2 利用金融衍生品对养老基金资产负债匹配的改善

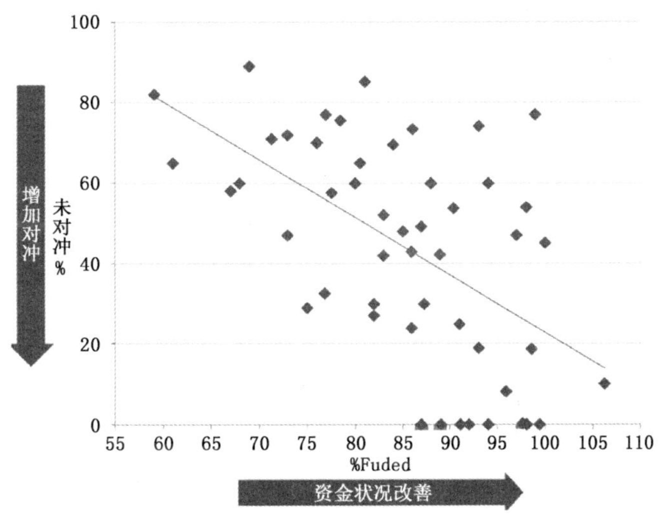

资料来源:2017 investment symposium-Session 12: Using Derivatives in Pension Investment Strategies.

图 3 利率对冲比例目标和养老金计划资金积累状况的改善

DB 型养老金计划更重视资产与负债的匹配,防止过度波动,资产负债管理技术(例如负债驱动投资策略,LDI)在很大程度上依赖于国债期货等金融衍生工具进行风

① 积累状况(funded status)是指养老金计划的资产市值减去未来各期负债贴现的总和。

险管理。养老金计划的负债久期通常在12—15年,而资产方面债券组合久期一般在4—7年,存在明显的资产负债错配风险敞口。利率的波动不仅会使资产和负债面临风险,而且还会导致资产负债匹配状况的变化。LDI策略可以采用买入国债期货的叠加策略,弥补资产组合与负债的久期缺口,在保持现有资产配置稳定的情况下,达到资产负债匹配对利率变动的"免疫",提高资本使用效率。

根据Pierre等(2018)[①],由于近期税收立法的激励、高风险资产带来的强劲回报和计划供款的增加,使很多养老金计划资金积累比率有所提高;又由于监管环境的变化,特别是养老金福利担保公司(Pension Benefit Guaranty Corporation,PBGC)费用的不断提高,以及供款不足的养老金计划运营成本的增加,因此,很多养老金计划希望锁定改善的资金积累比率。通过运用衍生品全面叠加(complete overlay)策略,以更高水平的个性化风险管理帮助养老金计划实现其锁定目标,从而最大限度地减少积累状况的波动性。

利率风险管理。在长期低利率的市场环境下,很多养老基金在投资于固定收益证券时面临两难选择:一方面希望增加对长期债券的配置,以便更好地将资产与负债相匹配;另一方面又希望推迟实施,直到债券收益率上升到一定更具吸引力的程度。利用金融衍生品将有助于解决这一难题:购买长久期固定收益证券并以衍生品叠加策略降低组合久期,这样,养老基金既可以获得新发行的长期企业债的优势,同时又能够避免在低收益环境下承担更多的利率风险。

更换投资管理人的过渡管理。由于投资绩效不佳、改变大类资产配置政策等原因,养老基金将会更换投资组合经理。太平洋资产管理公司(PIMCO)估计养老金计划平均每年至少更换一位经理,这将导致2%至5%的过渡成本。在更换组合经理的过程中,可利用衍生品叠加策略维持所需的市场风险暴露。例如,如果终止某个指定的权益经理,养老基金可以要求经理清算组合的同时,购买股指期货或其他期货产品以维持风险敞口,从而大大降低交易成本和机会成本。

(二)养老金投资运用金融衍生品的优势

增强收益、提高风险收益比。Jiajia Cui等(2013)[②]年的一项研究显示,利用金融衍生品,养老金计划获得超过无风险收益的几率将从76%提高到82%,获得超过无风险收益率和通货膨胀率之和的几率将从65%提高到73%。北美精算学会2017年的投资研讨会资料显示,权益类衍生品覆盖策略能够有效改善养老基金的投资收益(见图4)。假如养老基金没有更多的资金流入,按传统投资策略则必须放弃市场向上的

① Pierre Couture,Brett Cornwell,Reducing Funded Status Volatility Utilizing a Completion Portfolio Management,Market insight,Voya Perspectives,May 2018.

② Jiajia Cui,Bart Oldenkamp,and Michel Vellekoop; When do derivatives add value in asset allocation problems for pension funds; March 7,2013,ICPM International Center for Pension Management Sponsored Research.

潜在机会,而运用权益类衍生品,则可以在资产价格随时间变化的不确定甚至异常行情中,提高养老基金参与市场上行的机会。

资料来源:2017 investment symposium-Session 12: Using Derivatives in Pension Investment Strategies.

图 4 PIMCO: 权益类衍生品覆盖对 DB 养老计划组合收益的长期改善

降低交易成本。无论是战略资产配置再平衡、战术资产配置机会把握,相对于直接大规模或者短时间调整基础证券资产头寸,运用金融衍生品可以大幅度降低交易成本。交易成本的降低不仅体现在相对较低的资金占用和交易费用,还体现在简化和平滑向长期资产配置的过渡、充分把握市场机遇、避免基础资产市场出现跳跃风险时,流动性不足所导致的更高交易成本。

降低市场波动、稳定市场秩序。在很多国家,相对于养老基金和保险公司的潜在需求,长期债券往往供不应求。如果利率上升到周期高点附近,长期债券已具有配置价值,那么配置相对较低的养老基金可能会设法进入市场。这将放大长期债券市场的供需不平衡,扰动市场秩序。养老基金可以运用衍生品叠加策略管理利率风险,避免在收益率高点买入长期债券,导致交易拥挤而推高债券价格,同时又有利于市场稳定。

有效利用资本。很多养老基金都需要一定的现金储备来管理养老供款和支付,因此为保持流动性,通常会遇到“现金拖累”问题。例如,根据 Markus 等(2013)[①]的研究,如果一项计划维持 5%的现金并且资产配置通常预期会带来 6%-7%的回报,那么现金拖累每年可以达到 30-35 个基点,在特定年份这与某些类型计划支付的所有

① Markus Aakko, Rene Martel, In Depth understangding derivative Overlays, Feb 2013, PIMCO.

投资管理费用相当！使用衍生品叠加策略，可以将现金转换为交易所交易的权益、固定收益或其他一些资产类别的风险敞口，降低现金拖累，同时不会显著降低所需要的流动性，并提高投资管理效率。

提高风险管理精确度。在养老基金资产负债匹配管理中，负债的风险驱动因素会随着利率环境、通货膨胀等变化而变化，LDI 策略要求资产配置必须达到特定目标以控制负债风险。但是基础证券资产的调整可能不利于充分发挥投资组合经理的增值潜力，或者导致投资集中度风险增加等问题。借助衍生品叠加策略，可以保持养老基金资产与负债风险因素更匹配的同时，不干扰组合经理投资能力的发挥，不带来其他风险。

综合衍生品的运用和优势，可以在很大程度上优化养老基金投资对于大类资产配置下滑路径的调整，进而有利于改善老龄化问题带来的严峻挑战。从全球范围来看，由于越来越多的资产管理人认识到金融衍生品的优势，并提高了运用这些工具的专业知识和技能，各类投资管理公司，包括养老基金、保险公司、主权财富基金、家族基金等，对金融衍生品的利用一直在稳步增长，衍生品叠加策略已成为各类投资，尤其是养老基金管理的支柱。

四、树立正确的金融衍生品价值理念

当前，我国对冲基金是金融衍生品的重要交易者，同时很多人也误认为金融衍生品只对对冲基金才有价值。过去，在欧美等发达国家，对冲基金也是衍生品唯一重要的买方交易商；而现在，越来越多的投资管理者都愈加重视金融衍生工具的运用，包括保险公司、养老基金，以及传统和被动投资管理公司。金融衍生工具赋予了养老基金、保险公司等资产管理更多的内涵，拓宽了投资管理维度，而不仅仅是对冲基金的投资管理工具。Calypso① 在其 2015 年的调查报告中表示，传统的投资组合管理技术很快就会过时，因其无法履行必要的职能，所以会导致投资公司面临严重的运营和风险管理等问题。

我国共同基金、保险公司、养老基金等资产管理机构充分运用金融衍生品的障碍之一是缺乏相关专业技术人才，这是我国资产管理行业基本执行限量监管模式所产生的消极影响。而在欧美养老金体系比较完善的成熟市场，很多都实施“审慎人原则”监管，这要求养老基金等资产管理机构随着金融和资本市场的发展，必须拥有必要的专业知识和技能，考虑各种风险，勤勉尽责、谨慎投资。据资料记载②，20 世纪末，美国的一个法院案件凸显了无所事事的风险，由于某机构遭受了巨大损失，其董事会因没有对冲而被成功起诉。2000 年，加拿大安大略省金融服务委员会（Financial Services

① Sylvain Privat, Growing pains-The boom in buy-side derivatives usage, Calypso, risk. net, October 2015.

② Use of Derivatives: Significant Issues for Pension Funds, Financial Services Commission of Ontario, INDEX NO.: 1400—305.

Commission of Ontario)在一篇文章中指出:由于缺乏知识而不采取某些投资做法或策略是不可接受的;应该谨慎避免进行人们不理解的投资,但这本身并不足够谨慎;投资管理人有义务获得必要的知识,以便就所有可用的投资做出主动合理的决定。国际养老金监管组织IOPS和经合组织OECD各成员一致认为①,养老基金应以高度负责任的态度建立自己的另类投资和衍生品管理政策。

五、结束语

欧美等国养老金制度体系的日益完善,经历了从公共养老制度弊端暴露到私人养老制度化、法制化的发展过程。当前,我国也正在推动养老金顶层制度改革和设计,以解决不断暴露的问题。这一有重大、深远意义的社会制度改革不仅关系到我国居民长远的退休保障、民生福祉,而且对我国金融市场的发展也将产生深远影响。

反过来,金融市场创新也能为养老基金的长期保值增值、提高居民退休生活质量发挥关键作用。近20年来,美国目标日期等生命周期共同基金、金融衍生品市场的繁荣发展和监管机构的支持都为养老基金投资提供了重要保障;可以说,养老金体系的改善、金融机构的发展和金融市场的创新一脉相承。国际上,越来越多的养老金运用金融衍生品对资产负债进行精细化管理,增强长期投资的复利效应,奉行"审慎人原则";金融衍生品的交易和发展已经构成了资本市场的重要组成部分。2010年以来,我国股指期货、国债期货等场内金融衍生品也得以稳步发展。随着我国税延私人养老金制度的改革推进,养老基金、共同基金等资产管理机构的管理创新和金融衍生品也将发挥越来越重要的作用。

为更好实现养老金投资的长期稳定增值目标,我国应重视发展和完善股指期货、国债期货等金融衍生品市场,树立正确的金融衍生品价值理念,丰富市场参与主体,提高市场流动性,支持并引导金融机构推出精准服务、精致管理的养老金投资产品。我国养老基金等各类投资管理人应熟悉金融衍生工具的各方面主要特征,掌握专业知识和技能,及时了解该领域的新发展和创新,并评估对各自投资管理的适用性,这是"卖者尽责"应遵循的重要步骤,也是为应对我国养老体系面临的长期挑战而进行的努力。

(本文获"长江养老杯·IAMAC 2018—2019年度征文"优秀奖)

① OECD/IOPS Good Practices on Pension Funds' Use of Alternative Investments and Derivatives, December 2011.

保险资金参与养老服务体系建设

——另类投资视角下保险资金投资养老社区的探讨

马　勇*

今后对我国经济社会发展影响最大的长期因素之一是人口老龄化程度的加深和人口出生率下降和生育率不足，"未富先老"对保险业提出了新的课题，要重视"少子老龄化"带来的未来保险需求和对保险资金运用的影响。随着人口结构的转变，空巢家庭越来越多。预计到2020年，我国老年人口将达到2.48亿，老龄化水平达到17.17%，其中80岁以上老年人口将达到3 067万人；2025年，60岁以上人口将达到3亿，成为超老年型国家。全国老龄委公布的《中国城市居家养老服务研究》报告指出，目前我国城市老年人空巢家庭（包括独居）的比例已达49.7%，与2000年相比提高了7.7个百分点。大中城市的老年人空巢家庭（包括独居）比例更高，达到56.1%，其中独居老年人占12.1%，与配偶同住的占44%。人口老龄化与空巢老人的日趋增多要求发达的社会养老服务产业的支撑。

党的十九大报告提出，积极应对人口老龄化，加快老龄事业和养老产业发展。然而，中国养老服务产业虽然需求巨大，但是需要大量资金的长期持续投资。在这种背景下，保险机构投资养老服务产业，参与养老院以及社区养老等建设，可以扩大养老资源的供给，满足老年人在养老保障方面的多样化、高质量需求。同时，促进养老保险负债端与保险投资资产端的匹配，形成养老产业链闭环和保险投资的良性可持续发展。这也是今后，保险资金特别是养老金管理在传统投资方式之外，另类投资方式上的一个重要创新和关注点。

一、保险资金参与养老服务体系建设的意义和作用

保险资金投资养老产业需要关注中国养老模式的变化与趋势，对其做出准确的判断，以客观地评估养老产业发展的需求，更好地把握保险资金投资养老产业的方向。目前我国的养老方式仍以居家养老为主，但是随着老龄人口的激增，独生子女家庭养

* 马勇，太平资产管理有限公司战略发展部高级经济师。

老的增加,"四二一"的家庭模式将使今后计划生育高峰期出生的独生子女难以承担传统的居家养老责任,我国传统家庭养老模式将遭遇困境。从长远看,我国将建立以"社会养老"和"家庭养老"并重的"双轨"养老模式。未来更要依托养老社区,以社会养老服务为保障,把社区养老服务作为居家养老的延伸和依托,建立"居家—社区—机构"一体化的养老服务体系,提高养老服务的供给质量和保障水平。

保险资金特别是各类养老保障基金(含基本养老金、社保基金、企业年金、职业年金和商业养老保险)具有久期长、现金流来源稳定、累积数量规模巨大、风险收益偏好较低等特点,与养老产业特别是社区养老的资金需求较为匹配。为此,保险资金(特别是养老金)投资养老产业,可以致力于养老社区建设及其服务,打通连接居家养老、社区养老、机构养老方式,更好地满足老年人养老的多样化需求。

保险资金参与养老服务体系建设的重要意义和作用可以体现在社会和行业两个层面。

(一)从社会层面看,保险资金参与养老服务体系建设有助于丰富和完善社会养老服务体系

与其他社会力量相比,保险资金可运用资金规模大,资金可使用周期长,与养老业务之间存在天然协同,有助于拉长养老产业链,降低或摊薄养老社区的融资和运营成本,增加养老服务的有效性,缓解社会养老资源严重不足的矛盾,为养老服务体系建设提供更好的服务与支持。特别是,保险资金所具有的规模大、周期长、偏好长期稳定回报等特点,使保险业参与养老服务体系建设的意义明显区别于其他参与力量,会带动相关产业的发展,拉动内需,实现经济高质量发展的良性循环。

(二)从行业层面看,保险业参与养老服务体系建设有助于促进自身的良性循环和可持续健康发展①

一是推动"保险姓保"理念的落实。保险业参与养老服务体系建设,需要大力发展养老保险、健康保险、长期护理保险等保障型业务,是切实发挥保险业的保障功能作用、推动保险业回归本源、服务经济社会发展的重要途径。

二是拓展保险产品的创新空间。保险业参与养老服务体系建设,有助于获取有潜在购买能力的老年人的健康信息和服务需求,帮助保险公司适时开发符合老年人的各种保险产品,如老年人意外保险、老年人健康保险、老年人长期护理保险以及丧葬保险等,以及服务养老产业链的其他各种保险产品,从而拓展保险产品的创新空间。

① 2017年,《国务院办公厅关于加快发展商业养老保险的若干意见》:"商业养老保险是商业保险机构提供的,以养老风险保障、养老资金管理等为主要内容的保险产品和服务,是养老保障体系的重要组成部分。""鼓励商业保险机构投资养老服务产业。发挥商业养老保险资金长期性、稳定性优势,遵循依法合规、稳健安全原则,以投资新建、参股、并购、租赁、托管等方式,积极兴办养老社区以及养老养生、健康体检、康复管理、医疗护理、休闲康养等养老健康服务设施和机构,为相关机构研发生产老年用品提供支持,增加养老服务供给。鼓励商业保险机构积极参与养老服务业综合改革试点,加快推进试点地区养老服务体系建设。"

三是延伸保险公司的产业链。保险业参与社会养老服务体系建设,有助于以养老社区为核心,向上连接养老、健康及医疗保险,退休理财、投资基金、养老金管理等其他老年金融业务,向下延伸至老年保健、医疗护理、生活照料、老年设施、殡葬等相关领域,进一步拓展保险服务产业链,促进保险业与各类养老健康服务的产融结合、融合发展。

四是拓宽保险资金的投资渠道。保险业参与社会养老服务体系建设,符合保险资金使用的特点及"长期持有、高度可控、与主业关联、收益均衡稳定"的基本原则,将为保险资金提供一个崭新的具有稳定盈利前景的投资渠道,提高保险公司的整体偿付能力。

五是改善资产负债匹配状况。养老社区投资具有周期长、所需资金量大等特点,与保险资金尤其是寿险资金的特点相一致。保险资金投资养老社区,可以使保险资产负债的久期匹配趋于合理,缓解"长钱短配"的压力,降低资产负债久期的缺口。

二、保险机构投资养老服务产业具有独特发展优势

投资养老产业是保险业在参与社会管理和自身创新综合经营中可以采取的纵向发展战略,即在保险业务线的基础上,沿保险产品价值链向上或向下拓展。保险公司投资经营养老实体经济向上可衔接养老保险、企业年金、职业年金、各种福利计划等一系列产品,向下可带动老年护理、健康管理、生活服务、殡葬服务等产业,能够极大地延伸和扩展业务和利润链条,提升资本运作效率和资源配置能力。例如保险公司基于提供风险保障产品的战略目的而成立老人安养、健康医疗、灾害防阻、老年消费、老年金融等机构,这样可以为社会提供更为全面的风险管理、财富管理和社会保障服务。比如,在日本由保险公司经营管理,消费者购买"年金屋"人寿保险,而寿险公司以退休住宅的居住及生活和医疗保健以及娱乐服务为保险给付。这样,不仅有力地促进了寿险保单的销售,同时还涉足了房地产开发、房屋租赁和物业服务行业。商业保险作为现代服务业具有全面整合养老产业链的资金、人才、机构网络、技术、产品和服务等核心竞争力。

2013年《国务院关于加快发展养老服务业的若干意见》提出:"到2020年,全面建成以居家为基础、社区为依托、机构为支撑的,功能完善、规模适度、覆盖城乡的养老服务体系。"习近平总书记在2016年5月27日中央政治局第三十二次集体学习时也强调:"积极发展养老服务业,推进养老服务业制度、标准、设施、人才队伍建设,构建居家为基础、社区为依托、机构为补充、医养相结合的养老服务体系,更好满足老年人养老服务需求。"所以,目前,我国的养老服务体系包括居家养老、社区养老、机构养老三部分。关于三者的比例,国家没有给出统一规则,但从各地市场情况看,主要有"9073"(如上海)或"9064"(如北京)两种安排,即90%为居家养老,7%或6%为社区养老、3%

或4%为机构养老。

目前，保险养老社区属于融合居家养老、社区养老、机构养老的重要形式。3%或4%的机构养老比例，为保险养老社区的发展提供了巨大的潜在客户资源。以北京市的“9064”为例，按照全市2020年60岁以上常住老年人口规模400万人测算，届时将有16万老人入住机构养老设施集中养老，市场规模相当可观，而保险资金投资建设养老社区只是机构养老的一个细分市场，也是消费能力很强的一个市场，对于保险公司的高投入而言，能够较好地实现对高端老龄人的养老医疗健康服务产业链的开发。高起点、高标准、高品质的养老社区建设和运营服务也能满足高端养老人群高质量的美好养老生活的需要，能体现经济高质量发展的要求。所以，保险机构所具有的资金资源禀赋和产业链整合优势最适宜开发高端养老社区。从行业来说，从定位高端养老社区入手也能较快地实现盈利和可持续发展。

从发展商业养老保险到投资养老社区，保险机构围绕客户的养老保障和养老服务需求，打造出一个可持续发展的产业闭环。保险公司开发符合客户需求的企业（职业）年金、变额年金、个人税延年金、长期护理保险等保险产品，客户购买保险产品作为养老支付保障手段，保险公司则获得保费收入和保险资金来源，用于投资养老健康服务产业，打通大养老、大健康产业链。保险公司通过保险经营，降低赔付率、增加经营收入和投资运营管理养老社区，获得资本增值利得和稳定经营收入，反哺保险主业客户。客户通过保险公司的保障服务和养老社区服务，获得更好的服务体验，提升保险购买力，保险公司增加保费收入、降低赔付率，提高盈利水平，从而可以更多、更好地投资养老健康服务产业。另外，保险资管机构还可以发行保险养老社区的类REITs资管产品，通过资产证券化募集社会资金投资养老服务产业。总之，保险公司投资养老健康产业的优势，集中体现在具有资金规模和长期投资优势，客户、品牌、销售队伍和获客渠道优势，以及医保结合、医养结合、产业链协同等商业模式优势等几个方面。

三、保险机构投资养老服务产业的创新业务模式

根据《“十三五”国家老龄事业发展和养老体系建设规划》，养老服务体系建设需要动员的社会力量包括政府机构、社会组织、金融机构和民间资本等。其中，保险机构具有强大的资金运用、服务衔接、业务协同和客户资源等优势，是养老服务体系建设的重要力量。与其他社会力量相比，保险业可运用资金规模大，资金可使用周期长，与医疗、养老产业之间的高度关联，产业发展具有协同性。协同发展养老健康保障型业务，适时开发符合老年人的各种保险产品，如老年人意外保险、老年人健康保险、老年人护理保险以及丧葬保险等，以及服务养老产业链的其他各种保险产品，从而拓展保险产品的创新空间。有助于拉长健康养老产业链，降低或摊薄养老社区的融资和运营成本，增加养老服务的有效性，缓解社会养老资源严重不足的矛盾，为养老服务体系建设

提供更好的服务与支持。

与此同时,实现保险产品与养老社区的有效对接有许多好处。一是将无形的保险产品与有形的养老住宅乃至养老服务相结合,实现保险产品的具体化、实物化。二是通过保险产品锁定客户,实现保险业务与养老社区业务的互相促进与协同。三是促进保障性养老保险产品的销售,推动行业回归本源、聚焦主业。四是有助于为客户提供全方位的养老服务,既能满足客户财富保值增值的需求,也能提供养老、医疗、健康等保险产品和一揽子养老服务。随着各项政策及细则的出台,相关业务面临难得的发展机遇。

在我国,保险机构是养老社区投资中具有独特优势的投资主体,获得了政策的大力扶持,①可以采取直接与间接两种投资模式。直接投资养老社区模式:直接投资开发养老不动产或者直接购置养老不动产,基于商业保险公司作为机构投资者的优势,并结合养老保险和养老社区客户的支付能力,保险资金直接投资养老社区模式实行集中差异化策略。也就是说,集中针对客户中支付能力比较高、品质生活要求比较高的群体,为他们提供与其他机构投资者不一样的差异化一条龙养老服务。具体来看,保险机构是以保险客户群中的高中端客户作为养老社区的目标客户,其判断标准有两种:一是购买了某金融保险集团项下一切金融保险产品,依据某种比例计算出客户对公司价值贡献度已经达到和超过一定标准的客户。二是已经购买与该养老社区相挂钩的某种数量额度以上养老保险产品的客户。

在养老社区的区域布局上侧重于两种模式:一种是全国性连锁社区,提供候鸟式养老;另一种是区域内递进型 CCRC 社区,提供全老年生命周期的养老服务。在养老社区规模上则主要是大型和超大型养老社区以及中型专业化特色养老社区相结合(体现规模效应)。而在经营方式上则是进行连锁经营,不断打造独特的保险养老品牌。在养老社区差异化服务方面,保险机构应该从养老社区规划、养老公寓、日常护理与起居、功能康复以及心理疏导、文化娱乐、候鸟式旅居等不同方面提供更加精细和人性化、个性化、特色化的服务。

间接投资养老社区模式,即通过购买养老不动产的投资基金或者养老不动产的证券化产品参与投资。在间接投资方面,借鉴国际通常做法,保险机构主要是采用 REITs 模式。② 也就是通过购买一些养老社区投资机构在证券市场上发行的 REITs 来进行间接投资,其投资的基本策略是通过长期持有相关 REITs 来赚得比较稳定的

① 2016 年,中国人民银行、民政部、银监会、证监会、保监会发布的《关于金融支持养老服务业加快发展的指导意见》指出:"鼓励金融机构通过基金模式,探索运用股权投资、夹层投资、股东借款等多种形式,加大对养老服务企业、机构和项目的融资支持。""发挥保险资金长期投资优势,以投资新建、参股、并购、租赁、托管等方式,兴办养老社区和养老服务机构。鼓励保险公司在风险可控的前提下,通过股权、债权、基金、资产支持计划、保险资产管理产品等多种形式,为养老服务企业及项目提供中长期、低成本的资金支持。""针对不同年龄群体的养老保障需求,积极开发可提供长期稳定收益、符合养老跨生命周期需求的差异化金融产品。"

② 2011 年,中国人寿持有 19.8%份额的首只人民币 REITs——汇信产业信托成功在香港联交所上市。

分红。持有 REITs 获取的股票或分红部分在一定条件下适用税收减免优惠政策,同时发行 REITs 的公司通常运作比较规范,信息披露比较充分,因此其投资偏向于稳健型,尤其适合商业保险机构进行投资。

四、保险资金投资养老社区的商业盈利模式

保险公司投资养老社区特别是高端养老社区,最大的困扰来自盈利模式不清晰,各类机构都在探索养老不动产项目的开发,而除政府公益性养老院项目外,其他都需要解决盈利问题,因为这毕竟不属于政府性的纯公益项目。若盈利问题不解决,则养老产业就不能健康持续的发展,尤其是高端项目的投入规模大,建筑设计标准高、医疗等配套要求高,投资期限较长、未来回报存在一定的不确定性。

总体上看,投资养老社区是一种低回报、长周期的项目。从拿地、建造到推向市场,要做到收支平衡通常需要 6—8 年,真正实现盈利需要 8—10 年,在实现盈利前的这段时间是赚不到钱的,但未来养老社区成熟后会带来长期、稳定的现金流和资产增值收益。养老产业的建设周期比较长,与保险资金的长期性相匹配,养老社区投入在建设期可能是亏损的,但作为保险公司,可以通过其他投资收益来补贴,建成之后则可以获得持续稳定的现金流收益。这就是说,投资养老社区虽然周期长、回报率低,但一旦成功,却可以实现持续稳定盈利和长期资本利得。

目前,国际上养老社区的开发盈利模式有两大类:一类是出售型,即利用银行资金和短期资金来开发建设,开发完后直接出售收回投资并获取利润;另一类则是长期持有型,即通过获得运营收入(主要是入门费、月租金和服务费)和土地、物业增值收益来收回投资并盈利。不过,基于前述分析,在确保较高入住率的前提下,已经足以实现稳定盈利。尤其对于投资运营的保险公司来说,还可以发掘其他盈利点,如通过与养老社区相衔接,形成对保险业务的撬动效应;深入开发养老客户的其他养老、保障、理财需求,获得额外增值服务收益等。

当前,我国建设的保险养老社区基本都是借鉴美国成熟的持续护理退休社区 CCRC 模式,采用出租的方式向老年人提供日常所需的生活照料以及医疗护理,所以前期投资主要通过房租及后续的运营净现金流来回收。在美国,成熟的养老社区入住率可以高达 95%,老人在养老社区的平均居住年限超过 10 年,很多人在养老社区的生活时间达到 20—30 年,所以,美国成熟的养老社区可以实现稳定盈利。在投入端,各种投入主要包括前期投资、折旧摊销费用、运营管理成本等。在收费端,主要通过"入门费+房租+服务费"的收费模式获得收入。其中自理型客户的服务费为普通月费,对应养老社区提供的基础服务包;介助、介护型客户的月费为"普通月费+服务费",服务费与客户护理等级及所需护理服务挂钩。从国际看,这种盈利模式的投资回报率为 8%—11%。在不考虑月租金上涨的情况下,投资回收期限长达 30 年,对保险

资金投资管理及风险管理提出了较高要求。从国内看，根据经验数据，养老社区入住率达到约70%以后，运营管理收入（月费＋护理费）将可覆盖运营管理成本，从而产生正的净现金流。根据有关测算，在由养老社区土地使用限定的50年投资持有期内，项目投资的内部收益率（IRR）在5%－5.5%左右，可基本覆盖保险资金的负债成本。

五、保险资金投资养老社区的投资策略及风险管控

养老金管理的根本诉求是获得长期稳定绝对收益，这样的收益基准决定了资产管理人需要对投资的价值有更高的认知和更持久的定力。投资策略决定着保险机构投资养老社区的具体方式。在美国，保险业主要通过资本市场间接投资养老社区，即投资者通过投资专项基金投资各个单一项目的养老控股公司，再由养老控股公司下辖多家专业养老运营公司。在我国，保险公司对养老社区的投资都较为直接，一般是由公司直接投资并参与运作养老社区项目。从理论上说，投资策略的选择要以资本实力、商业模式为支撑。养老社区开发资金需求量大、回收期长是一座难以翻越的“大山”，正因为如此，公司资本实力如何，就成了限制投资策略选择的第一道屏障。因为重资产运作只有实力雄厚的大公司做得起，实力较小的中小公司做不了，只能选择轻资产模式。对于大公司来说，虽然可以选择重资产模式，但之后还有一个商业运营模式的问题。考虑到投入周期长、商业模式不明确、盈利前景不明朗，即使是一些大公司，也可能倾向于首选轻资产模式。

轻重资产策略各有优劣。轻资产策略资金投入少、简单灵活，可以快速复制，易受资本商青睐，但形不成规模经济，对养老产业链的参与、整合力度小。重资产策略资金投入大，盈利模式复杂，不易复制，回报率低，但易形成规模经济、提高服务效率，能推动养老设施全产业链发展，并与保险业务及其他业务板块产生战略协同。所以，公司如何选择，应服从、服务于自身的总体发展。泰康人寿起初决定做养老时，做过许多轻资产的尝试，如在望京做过老年会所，提供居家养老服务，也尝试过收购保利的项目，改造成“社区嵌入式”的养老，但最终还是选择把美国大型CCRC模式作为主要的核心产品定位。当然，在近年来通过重资产进行大规模投入后，泰康人寿也在考虑通过轻资产方式加快实现养老产业的全国布局。至于合众人寿、中国人寿、太平人寿、太平洋保险等其他公司，也都在考虑同时采取轻重资产两种投资策略，只是在两个方面侧重有所不同而已。

当前，保险养老社区建设虽然方兴未艾，但也潜伏着一些风险，必须引起高度重视。一是投资风险。养老社区投资量大，动辄几十亿元或上百亿元，且只能作为物业长期持有，不能出售，流动性弱，如遇到土地和房地产市场价格较大波动，将无法及时收回投资成本。二是业务风险。保险公司重资产投资养老社区，会全方位介入养老产业链，涉足医疗、护理、照料、物业、殡葬等全新领域，业务范围更宽，时间跨度更长，无

法准确估测其中很多环节的成本，复杂程度远高于一般保险业务，这种情况意味着更高的业务风险。三是销售误导风险。由于产品复杂，而且时间、范围跨度大，保险公司在销售中存在有意或无意误导的动因与外部条件，一旦发生大面积误导，就可能引发误导风波。

坚持风险可控、商业可持续原则，有效控制风险是实现养老社区可持续经营的必要前提。为此，无论是重资产还是轻资产投资养老社区或其他养老服务项目，都应将风险防范放在首要位置，通过加强风险分析和监控处置，为平稳推进养老社区业务奠定基础。

附件：

保险资金投资养老社区的实践案例：中国太平“轻重并举”，加快推进全国养老社区布局

2014 年 10 月 17 日，太平人寿投资兴建的首个养老社区旗舰店上海“梧桐人家”养老社区项目正式开工。考虑到未来客户对养老需求的井喷式增长，2017 年，在原有重资产“梧桐人家”国际颐养社区项目的基础上，又引入轻资产模式，即甄选第三方养老社区加入太平人寿养老服务体系，逐步搭建起全国的网络式布局。采取的行动包括：6 月，与上海“新东苑 • 快乐家园”养老社区合作；8 月，与云南“七彩云南 • 古滇名城”签约。2017 年底，中国太平成功竞得三亚海棠湾优质地块，将是整合国际医疗资源、联动康复、养老、产业、保险的创新之举，中国太平将引入国外优质美容医疗机构和美丽经济产业，配属现代化康复疗养功能，更好地为客户提供全方位、高质量的医养服务保障。2018 年，太平养管参股的上海圆和医院正式开业，受托管理的杨浦新江湾城养老院平稳运营，上海周浦梧桐人家、三亚海棠湾康养项目有序推进。

中国太平“梧桐人家”国际健康颐养社区市场定位：借鉴国际上 CCRC 运作模式，倡导全方位 5H 服务理念，打造中高端国际健康颐养社区。“梧桐人家”项目定位于按市场化方式为保险客户及中产阶层以上家庭提供专业化养老服务。为了保证和提升服务品质，“梧桐人家”参照国际上 CCRC 运作模式，设置了独立生活、协助生活、失能及失智护理等不同区域，为老人提供不同程度的照护服务。若老人健康状况变化，可迁移至相应的住区。

中国太平在借鉴美国水印运营管理体系基础上，还针对中国老人的生活习惯和喜好，创新性提出“5H”（Home，Hotel，Health&Hospital，Happiness，Holiday）服务理念，中国太平“梧桐人家”以四大模块、六大特色，努力打造中高端国际健康颐养社区。四大服务模块包括生活服务、健康服务、文娱服务、餐饮服务。六大服务特色包括专属秘书服务、特色俱乐部、候鸟式旅居游学、中医理疗、专业康复、智慧养老服务。通过认

真、全面践行“5H”服务理念,中国太平“梧桐人家”创建和提供的不仅仅是养老住所,更是悉心体贴的养老模式以及人人心怡的金色生活。

在与保险业务的对接上,太平人寿自2014年起就开始积极探索养老产业与保险业务的互动模式,结合客户对高品质养老的需求,推出与之匹配的养老保险产品,同期规划建设太平梧桐人家国际健康颐养社区,建立了“保险业务+养老社区”的新服务模式。购买中国太平“悦享金生”或是新款指定养老产品达到一定的保费标准,可获得“梧桐人家”入住资格。

“十三五”期间,中国太平将采取“轻重并举、以轻为主”的方式加快推进全国布局,坚持专业化发展、子公司协同、投管建并举、多业态组合的思路,打通医、康、养、护、保产业链,构建照护有社区、看病有医院、支付有保险的“健康太平”生态圈。重资产投资将延伸上海“梧桐人家”模式,逐步形成“东西南北中”的全国性战略布局;轻资产运作则会与上海“新东苑·快乐家园”、云南“七彩云南·古滇名城”的运作模式相似。通过轻重资产投资并举,建设管理10—12个养老养生健康医疗项目,运营管理床位数达到10 000张左右,累计入住床位数达到5 000张以上,管理资产规模超过300亿元,为中国老人提供“保险产品+养老社区+专业服务”的整体养老金融服务保障方案。

参考文献

[1]姜睿,苏丹. 中国养老地产与发展策略研究[J]. 现代经济探讨,2012(10).

[2]欧新煜,赵希男. 保险公司投资养老社区的策略选择[J]. 保险研究,2013(1).

[3]赵婧. 浅析保险公司投资养老实体的可行性[J]. 商场现代化,2010(11).

[4]李如泉. 保险企业投资养老社区模式研究[D]. 北京:中国财政经济出版社,2015(5).

[5]卫新江. 保险公司投资养老社区的策略选择[J]. 中国保险,2013(11).

[6]马勇. 人口老龄化社会我国商业保险转型发展创新的思考[M]. 上海:上海交通大学出版社,2015(5).

(本文获“长江养老杯·IAMAC 2018—2019年度征文”优秀奖)

基于信用角度探讨养老金产品投资地方债的价值和风险

陈 瑞 徐 珂[*]

为响应中央提出的稳投资、扩内需、补短板的相应政策，2018 年 8 月以来我国地方债发行明显提速。由于地方债在期限、收益率、税收和信用等角度，相较其他的债券品种分别具有一定的比较优势，符合养老金规模大、投资期限长、抗通胀、下跌风险厌恶等特点，具备成为养老金重要投资品种的潜力。但是，随着地方债发行政策持续演进和区域信用风险相继爆发，地方政府自身信用逐渐成为市场核心考量因素。因此，我们认为应基于对地方政府信用资质的分析，加强对于信用资质排名靠后和隐性债务风险较大区域的评级跟踪，从而有效防范养老金产品投资地方债过程中所蕴含的信用风险。

一、当前地方债发行政策和市场分析

（一）地方债发行政策持续演进，地方政府自身信用资质成为市场核心考量因素

2009 年以来，我国地方政府债券的发行先后经历了“代发代还”“自发代还”和“自发自还”三种模式。前两种模式均由财政部发文明确规定到期后由中央财政统一代办偿还，因此该阶段地方政府债的信用资质可以近似类比于国家主权信用。

2014 年修订的《预算法》和国务院 43 号文《国务院关于加强地方政府性债务管理的意见》明确规定地方政府可以适度举债。地方政府债券首次以地方政府信用资质为基础，由地方政府自主发行和偿还，同时首次要求地方政府债券进行信用评级，并公开披露发债主体的经济、财政状况以及债务数据。上述改革完成了地方政府债务由“代发代还”向“自发自还”试点转变。由此可见，地方政府自身的信用资质将逐步取代中央政府信用，成为市场投资者考量的核心因素。

* 陈瑞，徐珂，太平资产管理有限公司信用评估部。

(二)2018年上半年地方债发行节奏偏慢,随着财政政策调整推动地方债发行放量

从地方债发行来看,2017年7月,地方债存量余额一举超过国债和政策性金融债,首次成为市场第一大品种(见图1)。截至2018年9月末,存续地方债余额合计已达18.00万亿元。2018年1—7月地方政府债发行节奏偏慢,截至2018年7月末,地方债合计发行规模21 679亿元,同比下降19.9%。

2018年初以来,随着中央去杠杆政策的不断推进,我国宏观债务率短期内得到了一定的控制,但随之而来的却是社融增速的大幅下滑和信用违约事件的频繁爆发。同时,中美贸易摩擦持续升温给经济稳增长带来了更大的压力。有鉴于此,下半年国家宏观政策有所调整,去杠杆阶段性地转向稳杠杆。其中,加快地方债发行进度成为宽财政稳杠杆的一项重要举措。

2018年7月23日国务院常务会议提出,加快今年1.35万亿元地方政府专项债券发行和使用进度,在推动各地在建基础设施项目上早见成效。2018年7月底的中央政治局会议明确提出实施积极的财政政策和稳健的货币政策,其中把积极财政政策放在首位,要在扩大内需和经济结构调整上发挥更大的作用,并提出加大基建补短板力度。2018年8月14日,财政部发布了《关于做好地方政府专项债券发行工作的意见》(以下简称《意见》),明确提出加快地方政府专项债券发行和使用进度,更好地发挥专项债券对稳投资、扩内需、补短板的作用。《意见》提出,今年地方政府债券发行进度不受季度均衡要求限制,各地至2018年9月末累计完成新增专项债券发行比例原则上不得低于80%,剩余的发行额度应当主要放在10月份发行。

受上述政策调整影响,2018年8月份以来,地方债发行明显提速,2018年8月和9月分别发行8 829.70亿元和7 485.46亿元。

二、地方政府信用资质分析

(一)地方政府信用资质显著分化

从现行国家行政体制形式上来看,地方政府是中央政府的派出机构,不具备行政独立性;在经济层面上,中央政府赋予地方政府较充分的经济发展自主权。由此来说,地方政府出现债务危机时,上级政府会对下级政府进行救助;但是根据现行相关政策和法规,和中央政府对地方政府债务“兜底”容易引发道德风险,中央或上级政府将不再会对所有地方政府或下级政府的所有债务进行“兜底”。2017年12月23日,审计署公布了《财政部关于坚决制止地方政府违法违规举债遏制隐性债务增量情况的报告》。其中财政部提出:坚持中央不救助原则,做到“谁家的孩子谁抱”;坚决打消地方政府认为中央政府会“买单”的“幻觉”;坚决打消金融机构认为政府会兜底的“幻觉”。因此,地方政府信用资质不再能等同于国家主权信用,而且其信用资质上限受到国家主权信

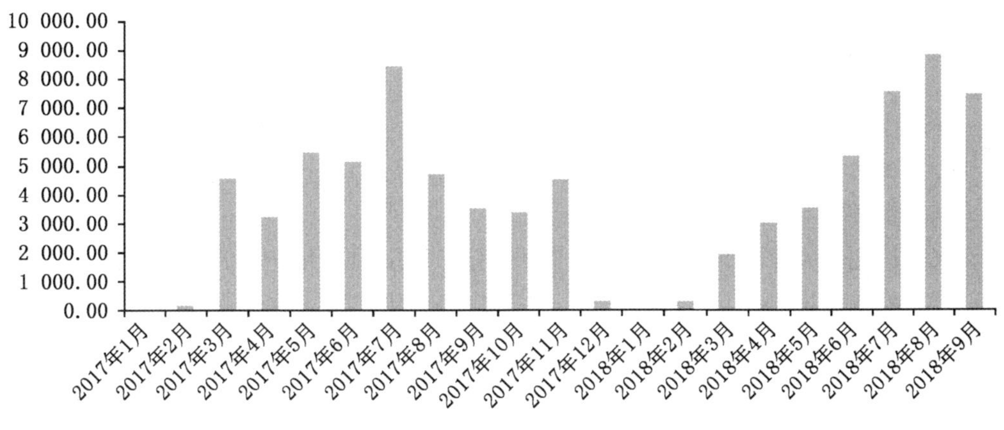

资料来源：wind。

图 1　2017 年以来我国地方债发行规模(单位:亿元)

用的限制。从经济实力、财政实力以及区域信用风险等三方面因素的考量，不同地方政府信用资质将呈现出严重分化。

1. 经济实力指标方面

近年来受宏观经济周期波动等因素的影响，上游周期性行业景气度波动剧烈，导致经济结构相对单一的省会 GDP 增速显著滑坡。例如，煤炭大省山西省 2014－2016 年度 GDP 增速断崖式下滑，持续居于排名靠后的水平。与此同时，包括辽宁省、内蒙古自治区和天津滨海新区等均出现了 GDP 数据“挤泡沫”的现象，反映了不同地方政府在经济指标的真实性和成长性方面都存在较大的差异。

2. 财政实力指标方面

各地方政府的财政平衡能力和政府债务水平分化日趋显著。从财政收支数据来看，目前只有广东、江苏、浙江、福建、北京、上海和深圳（计划单列市）能够实现财政盈余。政府债务方面，近期多家媒体报道《中共中央国务院关于防范化解地方政府隐性债务风险的意见》已经下发到地方，标志着新一轮政府债务清算即将到来。近期财政部加大了对于地方政府违规举债的处罚力度，相继通报了包括安徽、宁波、云南、广西、湖南等地违法举债的问题。随着化解地方隐形债务工作的深入推进，未来各地方政府的综合财政实力和偿债能力的分化将日益凸显。

3. 区域信用风险方面

近年来部分地区信用风险事件接连爆发。云南省相继发生了包括云南公路、云煤集团和云南资本等省属国企信用风险事件；辽宁省则经历了东北特钢违约和营口港债权计划信用风险事件；天津区域则有渤海钢铁、天房集团和天津市政等突发负面事件。与此同时，内蒙古和山东区域内连续有民企债券违约事件发生，也反映了有关区域存在着明显的区域信用风险。

(二)国内评级机构对于地方政府债评级区分度低

目前国内评级机构给予地方政府债信用评级都为AAA，使得市场投资者无法从外部评级结果中区分不同地方政府信用质量的差异。从中债隐含评级来看，已发行的地方政府债隐含评级集中在AAA和AAA－两档，其中AAA－评级主要包括内蒙古、云南、贵州，其余都为AAA评级。

从发行利率和中债估值收益率来看，除有些信用风险集中暴露的区域外，近期各区域地方债收益率都未出现明显差异。由此可见，地方政府信用资质的差异尚未在一级和二级市场上得到充分体现。

(三)地方政府信用资质主要基于经济实力、财政实力和外部支持等三个维度

1. 经济实力因素

地区经济发展水平是创造和产生税收收入的基础，直接影响着地方政府财政收入规模和财政收入稳定性，因此是评判地方政府信用质量的核心因素之一。对于地区经济实力，既要关注衡量地区经济绝对规模的GDP指标，又要关注地区经济相对规模的人均GDP指标。同时，近年来不同地区经济发展增速分化日趋显著，GDP同比增速同样被作为重要的关注指标之一。因此，在地方政府衡量经济实力时，主要选取GDP规模、增速及人均GDP三项指标组合(见表1)。

表1　　2017年度各省市经济实力指标和数据

地区	行政级别	2017年GDP(亿元)	2017年GDP同比增速	2017年人均GDP(元/人)
广东省	省	89 879.73	7.50%	81 089.00
江苏省	省	85 900.90	7.20%	106 988.00
山东省	省	72 678.18	7.40%	72 851.00
浙江省	省	51 768.00	7.80%	92 057.00
河南省	省	44 988.16	7.80%	47 130.00
四川省	省	36 980.20	8.10%	44 651.00
湖北省	省	36 522.95	7.80%	61 882.00
河北省	省	35 964.00	6.70%	47 985.00
湖南省	省	34 590.56	7.80%	50 563.00
福建省	省	32 298.28	8.00%	82 976.00
上海市	直辖市	30 133.86	6.90%	124 600.00

续表

地区	行政级别	2017 年 GDP（亿元）	2017 年 GDP 同比增速	2017 年人均 GDP(元/人)
北京市	直辖市	28 000.40	6.70%	129 000.00
安徽省	省	27 518.70	8.50%	44 206.00
辽宁省	省	23 942.00	4.20%	54 745.00
陕西省	省	21 898.81	8.00%	57 266.00
江西省	省	20 818.50	8.90%	45 187.00
广西壮族自治区	省	20 396.45	7.30%	44 317.00
重庆市	直辖市	19 500.27	10.00%	63 689.00
内蒙古自治区	省	18 853.12	4.00%	63 698.00
天津市	直辖市	18 595.38	3.60%	119 507.00
甘肃省	省	18 595.38	3.60%	33 385.00
黑龙江省	省	16 199.90	6.40%	42 286.00
云南省	省	16 193.30	9.50%	33 912.00
吉林省	省	15 288.94	5.30%	56 102.00
山西省	省	14 973.50	7.00%	40 557.00
贵州省	省	13 540.83	10.20%	37 956.00
新疆维吾尔自治区	省	10 920.00	13.20%	45 099.00
海南省	省	4 462.54	7.00%	48 430.00
宁夏回族自治区	省	3 453.93	7.80%	47 157.00
青海省	省	2 642.80	7.30%	44 348.00
西藏自治区	省	1 310.60	10.00%	38 873.00

资料来源：太平资产整理。

2. 财政实力因素

为了衡量地方政府的财政实力，我们选取了财政收入、财政平衡能力（公共财政收入/公共财政支出）和政府债务率这三项指标。

财政收入是决定地方政府偿债资金的最直接因素。财政收入规模越大，则其财政实力越强。此外，合理的财政收入结构是保障地方政府财政收入实现稳定增长的重要因素。地方政府财政总收入一般包括公共财政收入、政府性基金收入和转移支付收入等，不同的财政收入来源，其稳定性不同。税收收入是公共财政收入的主要来源，其稳定性较好，所以税收收入占比越高，财政收入的稳定性越强。

财政平衡能力通过政府债务率反映了地方政府应对财政支出压力的能力，公共财政收入/公共财政支出是衡量地方政府财政平衡能力的主要指标。由于我国实施分税制，地方政府的税收来源较为有限，其公共财政收入一般小于其公共财政支出，这部分缺口由政府性基金收入和上级转移收入来平衡。一般而言，地方政府自身财政收入和财政支出缺口越小，或者转移支付收入占地方财政收入的比重越低，则说明地方政府财政平衡能力越强。

政府债务负担反映了地方政府运作杠杆水平及地区生产总值对政府性债务投入的依赖度。对政府债务率的跨地区比较能够客观反映不同区域地方财政的债务负担程度。这里政府债务率水平为2017年末债务余额/当年度地方综合财力（见表2）。

表2　　2017年度各省市财政指标和数据

地区	行政级别	2017年公共财政收入（万元）	公共财政收入/公共财政支出	最新政府债务率
北京市	直辖市	54 307 875.00	0.83	36%
上海市	直辖市	66 423 000.00	0.88	41%
广东省	省	113 152 100.00	0.75	43%
新疆维吾尔自治区	省	14 655 000.00	0.32	49%
浙江省	省	58 033 800.00	0.77	50%
吉林省	省	12 108 200.00	0.32	51%
湖北省	省	32 484 423.00	0.48	52%
江苏省	省	81 715 300.00	0.77	53%
陕西省	省	20 063 934.00	0.42	54%
甘肃省	省	8 156 000.00	0.25	55%
四川省	省	35 797 800.00	0.41	57%
海南省	省	6 740 790.00	0.47	60%
山东省	省	60 990 000.00	0.66	62%
广西壮族自治区	省	16 150 296.00	0.33	62%
河北省	省	32 333 000.00	0.49	64%
黑龙江省	省	12 432 000.00	0.27	64%
天津市	直辖市	27 234 990.00	0.74	69%
青海省	省	2 461 400.00	0.16	70%

续表

地区	行政级别	2017 年公共财政收入(万元)	公共财政收入/公共财政支出	最新政府债务率
安徽省	省	28 123 000.00	0.45	72%
河南省	省	33 970 000.00	0.41	74%
湖南省	省	27 567 000.00	0.40	75%
辽宁省	省	23 902 000.00	0.49	76%
云南省	省	18 862 000.00	0.33	76%
江西省	省	22 469 000.00	0.44	77%
福建省	省	28 087 000.00	0.60	82%
内蒙古自治区	省	17 034 000.00	0.38	82%
重庆市	直辖市	22 523 789.00	0.52	83%
宁夏回族自治区	省	4 174 600.00	0.30	88%
山西省	省	18 668 000.00	0.50	97%
贵州省	省	16 136 411.00	0.35	106%
西藏自治区	省	1 559 861.00	0.10	—

资料来源:太平资产整理。

3. 外部支持因素

在外部支持因素方面,支持方信用水平是决定地方政府获得支持大小的基础(见表 3),目前省级地方政府支持方均为中央政府。同时地方政府在政治、经济方面的重要性以及道德风险方面的考虑是决定支持方支持意愿的重要考量因素,而历史支持情况也可以在一定程度上说明支持方支持意愿的强弱。例如,我国部分地处边疆的地方政府,如新疆、西藏等,都具备较强的战略地位,其能够获得中央政府较强的政策和资金支持。

表 3　　地方政府信用资质指标体系

一级指标	二级指标
经济实力	GDP
	GDP 增长率
	人均 GDP

续表

一级指标	二级指标
财政实力	公共财政收入
	公共财政收入/公共财政支出
	政府债务率
外部支持	—

资料来源:太平资产整理。

4. 地方政府信用资质排序

基于以上所述的排序要素并赋予相应的权重,我们初步拟定了地方政府信用资质排序的标准(见表4)。与此同时,考虑到地方政府战略地位、区域信用风险事件和地方政府违规举债等事项的定性调整,我们就地方政府的信用资质做了一个初步的分层和排序。整体来看,北京、上海、广东、江苏、浙江和山东等省市信用资质排名靠前,而囿于较弱的经济财政实力或沉重的地方政府债务压力等因素,甘肃、贵州、云南、海南、青海和宁夏等省市政府信用资质居于相对靠后的水平(见表5)。

表4　　国内省及直辖市地方政府信用资质排序标准

项目	行政级别	GDP(亿元)	GDP增长率	人均GDP(元)	公共财政收入(万元)	公共财政收入/公共财政支出	最新债务率
权重	20%	15%	5%	10%	20%	10%	20%
1+	直辖市	100 000以上	10%以上	150 000以上	50 000 000以上	1.00以上	20%以下
1	省	[80 000, 100 000)	[9%,10%)	[120 000, 150 000)	[40 000 000, 50 000 000)	[0.90,1.00)	[20%,30%)
1−		[70 000, 8 000)	[8%,9%)	[90 000, 120 000)	[30 000 000, 40 000 000)	[0.80,0.90)	[30%,40%)
2+		[60 000, 70 000)	[7%,8%)	[80 000, 90 000)	[25 000 000, 30 000 000)	[0.75,0.80)	[40%,50%)
2		[50 000, 60 000)	[6%,7%)	[70 000, 80 000)	[20 000 000, 25 000 000)	[0.70,0.75)	[50%,60%)
2−		[40 000, 50 000)	[5%,6%)	[60 000, 70 000)	[15 000 000, 20 000 000)	[0.65,0.70)	[60%,70%)
3+		[30 000, 40 000)	[4%,5%)	[50 000, 60 000)	[10 000 000, 15 000 000)	[0.60,0.65)	[70%,80%)
3		[20 000, 30 000)	[3%,4%)	[40 000, 50 000)	[5 000 000, 10 000 000)	[0.55,0.60)	[80%,90%)
3−		[10 000, 20 000)	[2%,3%)	[30 000, 40 000)	[2 500 000, 5 000 000)	[0.50,0.55)	[90%,100%)
4		10 000以下	2%以下	30 000以下	2 500 000以下	0.50以下	100%以上

资料来源:太平资产整理。

表 5　　国内省及直辖市地方政府信用资质排序结果概览

信用层级	地方政府名称
1	上海市 北京市
2	广东省 江苏省 浙江省 山东省
3	湖北省 四川省 福建省 陕西省 河南省 河北省 新疆维吾尔自治区 天津市 安徽省 江西省
4	西藏自治区 湖南省 山西省 广西壮族自治区 内蒙古自治区 吉林省 黑龙江省 辽宁省
5	甘肃省 海南省 贵州省 云南省 宁夏回族自治区 青海省

资料来源：太平资产整理。

三、地方债投资价值分析和信用风险防范

由于地方债在期限、收益率、税收和信用等角度，相较其他的债券品种分别具有一定的比较优势，符合养老金规模大、投资期限长、抗通胀、下跌风险厌恶等特点，具备成为养老金重要投资品种的潜力。但是，在地方国企乃至城投平台公司信用风险事件集中爆发、地方政府隐性债务排查持续深入的背景下，有必要加强对于养老金产品投资地方债过程中的信用风险的防范工作。

（一）地方债具备较好的投资价值

1. 与普通债券相比，地方债具有期限优势

地方债主要集中在 3、5、7、10 四个期限品种，其中 5 年期发行量最大。根据财政部发布的《地方政府一般债券发行管理暂行办法》和《地方政府专项债券发行管理暂行办法》规定，一般债券期限为 1 年、3 年、5 年、7 年和 10 年，专项债券期限为 1 年、2 年、3 年、5 年、7 年和 10 年。为了进一步丰富地方债的期限品种，财政部《关于做好 2018 年地方政府债券发行工作的意见》提出，对于公开发行的一般债券，增加 2 年、15 年、20 年期限；对于公开发行的普通专项债券，增加 15 年、20 年期限。鉴于保险资金一向偏好期限较长、安全性高、风险较低、收益率稳健的债券品种，长期限地方政府债券可以较好地匹配险资长久期配置需求，同样也符合养老金投资的要求。据报道，2018 年 8 月 22 日，内蒙古自治区发行全国首只 20 年期地方债时，保险资金认购踊跃，认购资金总额占比超过九成。

2. 与政策性金融债相比，地方债具有税收优势；与国债相比，地方债有收益率优势

考虑到税收等优势，地方债的收益率高于同为利率债的国债和国开债。目前地方债与国债都属于免税品种（利息收入免税），而国开债税率为 15%。同时，国开债与国债属于无风险权重品种，而地方债风险权重为 20%。截至 2018 年 9 月 28 日，中债 10 年期国债、国开债和 AAA 级别地方债估值收益率分别为 3.61%、4.26%和 4.04%，

考虑到税收和风险权重因素后，三者收益率分别为 3.61%、3.63%和 3.83%，地方债仍具备一定的优势。据报道，地方债风险权重有望在近期由 20%调降至零，该事项有望对地方债主要投资主体商业银行形成重大利好。

3. 与城投债相比，地方债具有信用资质优势

对于地方政府债和城投债而言，前期市场更多将城投平台信用与地方政府信用直接挂钩。自 50 号文、87 号文等文件相继出台，地方政府逐步回收城投平台公司中地方政府信用背书，一定程度上弱化了城投平台企业的政府融资职能，城投平台公司与地方政府信用资质的内在关联性将显著弱化。

2018 年 9 月中旬以来，标普和穆迪下调了合计 11 家城投企业主体评级。与之前惠誉下调的城投平台企业原主体信用评级多位于 BB 区间不同，本次下调的城投平台公司原主体信用评级多位于 BBB 区间，且大多位于天津、重庆、无锡、扬州等二线城市和滨海新区、扬子新区、湘江新区等国家级新区，平台公司在当地融资地位相对突出。对于本次集中下调城投平台企业信用评级，穆迪表示："由于中国政府不断限制地方政府或其他机构向政府相关发行人提供支持的途径，穆迪重估地方政府相关发行人支持的可能性，进而采取了上述评级行动。"而标普则表示："此次降级主要反映，地方政府为其融资部门提供特别支持的可能性降低的趋势。"由此可见，国际评级机构已经认识到地方政府与城投平台公司之间信用资质的差异越来越明显，并已经在城投平台公司评级方法上做了相应地调整改动。

有鉴于此，未来地方债和城投债的信用分化趋势将日益凸显，市场对于城投债的信用溢价将要求更高，两者之间的信用利差存在继续扩大的潜在可能。

（二）防范地方债投资的信用风险

尽管地方债目前更多被归类为利率债，但其自身仍具备一定的信用产品特征。近年来不少地区信用风险呈上升趋势，地方国企乃至城投平台公司信用风险事件此起彼伏。同时，随着地方隐性债务核查持续深入，相应的地方政府问责机制逐步建立和完善，地方政府实际债务风险将会加速暴露。因而，必然会加剧分化地方政府的偿债能力和意愿。

1. 地方国企乃至城投平台公司信用风险事件频发

正如前文对于其信用资质的分析和排序，由于经济财政实力和外部支持等因素的差异，各省级地方政府偿债能力存在一定的差异。与此同时，不同地方政府治理水平参差不齐，造成在处置不同区域内信用风险的举措和效果差距巨大。近年来，地方国企乃至城投平台企业信用风险事件频繁爆发，尤其在部分省市表现得相对严重（见表 6）。

表 6　　地方国企及平台信用风险事件梳理

所属区域	主要信用风险事件
云南省	2011 年云南省的主要高速公路投融资平台云南省公路投资公司向六家债权银行发函,说明因受宏观政策调控的影响,公司可能会存在只能偿还利息,不能按期偿还到期的短期贷款本金的潜在风险。后经云南省国资委协调,上述信用风险事件得到了解决
	2015 年云煤集团债务危机集中爆发,出现银行借款逾期和核心上市子公司股权轮候冻结事项,云煤集团及其主要子公司申请破产重整。云南省国资委通过旗下的国有资本运营公司圣乙投资接盘云煤集团的相应债券
	2018 年 1 月云南国有资本(原圣乙投资)信托计划违约,后续已完成兑付
天津市	2015 年渤海钢铁集团爆发债务危机,2018 年 9 月该公司进入破产重整程序
	2018 年 4 月天津市属企业天津市政资管计划违约
	2018 年 5 月天津市属房地产企业天房集团爆发偿债危机,目前尚未出现债券违约和银行借款逾期
辽宁省	2016 年以来省属钢铁企业东北特钢公开债券市场违约
	2018 年 6 月省属港口企业营口港集团爆出保险债权计划兑付存在问题,后续均完成兑付
陕西省	2018 年 5 月媒体报道西安灞桥区城投平台信托违约
	2018 年 9 月媒体报道韩城市平台公司韩城城投集团金融机构借款违约
四川省	2016 年以来省属煤炭企业川煤集团公开市场债券违约
广西壮族自治区	2016 年省属有色金属企业广西有色债务违约
新疆维吾尔自治区	2018 年 8 月新疆建设兵团旗下的农六师国资公开市场债券违约,后续已完成兑付
黑龙江省	2016 年省属煤炭企业龙煤企业爆发债务违约事件
内蒙古自治区	2018 年 5 月和 6 月相继爆出地方市县城投平台出现信托计划或表外融资违约
贵州省	2018 年 7 月爆出区县级城投凯宏资产棚改项目违约
湖南省	2018 年 9 月媒体报道耒阳市政府下属多家平台公司债务逾期

资料来源:太平资产整理。

2. 地方政府隐性债务深入排查和建立地方政府问责机制

2015 年起,随着新预算法实施,地方政府债券成为地方政府举债的唯一合法途径。2017 年 7 月召开的中央政治局会议明确指出:“要积极稳妥地化解累积的地方政府债务风险,有效规范地方政府举债融资,坚决遏制隐性债务增量。”同月召开的全国金融工作会议上提出:“各级地方党委和政府要树立正确政绩观,严控地方政府债务增

量,终身问责,倒查责任”。2018 年 8 月以来,多个地方政府公开学习了《中共中央国务院关于防范化解地方政府隐性债务风险的意见》。2018 年 9 月,《地方政府隐性债务问责办法》下发,标志着地方政府隐性债务问题治理和问责正式进入高潮。

地方政府隐性债务排查旨在摸清地方政府隐性债务风险底数,并出台防范化解地方债务风险的一系列措施。截至 2017 年末,我国政府负债率官方数据为 36.2%,如纳入隐性债务(估算约为 30 亿元左右),则政府实际负债率将超过 70%。隐性债务的“去杠杆”将会形成存量资金的较大缺口,而个别隐性债务可能出现刚兑的打破。2017 年下半年以来,地方政府隐性债务受到严格限制和治理后,在基础设施领域的投资明显下降。近期虽然国家宏观政策转向加大基建投入、补短板、稳投资,地方隐性债务问责依然频发。

近年来,违法违规问责事项共涉及 20 个省级行政区。其中,湖南省是涉及违法违规举债次数最多的省份。2018 年 9 月 14 日,财政部披露了湖南省对前期财政部核查确认的违法违规举债问题进行处理的结果,涉及邵阳市、湘阴县和长沙县三个地区,并对 33 名负有主要、重要或直接责任的责任人予以记大过、记过、严重警告和警告等处分。此外,甘肃省、黑龙江省、湖北省、四川省、浙江省和重庆市也多次因违法违规举债被中央点名。

由此可见,后续地方隐性政府债务治理和问责将进一步暴露各地方政府的实际债务风险,从而加快其信用资质的分化,并应予以持续关注。

3. 加强对于信用资质排名靠后和隐性债务风险较大区域的评级跟踪

尽管上述信用风险事件和隐性债务排查问责尚未对相应区域地方债发行和投资产生实质性负面影响,但鉴于地方债长久期的特征,在地方债投资过程中仍有必要做到未雨绸缪,将信用风险防范工作提到工作日程上来。不仅应持续跟踪前文中提到的信用资质排名靠后的几个省区的信用风险,而且对经济财政实力尚可,但债务负担沉重、区域信用风险持续暴露以及隐性债务问题集中问责的天津、湖南、广西等有关省市以及东北区域应予以同样的重点关注。

年金投资问题探讨

李　枢*

经过10余年的发展，我国的企业年金规模从启动初期不足千亿元发展到目前近1.3万亿元，养老金市场越来越大，路越走越宽，从最初仅有社保理事会的社会保障基金和企业年金，到现在第一支柱的基本养老保险基金已正式委托投资，第二支柱的机关事业单位职业年金投资运营。同时，年金的投资模式也在不断地探索发展，投资理念从相对收益到绝对收益；投资范围从最初标准的股和债到现在丰富的非标产品；运作模式从单一计划标准组合到集合计划和养老金产品。我们有必要对过往企业年金投资运作存在的问题进行探讨，以资借鉴。

一、年金投资组合同质化

如果一个计划下有3个投资管理人，分别为基金公司、券商、养老保险公司，设置3个投资组合，那么，应该如何发挥不同机构的所长？组合有所差异，但实际上不同类型机构所管理组合的投资范围和比例是同质化的，即货币类资产＞5％，债券等固收类资产＜135％（含40％正回购），股票权益类资产＜30％。究其原因，《企业年金基金管理办法》（人力资源和社会保障部令第11号）是在投资组合层面，而不是在计划层面规定了投资范围和比例，导致了组合同质化，从而导致了受托人无法在计划层面进行资产配置，实际上企业年金投资运作是由投资管理人在组合层面进行资产配置。受托人无法通过计划层面的资产配置分散风险，只能通过选择多个投资管理人来分散风险。同质化的组合只能通过采取同一业绩基准进行考核，用赛马机制进行优胜劣汰。基金公司、券商、保险等不同类型机构的投资优势没有得到充分发挥。在引入了养老金产品、受托直投和专门组合后，情况有所改善，受托人有一定资产配置权限，但不够充分。

我们建议，未来职业年金和大型企业年金投资运作的模式应该是：在计划层面，而不是组合层面规定投资范围和比例；受托人在计划层面进行资产配置，通过大类资产

---

* 李枢，云南省人力资源和社会保障厅主任科员。

配置来实现投资目标,分散风险;委托人对受托人进行计划层面的绝对收益考核,受托人在产品(组合)层面对不同类型的养老金产品(组合)分别设置考核目标。对偏股型产品,应该以相对收益考核为主;基金公司、券商、保险等不同类型机构的投资优势得到充分发挥;标准组合数量大大减少(至少 3 亿元以上才设立标准组合),受托人主要通过投资各种风格的养老金产品来进行资产配置。

二、年金投资考核短期化

委托人要求绝对收益,每年都要正回报。合同期一般 3 年,但每年都要考核、甚至半年、季度考核,每年都是一个考核期,每年都是新开始。投资管理人一般使用 CPPI(固定比例组合保险)策略来实现年度绝对收益,需要先用固收资产的票息积累一定的安全垫,安全垫足够厚(比如 1%)才能投资股票。在 CPPI 策略下,如果每年考核,每年初安全垫都是不足的,即使有好的行情,组合也不敢碰权益类资产,存在踏空风险。同样,CPPI 策略下,如果组合跌破安全垫,必须强制平仓,清掉所有权益类仓位,错失个券反弹收益。例如 2016 年初熔断后,一些强平的年金组合整年都没有股票仓位,也无法抓住后来股市反弹行情,导致当年负收益。考核短期化的最终结果就是年金组合股票仓位非常低,政策上限为 30%,大部分组合实际约在 5%~15%,远远低于国外成熟市场(一般 60%股票、40%固收资产),没有分享到资本市场长期成长的收益。

我们建议,考核期应适当延长,主要进行合同期(一般 3 年)考核、当年考核偶然性因素太多,不能反映投资管理人的真实水平。年金是长期投资,频繁的短期考核导致投资行为短视,长期投资短期做,对于 1 万米跑的选手,不能要求每个 100 米都跑第一。年金的受托人(委托人)应该向社保理事会学习,以长期考核为主,但更重要的是提升专业能力,加强与投资管理人的沟通交流,除了紧盯净值外,还要理解投管人的投资思路和逻辑。

三、新增缴费资金如何分配

在目前一个计划多个同质投资组合投资模式下,一般是按照上一个考核期的投资业绩分配下一期的资金。对表现不佳的投管人,可能会停止分配增量资金,甚至抽回存量资金,实际上新增资金分配成为奖惩投管人的重要(唯一)手段。

我们认为,增量资金分配主要是为了满足资产配置的需要,实现收益最大化,而不是作为奖惩投资管理人的手段。如果按照上一期投资业绩分配下一期的资金,隐含的假设是投资业绩可以复制和延续,但这一假设成立吗?如果大量新增资金分配给业绩好的组合,投管人找不到相应的资产来配置,大量新增资金会迅速稀释掉组合原有的收益。这也是一些业绩好的公募基金不开放申购的原因。抽取业绩不佳组合的存量资金,会迫使投管人变现部分资产,并对剩余资产的配置进行被动调整,造成的损失最终还是由委托人承担。

建议部分新增资金应该在计划层面进行配置，分配到养老金产品或专门组合中；根据资产配置的需要，部分新增资金分配到计划下各个投管人擅长的领域；对于业绩不好的投管人，可以降低投资管理费，在新增缴费远大于待遇支付的情况下，合同期内不宜抽回存量资金，减少冲击成本。

四、对非标资产的认识

根据《关于扩大年金投资范围的通知》（人社部发〔2013〕23 号），年金允许投资的非标资产主要是信托、债权计划、银行理财、专户优先级、以及私募债（PPN）等成本计价的债务融资工具。各类资产中，目前信托和 PPN 的收益率（一般期限 3—5 年，收益率大概在 5.3%～6%之间）对年金配置较有吸引力。

23 号令发布后，借助当时的利率高点和成本估值的特点，年金投资非标资产比例大幅提高，年金净值波动降低，但成本估值下实际承担的信用风险和流动性风险并未在年金净值中反映（这也是成本估值最大的问题）。2014 年之后，随着货币宽松和大量银行委外资金的推动，债券大牛市到来，利率降低又不能放杠杆，成本估值类资产劣势明显。2016 年 10 月之后，金融去杠杆、强监管，债市转熊，非标资产似乎又获青睐，一些组合中非标资产占比达到 60%以上，一些具有非标资产获取优势的投资管理人也以此作为开拓市场的卖点。

我们认为，非标资产的本质是信贷资产出表，风险要比贷款和公募债券高。投资非标的核心在于穿透底层的基础资产，目前大量相对高收益信托对应的底层资产为房地产项目，大量高收益 PPN 对应的发行人为中西部地区的地市、县级城投，信用不容乐观。对于非标投资，应该一事一议。优质的非标资产（信用高、收益高）永远是稀缺资源，可遇而不可求，满足不了年金资产的配置需求（配多了不够分、配少了对组合业绩提升作用不大，而且配给哪个组合，还涉及交易公平性问题）；而其他大量的非标资产相对于同期限的公募债，信用溢价和流动性溢价很低（约 20—50 基点），性价比不高。再者，如果组合中配置了 60%以上的非标资产，流动性大为降低，即使股市债市有机会投资经理也不好腾挪操作，同时过度依赖非标资产会降低投资管理机构的主动投资管理能力，要获取长期优秀的投资业绩，最终还是靠大类资产配置和主动投资管理能力。

长期视角的养老金投资管理

王承炜*

伴随《关于开展个人税收递延型商业养老保险试点的通知》出台，中国养老金第三支柱体系正式建立。这是我国应对老年化社会的重要基础性制度建设体系，具有重要的历史性意义。

基础性制度建设已经完成，做好养老金的投资管理成为关键环节。养老金的投资无论对于以机构管理为主的第一和第二支柱，还是突出个人自主选择的第三支柱都有重要的意义：一个长期稳健增长的养老金业绩，可以满足预设的替代率目标而避免类似阿根廷一样的痛苦经历。

养老金投资管理，首先需要从分析养老金的特性出发，发挥出养老金的优势。养老金管理的最大特点在于长期性。本文将在如何管理好养老金上做一些初步探讨。

一、养老管理的目标是抗通胀

以改革开放 1978 年以来计算，以 CPI 衡量的通货膨胀累计增长了 542%。历史上国内经历过多次高通胀时期，通胀对财富的隐性贬值效应是很大的。这也是为什么通胀管理在 20 世纪 80 年代开始成为美联储最重要的目标，也让德国成为最保守的欧洲抗通胀国家之一。虽然我们并不预期在短期之内会有高通胀发生，但养老金管理将跨越 20—30 年的人生周期，足够经历多轮的经济周期。正如诺贝尔得奖物理学家尼尔斯·玻尔（Nils Bohr）说的："预测是很难的，尤其是对未来的预测"。如果不相信 CPI 的数据，我们也可以换一个角度看待购买力，以同样的 100 元退休金计算，1978 年的替代率是 186%，2016 年的替代率会降低到 1.78%。

意识到通货膨胀对养老金管理的重要性后，现有养老资产投资领域缺乏对能有效抵御通胀的资产，尤其是缺乏实物资产投资和商品类资产的投资，在传统的股票、债券和现金类资产之中，债券和现金在通货膨胀时是受损的，而股票对高通货膨胀的抵御

---

* 王承炜，平安养老总经理助理兼投资总监。

能力是不足的，国内产生高通胀的1994年、2008年、2011年，对应股票市场的收益率是－22%、－65%和－21%。BeKaert和Wang(2010)的研究表明，发达市场股票对通货膨胀的贝塔为－0.25，新兴市场由于经济体高度依赖资源，股票市场对通货膨胀的贝塔接近1，我们计算了中国CPI和股票收益的相关系数在0.02左右。

二、资产配置非常重要

Brison、Hood和Beebower(1986)的研究指出：资产配置决定了是基金波动性的90%。资产配置的方法有很多，1500年前的塔木德就推荐过配置策略：土地、经商和现金各1/3，现代的资产配置方法包括马科维茨提出的均值—方差模型及其变化BL模型、60/40，等权、最小方差、风险平配等。本文不讨论资产配置方法的优劣，只是从长期的角度说明资产配置在养老金中运用的注意事项。

(一)选择合适的资产配置方法

资产配置理论是理解问题，方法实施是选择问题。资产配置的方法论可以如同60/40配置一样简单，也可以采取动态随机规划一样复杂。这取决于不同金融机构的信仰。在实践领域中最常用的是马科维茨均值—方差模型，所有采用此模型的金融机构都在与高度敏感的输入参数做斗争。对于资产配置，我们的观点是短期的配置模型选择是费力而低效的，短期的预测性研究随机因素太多，胜率太低。长期的资产配置是可研究且高效的，长期看噪音会部分相互抵消，经济规律终归会发挥作用，可惜的是金融机构投入了太多精力在TAA上，而轻视SAA在养老金管理中的重要作用。对于长期限的资产配置方法论，我们的建议是：搭建一个自上而下的，有经济学解释支持的资产配置模型，并熟悉模型可能在哪种情况下会产生不利的结果，并以此向客户/公司决策层做清晰而透明的解释。

很多金融机构如同寻找投资的“圣杯”一样，企图通过自下而上的方法一次性精确求解资产配置模型，这要么是难以做到，要么是风险极大。模糊的正确有时候比精确的错误产生的风险要小得多。所有采取均值—方差作为方法论的金融机构，在数学模型上，加上一些事先的强制性分散约束(比如某些资产类别不能显著低配或者高配)，往往会比呆板的采用模型结果有更好的效果。

另一方面，投资经理也容易对主观判断产生过度自信，在研究或者经验的基础上，过于相信某一类资产能有特别优秀的超额收益，投资经理采取类似凯利(Kelly)公式：$w=\frac{(pb-q)}{b}$的决策机制，其中p是胜率，b是赔率，以期待长期看收益能够最大化。配置取决于赔率和胜率当然没错，信心越大配置越会偏离，但是当我们根本无法承受高估胜率带来的风险呢？公司或者考核机制也许无法让投资经理坚持下来。所以，充分相信分散化，当模型或者主观判断与分散化冲突的时候，相信后者。

(二)不要仅仅做到资产类别的分散

分散的最简单的理解是资产类别上的分散,比如股票、债券的分散。但在投资实践中,我们经常会发现股债出现同涨同跌的现象,资产类别的分散达不到预期的效果。

我们建议采取第二层次的分散:因子的分散。实际驱动股票、债券及其他金融资产价格波动的是不同的因素,这些因素可能是宏观经济的、基本面的、货币政策环境、技术的、估值的等等。我们把这些因素叫作因子,资产配置的分散做到因子层面的分散是真正的分散。只要找到这些驱动资产价格变化背后的因子,然后在因子层面上做分散,才能真正做到组合没有过渡的风险暴露。举个例子,股票和债券相关性经常呈现正负交替的现象,这是因为背后驱动其相关性的宏观经济因子不同导致的结果。

桥水的全天候基金可以看成一个宏观因子分散的特例,桥水认为影响资产价格最重要的是两个宏观因子:通胀和增长。两个宏观经济因子取高低两个值这样一共形成四个宏观经济情景,每一个宏观经济情景都驱动了不同的资产价格表现。在具体配置上,首先找到各个情景下最佳的投资标的组合,最后对四个宏观情景做均配。

用因子分散的具体步骤如下:(1)找到对资产价格波动产生最大影响的因子,注意这些因子必须在长期内是检验有效的;(2)找到因子背后的经济学解释;(3)结合宏观和基本面的判断,对因子做出适度的配置偏离。

对因子如何组合,以及在每一个因子上做多大的风险暴露,是大型养老资产管理机构创造价值真正所在。伴随着国内 ETF 的大量发行,低成本地获取因子的贝塔风险暴露不难,难的是获取哪些因子的贝塔暴露,以及如何管理。另外,在因子分析的框架下,不少所谓超额收益其实是因子收益,市场上真正稀缺的是阿尔法。以因子模式的组合管理,可以非常清晰解构出资产组合收益和风险背后的真正驱动力量。

(三)将数量化方法和宏观定性研究相结合

任何模型或者方法的选择,都应该是以经济解释为基础的,并回放到历史上能够经历考验和检验的。过于依赖数据和模型,企图通过黑箱一样的复杂模型给出资产配置的建议。或者仅仅依赖宏观定性分析,主观臆断资产配置的结果,这两种方法都是不可取的。前者的数据挖掘模式,会经常发现,模型在一段时间后就不再有效甚至是相反。2008 年的例子说明,相关性在最不需要的时候是上升的。背后的原因,往往是宏观经济环境发生了巨大的变化,没有宏观经济的理解,模型尤其是短期模型是无法捕捉的。后者问题同样严重,从长期看,宏观经济当然是最重要的因素,但是宏观经济本身的长期预测首先就是问题,其次金融变量之间内在的相关性如果不做定量的分析,很难理解投资组合到底承担了哪些宏观经济的风险,以及承担了多大的宏观风险。

(四)选择好的方法论对养老金管理事半功倍

养老金的管理应该做到研究上多思考,操作上谨慎。以思考的勤奋代替盲目的操作。我们假设有这样两个投资者:一个是每年买入 5 年期的 AA+债券持有到期;另外一个是每年滚动投资债券基金，连续做 5 年。我们发现从 2008 年到 2013 年（2013 年滚动 5 年就到了 2017 年）两者的实际累计收益率差不多（见图 1）。由此可见对于养老资金而言，对利率大周期的判断比过于局限于短期市场涨跌更为重要。

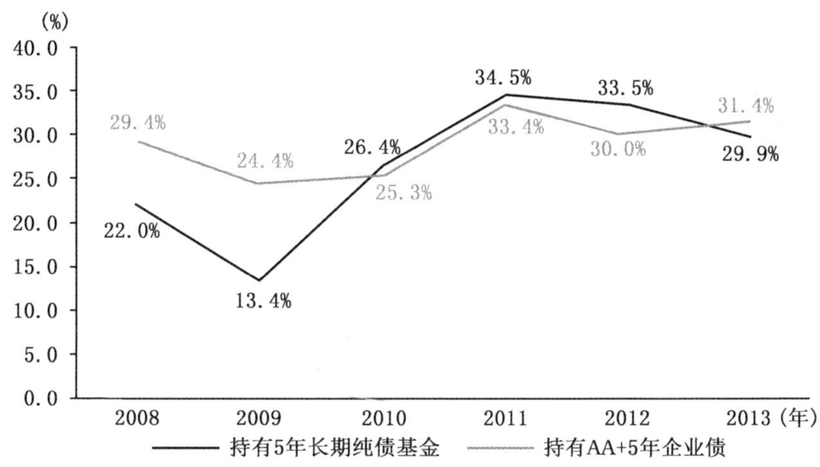

图 1　不同年份买入债券和买入债基持有至到期比较

三、从长期的角度管理风险

（一）风险管理与获取收益同等重要

风险管理与获取收益是一个硬币的两面。养老金投资期限长达 20—30 年，在这么长的投资期限内，投资组合将暴露在市场风险、信用风险、流动性风险等等之下，投资组合的波动在所难免。风险暴露是获取收益的必不可少的环节，关键是管理好风险的前提下创造收益。因为对于长期投资而言，真正起作用的是长期复利收益率，而长期复利收益率和算数平均收益率的差距由资产的波动性产生：

$$E(r)=E(g)-\frac{1}{2}\sigma^2$$

上面的公式之中，长期复利收益率是 r。假设投资者群体聪明程度是一样的，也就是只能捕捉大致全社会平均的算数平均收益率 g，那么波动率最小的投资管理人有最大的复利收益率；也就是说，投资组合的稳定、控制回撤有着重要的经济含义。

（二）长期角度看待风险

养老金管理是长期的资金，配置应该基于长期的时间框架之下。同样，看待风险也应该从长期的视角来看。长期性的一个重要特征是：资产价格是有均值回复特性的。债券收益率的均值回复特点是不言而喻的，收益率上有顶，下有底。但是由于有太多的短期投资者，对于股票市场的均值回复特性并不是每一个人都认可，其实针对国内股票市场已经有大量的研究说明股票收益在长期的角度存在均值回复,为避免学术化,本文不再列举。

均值回复有着重要的含义,首先在均值回复下,股票的长期风险是降低的,Siegel(1994)清晰地论证了股票长期风险是下降的。拉长时间来看,权益类在 3 年或者 5 年的评估框架内,发生亏损的概率将大幅度降低,收益率显著超越债券,权益资产的高波动得到了收益的补充。虽然我们并不想尝试去解释 Mehra 和 Prescott 提出的股权溢价之谜,仅仅说是:以长期的视角去评估股票市场,风险并不如大家想像得那么大,这样就会避免在短期框架下的极端行为。

对投资机构和个人的意义还在于以下几方面。

首先,无权益类资产组合是真正的高风险组合。正确理解权益类资产的波动性,尤其从长期的视角看权益类资产的风险并不如直观上那么可怕,那么,权益类资产长期上对组合将发挥重要作用。养老金管理经常无法回避的一个重大问题是:即便是在成熟市场,也有相当比例的投资者没有参与股票,这被称为不参与之谜(non-participation puzzle)。我们分析我国人社部公布的企业年金数据,没有参与股票市场投资的组合比例表 1 所示。考虑到其中有部分是特殊的存款组合和非标资产组合,企业年金未参与股票的比例大致可控,这归因于年金大致上是机构行为的结果。

表 1　企业年金未参与权益投资组合比例

年度	组合数			规模(亿元)		
	固收	整体	占比	固收	整体	占比
2012	286	1 766	16.19%	586	4 020	14.57%
2013	431	2 095	20.57%	846	5 153	16.43%
2014	586	2 325	25.20%	1 321	6 813	19.39%
2015	674	2 623	25.70%	1 525	8 738	17.45%
2016	752	2 883	26.08%	1 793	10 233	17.52%
2017	800	3 027	26.43%	2 079	11 785	17.64%

其次,谨慎使用权益全部清空的止损策略。避免后视镜开车一样的投资决策行为,权益类资产一旦波动就止损一样的清空权益,却缺乏再进入市场时机的决策机制。这会导致资产配置的目标产生重大偏离,记住长期看权益依然是均值回复的,缺乏明确再进入机制的组合止损管理,风险同样较大。

四、搭建适合养老金的投资管理模式

养老金的资产管理成功与否,理念并不稀缺,真正稀缺的是管理架构和坚决执行。没有一个与之配套的管理架构,再好的理念也无法实践。一个好的管理模式应该具备如下的特征。

(一)投资文化

投资理念和方法,需要从公司管理层开始的自上而下地理解和接受,否则一旦出现波动,最大的悲哀是管理层方面的压力导致本应该坚持的却放弃了。我们不要轻视行为金融的影响,Malmendier 和 Nagel(2011)的研究表明,经过大萧条严重损失的投资者,变得永久性更加厌恶风险。把 20 世纪 70—80 年代投资者和 50—60 年代投资者对比,同样有风险厌恶程度的巨大深远的改变。我们缺乏国内的证据,但是没有一个能被公司一致接受的养老金投资文化,很难保证压力之下不会导致暂时的风险偏好改变而对投资决策产生灾难性的影响。说到底,一个投资文化主导的公司才能践行养老金的管理理念。

(二)逆向投资

前文介绍了从长期的角度看,金融资产价格有着均值回复的特性。养老金投资唯一应该采取的观点就是逆向投资,资产价格的下跌也意味着未来的收益可能更高,收益与风险的对称性也同样说明:收益是对所承担的风险的补偿。只要我们相信:(1)金融市场不会崩溃消失;(2)金融资产长期看即便波动也是有超过现金的收益的。那么,长期的养老金投资就应该坚持逆向的投资思路。由于所有逆向的投资都是反人性的(组合管理的再平衡策略本质上也是一种逆向策略),所以要能做到这一点的确不易,同样这也说明了投资文化的重要性。社保基金自成立以来到 2016 年的年均投资收益率 8.37%,长期优异的业绩背后,是社保基金理事会在重大投资节点上有着逆向投资的思路。

(三)长期考核

区分一个金融机构是否是一个真正的养老金管理者,考察其对投资经理的真实考核期限是一个重要的指针。前文已经提到,长期限是养老金的重大特征,这在资产配置、风险管理上有着与短期资金显著不同的意义。短期的考核会导致投资经理行为的短期化,丧失了养老金管理的真正优势。

(四)重视资产配置的核心作用

养老金管理应该采取自上而下的管理组织架构,宏观经济和资产配置的研究处于核心地位。宏观和资产配置将决定组合的因子暴露,组合的收益是因子收益加上阿尔法。前文提到,金融机构的核心价值是因子的管理,这是必须自建的核心竞争力所在,而阿尔法是极度稀缺的,每一家金融机构不能指望在每一个领域内都能获取阿尔法,可以采取 FOF 的模式弥补短板。

最后,我们再额外强调的一点是:投资者的沟通,包括对委托人的沟通。即便在管理机构上做到了上述两条,但是没有客户的支持和理解同样无效。尤其在今天,养老第三支柱给了个人更多自由选择权,金融机构更有责任和义务对养老金管理的理念普及和教育。

普惠养老金融视角：另类投资挑战、机遇与创新

远洋资本课题组*

一、普惠养老金融理论分析

金融是现代经济的核心。实现在不确定条件下的资源跨期分配，是金融重要的基础性功能之一。自 2005 年联合国和世界银行首次提出普惠金融概念以来，其内涵与外延得到持续扩展与提升。普惠金融是引领、规范和实现金融发展的，突出强调彰显金融为促进人类经济与社会发展而生、突出强调坚持金融为最广泛社会大众竭诚服务的，一种共享的，金融发展方式（白钦先，2014）。进而，普惠养老金融伴随着金融对社会保障制度和体系渗透的不断深化，在养老金融领域对养老金融功能的完善与拓展的研究方面，在中国当前需要积极应对人口老龄化的背景下具有重要意义。普惠养老金融重点研究内容之一，是通过金融制度安排与金融工具应用，使最广大社会个体能够进行更合理化的进行跨期资源配置，实现可持续地匹配养老需求的金融安排。此外，"普惠"的定义除了覆盖人群广度外，还应包括技术进步带来的销售渠道拓展与服务成本降低，能更高效率地为民众提供养老金融服务。

由于普惠养老金融其中蕴含着在整体收益与风险均衡的前提下，追求通过金融方式实现"终生自立"的可持续发展理念，所以普惠养老金融并不简单意味着完全较低收益的养老金资产管理配置与投资。养老金因其长周期、跨周期、抗通胀等内在属性，所以与谋求中长期、保持较好复合增长率的另类投资具有某种天然匹配的特征。

根据《全球养老基金：投资中最佳实践》[②]，2008 年全球金融危机以后，全球各养老金基金在投资策略上，开始更加关注寻求在保持回报的同时做到风险分散。传统的资产种类在相关性上较高，低利率时代中债类投资下降，因此另类投资得到了更多重视

* 执笔：薛蓉蓉、杨明旺。课题组成员：陈阳、殷铭、薛蓉蓉、杨明旺。

② *Global pension funds: Best practices in the pension funds investment process*，PWC，报告研究对象包括美国、加拿大、澳大利亚、欧洲在内的约 34 只养老基金。

和关注。以美国为例,金融危机之前,2006年美国的州养老基金里,投资于股票、债券、另类投资的比例分别为61%、28%、11%。2012年这三者占比发生明显变化,依次为50%、27%、23%,投资于另类投资的比例增长超过100%。当前的中国,如何适时加大另类投资资金来源与科学运用,有助于转变以债为主的较高杠杆发展模式,朝着可供实业部门使用的较长期类权益型资本金模式演进,从而进一步助力实现国内经济增长新旧动能的转换。

二、另类投资的国际比较

另类投资是一种非标准化投资,在过去三十年以来,另类投资为投资人创造了相对丰富的收益。处于头部的资产管理机构通常具有良好的区域及全球范围内的资源或资产发现、价值转换与提升的能力。

限于篇幅,本文主要从有关另类投资资产配置、结构演进、投资绩效等三个主要维度观察。

2017年全球前20大养老基金中,投资于另类投资及现金类资产的比例约为21%。排名前10的养老基金中(包含多国主权养老基金),除美国的联邦退休储蓄基金以外,基本均允许投资于另类资产,投资比例从3%～36%不等(见表1)。头部另类资产管理公司与养老金及其资产配置,已经形成了互为依存、共同发展、共同应对危机与挑战的场景。

表1 全球排名前十养老基金统计表

排名	基金名称	所属市场	总资产(百万美元)	投资另类资产比例(实践或政策)
1	Government Pension Investment	日本	$1 443 554	5%(2015政策)
2	Government Pension Fund	挪威	$1 063 456	3%(2015)
3	National Pension	韩国	$582 938	7.9%(2012)
4	Federal Retirement Thrift	美国	$531 489	0%(2015)
5	ABP	荷兰	$494 796	23%(2015)
6	National Social Security(社保基金)	中国	$456 853①	13%②(2015)
7	California Public Employees	美国	$336 684	20%(2015)

① 根据中国社保基金网站数据,2017年末,社保基金资产总额22 231亿元,管理资产规模25 385亿元,与上述美元口径数据有差异,考虑到数据口径一致性,未调整上述美元口径数据。

② 引自全国社保基金公开数据。

续表

排名	基金名称	所属市场	总资产（百万美元）	投资另类资产比例（实践或政策）
8	Canada Pension	加拿大	$283 454	36%(2015)
9	Central Provident Fund	新加坡	$269 133	/(未获得数据)
10	PFZW	荷兰	$235 995	26%(2015)

数据来源：The world's largest pension funds-year ended 2017，Wills Towers Watson；Global pension funds：Best practices in the pension funds investment process，PWC；National pension service of Korea：Challenges and future prospective，Jhinyoung Shin。

资产管理机构中资产配置的变化也能反映另类投资的价值。以在管规模 294 亿美元(2018 年 6 月 30 日数据)的耶鲁基金为例，其在过去 20 年间创造了年化 11.8%的收益表现，超出美国基金中位数回报。耶鲁基金的资产配置在过去 30 年内经历了结构性调整。1988 年时，约 3/4 资产配置在美国国内现金、股票、债券市场；至 2017 年这部分资产配置已经不足 1/10，超过 9/10 的资产配置在了机动套利投资机会、风险投资、海外股票市场、杠杆收购、地产投资以及大宗商品上。耶鲁基金在资产配置中运用马科维茨的均值一方差风险度量模型，挖掘了另类投资对资产组合的价值，并且抓住了另类投资的周期性投资机会。其自身研究数据显示，有效资产配置的收益贡献达到了 1.8%/年。

我们可以观察另外一个例子：加拿大养老金投资公司 CPPIB 对加拿大退休金计划 CPP[①] 的资产管理。CPPIB 以"资产帮助负债"设为战略使命，最大化投资收益作为投资目标进行主题投资。在管理机制上，加拿大养老金投资公司 CPPIB 通过打造内部专业团队与谋求外部合作伙伴并举，在特殊领域和新兴领域聘请世界级投资管理专家进行管理。从业绩上看，1999 年之前加拿大退休金计划 CPP 全部资产配置于固定收益，到 2018 年这一比例已经下降至 14.4%，剩余资产均配置于权益资产(62.1%)、实物资产(23.5%)。这一调整取得了不错的投资收益，2017 年全年实现年化收益 11.8%，过去 10 年间年化投资收益达 8%，且平均久期 8 年左右与加拿大退休金计划 CPP 的负债特征相符。当前精算结果显示，在未来 75 年里加拿大退休金计划 CPP 缴费率将保持稳定。

三、我国养老金投资管理突出矛盾：来源与配置

根据全国老龄办公布数据，至 2017 年底，我国 60 岁以上人口数已达 2.41 亿，60

① CPP 是由雇主和雇员共同缴费形成的养老金，多缴多得，在整个就业期间需强制缴费，由政府机构管理(包括累积结余)，属于加拿大社会养老保险，2018 年 3 月基金规模 3 561 亿美元。

岁以上人口占比达 17.3%；预计 2050 年 60 岁以上人口数将达到 4.87 亿，60 岁以上人口占比达 34.9%。当前深度老龄化背景下，国民养老金系列问题与追求美好生活向往之间的矛盾着实突出。

从养老金来源来看，2014 年是我国的基本养老保险基金首次出现当年征缴收入小于当年基金支出。尽管我国养老金三个支柱体系的顶层设计已基本确立，且预计在未来 5 年内第二、第三支柱有可能新增约 3 亿元①的市场化运作养老金，但可直接惠及的受益人群也仅在 6 400 万—1.27 亿②之间，实际覆盖人群约 6 300 万—8 400 万③之间（相关数字预估均建立在税延养老保险试点放开的基础上）。以我国全部三个支柱对应养老金资产占 GDP 的比例来衡量，目前我国这一比例仅略超 10%，而同样指标在 OECD 国家中的加权平均值约为 96.9%④。

从资产配置视角来看，以全国社保基金为例：目前社保基金年均投资收益率 8.37%（除 2008 年外均实现正收益），同期的未市场化运作下基本养老基金年均收益率不到 3%。全国社保基金理事会发布的《2017 年基本养老保险基金受托运营年度报告》中显示 2017 年全年市场化运作的第一支柱全年获得收益 5.23%。这一收益数值高于同期统计局公布的 CPI、PPI、GDP 平减指数等多项通胀数据，但在基本养老金替代率已下降到约 41%⑤的情况下，投资收益约 200 基点的提升，仍无法满足人口老龄化后新增的医疗、照护服务需求。根据清华大学杨燕绥教授的研究，养老金只有达到退休前收入的 70%或 80%，老年人的生活福祉与质量才不会下降。在上述现状与矛盾基础上，如何抓住养老金融资金来源与运用，科学进行养老金大类资产管理配置这条主线，理应成为重中之重。

四、若干政策建议

在研究分析全球经验以及我国养老金筹资、投资的实际情况后，我们对养老金体系建设不揣冒昧地提出一些建议。

第一，国家应成为普惠养老金融体制构建与运行的统筹者、引领者和监管者。在国家制度层面设计具有中国特色的养老金融资产管理体系。养老金融应构建普惠共享的生态环境，考虑从加强顶层设计、优化行业环境和改善服务体验入手，研究和制定

① 新增市场化运作养老金规模估算：职业年金目前存量规模约 5 000 亿元，预估每年新增缴费 1 500 亿元—2 000 亿元；预估企业年金按照每年新增缴费 1 500—2 000 亿元；预估每人每年税收递延额度 1 万元，在放开税延养老保险后约 2 000 万纳税人口购买，每年新增规模约 2 000 亿元。

② 直接受益人群估算：估测个税起征点调整后，纳税人群约 6 400 万，取为下限；目前企业年金覆盖人群 2 331 万，职业年金预计覆盖人群约 4 000 万，合计约 1.27 亿人口取为上限。

③ 实际覆盖人群估算：目前企业年金覆盖人群 2 331 万，职业年金预计覆盖人群约 4 000 万，共约 6 300 万人口取为下限；假设税延养老保险试点放开后 5 年内约可新增 1/3 纳税人口购买税延养老保险，约 2 100 万人口，合计约 8 400 万人口取为上限。

④ 数据来源：段国圣．资产管理实务、方法与理论[M]．北京：社科文献出版社，2018.

⑤ 数据来源：北京大学经济学院保险学与风险管理系主任郑伟在《中国养老与健康保险 50 人论坛》发言。

与经济社会、金融市场协调发展的政策法规、监管体系和信用环境。通过普惠养老金融发展,既实现广泛的服务覆盖,又防止超越实际情况导致难以为继情况的发生。

第二,从增加流入与减少支出两方面着力,持续增加养老金可支配总量。在深度老龄化的背景下,养老金步入给付高峰,第一支柱对收入替代率普遍下降,国民较强的养老金融投资需求尚无足够的产品可以选择。条件成熟时,考虑探讨在落实个人账户的前提下,通过调剂养老金三个支柱的费率交缴比例,支柱之间相对灵活的对接机制,充分发挥三支柱间的市场资源配置能力与养老金委托人"用手投票"的机制,获取相较于目前更加适配的资产配置选择。一个较为理想的普惠养老金融范式需要社会中各个个体都能有意识地在养老金积累阶段通过主动配置第二、第三支柱的产品获得资产的保值增值,以便在养老金领取阶段获得足够的经济支持保障,而非完全依赖于第一支柱的支撑。同时,可进一步拓展、优化现有养老范畴税优等试点,通过减少当期税、费等支出降低对民众养老金在储蓄积累阶段的预期刚性占用,进一步扩充国家养老金池子,深化养老金融的普惠与共享特征。

第三,创造条件优化养老金资产配置结构和运营质量,在风险可控前提下追求长期条件下的较高复合增长率。在综合考量与合理安排三大支柱中各支柱主要职能的前提下,进一步丰富与拓展养老金资产的资产配置范围,适度提高投资于另类投资市场的比例等。建议进一步发挥养老金自身金融属性特质,为养老金作为类资本金参与新旧动能转化提供必要政策引导,拓宽作为另类投资的优质战略性基础资产,引导养老金进入城市更新与新兴产业投资领域进行投资,既实现人民对美好生活的向往,也带来相对良好的中长期投资回报。

第四,培育和优选中国本土的优秀另类资产管理机构。通过国家引导,鼓励更多市场化力量加入到养老金融大类资产管理体系的构建与完善中,在新增的养老金进行资产配置时,另类资产管理机构的发展将同步于养老金市场的整体发展。为更好完成这部分资产管理,还需要市场上的养老金资金方能逐步形成长期委托、关注长期收益,改变因着眼于短期排名而进行短期委托的视角。伴随着养老金市场的整体发展,我国有望诞生管理规模全球领先的另类资产管理机构,为养老金的长期保值增值持续发挥作用。同时,进一步提升法制监管环境,做到"让你敢把手伸进国王的钱包,也不敢动老百姓的养老金"。

养老金投资绿色资产支持证券的分析研究

陈　瑞　刘飞扬*

2016 年 8 月 31 日，人民银行、财政部、发改委、环境保护部等七部委联合印发了《关于构建绿色金融体系的指导意见》(以下简称《意见》)，该《意见》对于我国构建绿色金融体系具有重要意义，绿色金融体系是指通过绿色信贷、绿色债券、绿色股票指数和相关产品、绿色发展基金、绿色保险、碳金融等金融工具和相关政策支持经济向绿色化转型的制度安排。《意见》指出推动证券市场支持绿色投资，需要引导各类机构投资者投资绿色金融产品。鼓励养老基金、保险资金等长期资金开展绿色投资，鼓励投资人发布绿色投资责任报告。提升机构投资者对所投资资产涉及的环境风险和碳排放的分析能力，就环境和气候因素对机构投资者(尤其是保险公司)的影响开展压力测试。

在此背景下，养老金投资绿色资产支持证券，正是养老金支持国家战略，服务支持绿色金融发展，承担社会责任，服务实体经济的有力举措。作为绿色金融体系下的绿色债券创新品种，绿色资产支持证券具有期限长、现金流稳定等属性，很好地契合养老金投资期限长、下跌风险厌恶等特点，有望成为养老金投资管理的重要投资品种。本文首先对我国绿色资产证券化的发展背景进行简要概述，然后在分析养老金投资绿色资产支持证券存在的制约因素的基础上，提出相关建议与对策。

一、我国绿色资产证券化的发展背景

(一)绿色资产证券化的界定

目前，我国的绿色资产证券化业务仍处于初步阶段。近年来，从人民银行、银行间交易商协会、证监会以及证券交易所发布的相关政策和文件来看，对绿色资产证券化的定义是一个不断细化、不断完善的过程。

2015 年中国人民银行发布《绿色债券支持项目目录》，指出“绿色金融债券是指金融机构法人依法发行的募集资金用于支持绿色产业并按约定还本付息的有价证券。”

* 陈瑞、刘飞扬，太平资产管理有限公司信用评估部。

首先对绿色债券进行了定义,此后银行间交易商协会于 2017 年发布的《非金融企业绿色债务融资工具业务指引》中提到“鼓励企业发行与各类环境权益挂钩的结构性债务融资工具、以绿色项目产生的现金流为支持的绿色资产支持票据等符合国家绿色产业政策的创新产品”。同年,12 月,证监会与中国人民银行联合发布《绿色债券评估认证行为指引(暂行)》,指出绿色资产证券化属于绿色债券的一种。其中,绿色债券是指募集资金主要用于支持节能减排技术改造、绿色城镇化、能源清洁高效利用等绿色循环低碳发展项目的企业债券,再次明确了绿色债券的概念。2018 年 8 月,上海证券交易所发布《上海证券交易所资产证券化业务问答(二)——绿色资产支持证券》,绿色资产支持证券迎来了新的发展机遇。在业务问答中更为明确的定义了绿色资产支持证券和发行要求。此次业务问答扩展了绿色资产支持证券的定义范围,即资金用途、基础资产任一端“单绿”或主营业务属于绿色产业领域均可认定为绿色资产支持证券,使得多元化的市场主体尤其是绿色企业主体更好地参与到绿色债券市场中,进一步扩大了绿色债券的市场规模。

(二)绿色资产证券化的发行概况

得益于政策的支持,绿色资产证券化近年来得到快速的发展。从 2015 年起,各监管机构相继开始落实绿色资产证券化的相关政策,绿色资产证券化迎来发展良机。截至 2018 年 8 月 31 日,债券市场(包括银行间市场和交易所市场)共累计发行了 42 单绿色资产证券化项目,累计发行规模 458.61 亿元。其中,2015 年之前共发行 4 只,2015 年和 2016 年共发行了 12 只,2017 年发行了 16 只,2018 年 1—8 月发行了 10 只。

从发行场所来看,发行项目的主要流通场所在上交所、深交所、银行间和机构间私募产品报价与服务系统,其中在上交所发行的项目数量最多,占发行总数的 45.28%(见图 1)。从发行人类型来看,绿色 ABS 的原始权益人/发起机构多数属于绿色产业领域,包括污水处理企业、轨道交通建设企业、新能源发电企业、绿色能源开发企业等,还有少数租赁公司和金融机构。

从发行规模来看,大部分项目的发行金额集中在 5 亿—10 亿之间,发行规模最大的项目是兴元 2014 年第二期绿色金融信贷资产支持证券(34.94 亿元),如图 2 所示。

从基础资产类型来看,目前我国绿色 ABS 的基础资产大致可分为两类:第一类是绿色资产产生的未来收益权,包括基础设施收费收益权、信托收益权等;第二类是绿色资产的既有债权,包括应收账款、租赁债权、企业债权等,其中基础资产为基础设施收费权的数量最多,已发行 22 单,如图 3 所示。

(三)绿色资产证券化的优势

首先,绿色资产支持证券常见的分级发行方式可以更好地满足养老金投资管理机构的投资需求。养老金风险偏好低,一般配置资产支持证券的优先级证券。而绿色资产支持证券基本采用优先/次级结构安排,一旦发生现金流不足,偿付困难,触发加速

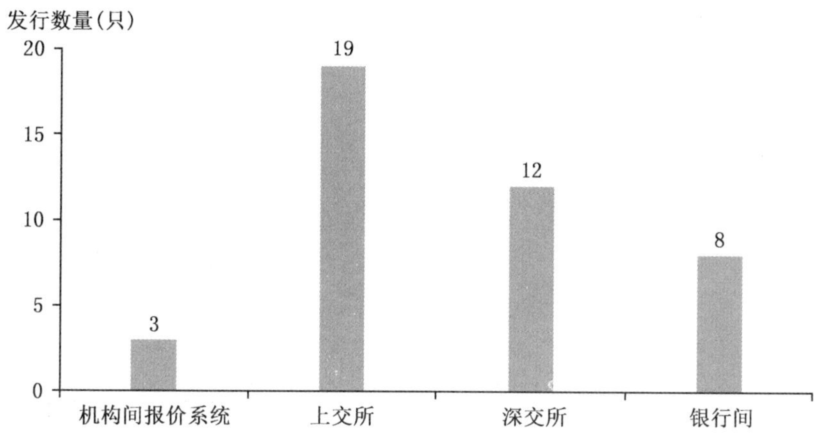

数据来源:Wind。

图 1　我国绿色 ABS 发行场所分布图

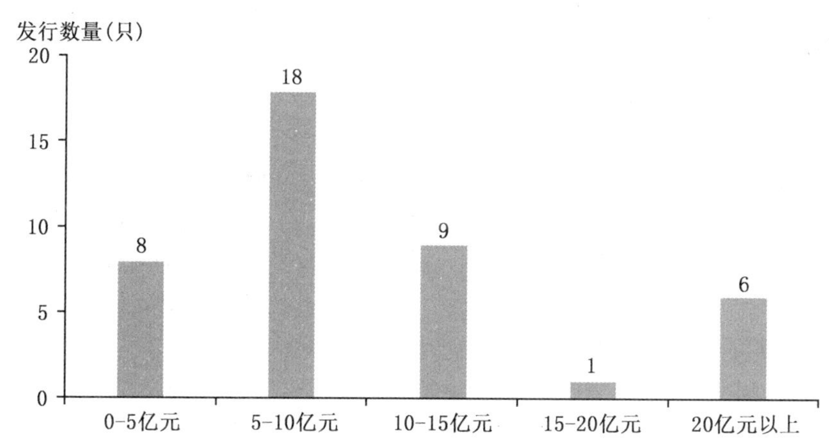

数据来源:Wind。

图 2　我国绿色 ABS 发行规模分布图

清偿或者违约事件,现金流的偿付顺序将发生改变,回收的现金流将优先偿付优先级证券持有者。这意味着优先级证券的安全性高于劣后级证券。这样的增信方式使风险偏好低的养老金机构投资者可以参与绿色产业投资。此外,绿色资产支持证券也会通过超额抵押、超额利差、流动性储备金账户、补贴等方式进一步降低绿色资产支持证券的损失风险。

其次,养老金投资绿色资产支持证券有助于提高绿色产业投资的有效性和精准性,提升资金配置效率。绿色金融发展迅速,但投资者往往不知道哪些是绿色项目或

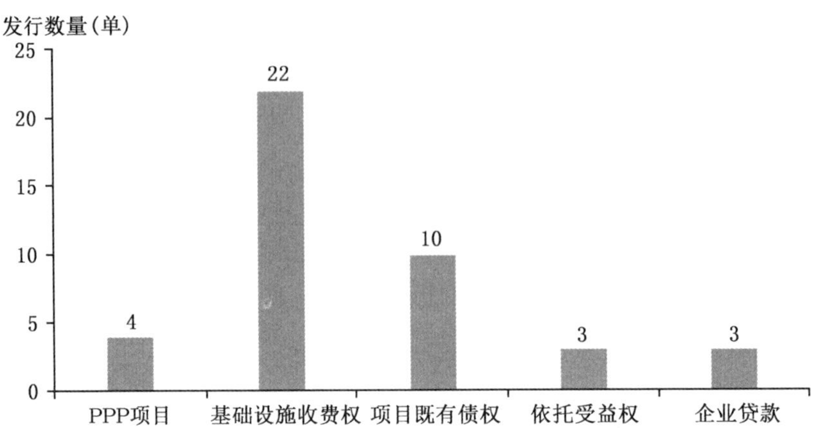

数据来源:Wind。

图 3　我国绿色 ABS 基础资产类型分布图

绿色资产。通过资产证券化将未来绿色项目的收益或绿色信贷资产打包入池,并对相关基础资产进行较为详细的信息披露,从源头确保养老金投资到指定绿色项目,为养老金投资者解决了投资标的难以识别的问题,降低了投资风险。

最后,养老金投资绿色资产支持证券有利于国内社会责任投资市场的建立与发展。相对于国外发达的社会责任投资市场,我国投资领域还是更多基于产品本身的风险和回报,但是随着社会责任"绿色溢酬"的发展,我国投资者也越来越关注和认可投资过程中所创造的社会价值和环境价值,对于社会责任和环境效益的诉求也在提高。从海外投资产品和投资者结构来看,ESG① 投资注重长期价值,非常符合养老金等长期资本的投资理念,因此,截至目前,美国、英国、加拿大、日本、荷兰等许多发达国家,其养老金、年金的投资都纷纷采纳了 ESG 的投资框架,而投资绿色资产支持证券正是符合这种投资框架,作为资本市场的重要资金来源,养老金参与到 ESG 投资,也同时促进国内社会责任投资市场的发展。

二、养老金投资绿色资产支持证券的问题与建议

养老金带有天然的社会保障使命与保障属性,应坚持为社会保障体系建设、实体经济和国家重大战略提供长期资金支持,努力成为促进经济社会稳定发展的长效机制。2018 年 11 月 20 日,中国基金业协会发布《资产证券化业务备案情况(2018 年第三季度)》,从认购优先级资产支持证券的资金来看,养老保险认购规模为 77.60 亿元,

① ESG,即环境、社会和公司治理(Environment、Social Responsibility、Corporate Governance)包括信息披露、评估评级和投资指引三个方面,是社会责任投资的基础,是绿色金融体系的重要组成部分。

占比 4.43%，环比上升 25.87%。可见，养老金已经参与到了资产证券化市场。在此背景下，养老金投资绿色资产支持证券，正是养老金支持国家战略，服务支持绿色金融发展，承担社会责任，服务实体经济的有力举措。此外，养老金具有增长规模空间大、资金来源稳定性强、期限偏长的特点，需要与对应期限的投资品种对接，否则可能产生资金错配和再投资风险。而绿色资产支持证券多元的交易结构设计、增信措施安排和较高的安全性可以较好地满足养老金投资需求，未来有望成为养老金投资的重要品种，当然实际中养老金投资绿色资产支持证券也存在一些制约因素。

（一）养老金投资绿色资产支持证券面临的问题

1. 外部制约因素

一是尽管当前对于绿色资产证券化项目判定有了一定的依据，但是对于绿色资产证券化的标准政策尚未形成明确、统一的定义，这给养老金投资管理机构定义和筛选项目造成一定困难。

二是在多层次的金融市场中，养老金投资管理机构存在着多样化的可选投资标的，与其他品种相比，绿色资产支持证券的流动性相对较差，投资机构配置基本是放在持有至到期账户，且二级市场交易较难形成统一的估值与定价；另外，绿色资产支持证券本金大多采取过手型摊还方式，产品结构设计使本金兑付的金额和时间不确定，使得绿色资产支持证券作为质押品可能出现不足额的情况，导致质押率较难确定，这更制约了其二级市场的流动性。对于养老金投资管理机构而言，其更倾向于固定摊还方式的证券，即证券本金的还款计划是固定的，本金还款的金额和时间确定，不受资产池早偿的影响。

三是绿色资产支持证券普遍存在信息披露不够完善的问题。证券发行阶段，发起人或券商提供的资料和数据较为有限，发起机构/原始权益人出于保护商业机密原则，较难主动披露制度规定外的底层数据和资料；证券存续阶段，受托报告的信息披露也无法满足复杂的交易定价需求，这严重制约了养老金投资管理机构内部评级工作的开展，也掣肘了证券化市场流动性的发展。

2. 内部制约因素

一是绿色资产证券化项目的基础资产标的通常属于新兴产业领域，包括新能源发电站、污水处理设备、废弃物处理站等，养老金缺少关于绿色资产支持证券的内部评级和投资经验，可能对这些标的的特性与未来现金流的稳定性尚未形成深刻的理解，相应的投资策略、数据库、管理与评估方法等尚未形成成熟体系，内部评级也缺乏相对应的评级方法和评级模型，以上均对绿色资产支持证券的投资带来一定的困难。

二是将绿色资产支持证券视为非标投资，在现行"偿二代"监管体系下，其产品优势较难显现。这主要是由于目前养老金投资管理机构（主要是保险资管）把资产支持证券放到其他类投资产品中，与信托计划等非标产品放在一起，受到投资比例和额度

的制约,相比其他非标产品,绿色资产支持证券在收益率上不具备竞争优势,却挤占了非标投资的额度,且其复杂的交易结构也导致评审的周期更长,影响了投资效率。

上述内外部因素无疑增加了养老金投资绿色资产支持证券的难度,同时也降低了养老金投资绿色资产支持证券的动力。

(二)建议与对策

针对以上问题,本文认为可从以下几个方面出发,逐步解决养老金投资绿色资产支持证券过程中遇到的问题。

1. 建立和完善绿色资产支持证券的行业标准和投资细则

2018 年 11 月 10 日中国证券投资基金业协会正式发布了《中国上市公司 ESG 评价体系研究报告》和《绿色投资指引(试行)》等文件对基金公司和证券公司等金融机构进行绿色资产证券化业务投资提供了指导,但目前针对养老金管理机构的类似业务指导尚未出台。针对养老金管理机构,应建立和完善绿色资产支持证券的行业标准和投资细则,如加快标准合同文本的制定,尽快制定发行和投资流程各个环节的标准指南,以统一的行业标准助力绿色资产支持证券的规范化,以期形成“行业标准”。同时,出台相关投资指引或者指导意见,就养老金投资绿色资产支持证券的具体监管要求予以明确,指导养老金规范有效地进行绿色投资。

2. 提高养老金投资管理机构对绿色资产支持证券项目的筛选能力

养老金投资管理机构在筛选绿色资产证券化项目时,应主动参照《保险资金运用管理办法》、中国金融学会绿色金融专业委员会《绿色债券支持项目目录》、国家发展和改革委员会《绿色债券发行指引》《中国证监会关于支持绿色债券发展的指导意见》、国际《绿色债券原则(GBP)》和《气候债券标准(CBI)》等已公开的行业绿色标准筛选投资标的,并通过研究已发行绿色资产证券化项目的资料,进行现场项目调研等方法加深对标的质量与特征的了解,分析项目的基础资产和募集资金投向是否符合我国绿色产业相关政策,将资产优先投资于经国家有关部门认可的绿色投资标的或与环保、节能、清洁能源等绿色产业相关的企业和项目。

此外,交易商协会和证监会都鼓励第三方认证机构对发行的绿色 ABS 进行认证评估。第三方认证机构会从募集资金管理、信息披露和职能保障等方面来考察募投项目是否绿色,并评估绿色 ABS 的绿色等级。在进行项目筛选时,养老金投资管理机构可优先选择通过第三方认证机构评估的绿色资产证券化项目,必要时也可咨询第三方认证机构的意见,加深对项目的理解。

3. 建立和完善绿色资产支持证券的内部评级与投资体系

养老金投资管理机构应当根据行业指导和公司内部的业务规范制定绿色资产证券化的评级方法与投资策略。首先,养老金投资管理机构应根据自身条件配置专业人员或成立专门小组开展绿色投资研究工作,深入分析绿色资产证券化标的中与环境相关的业务、服务或投入要素，并在逐步积累业务经验的基础上，参考已有的外部评价指标体系，建立机构内部绿色资产证券化的评价体系，多维度、多层次对项目的性质与质量进行识系统性的识别，提升信息透明度，警惕"飘绿"风险；其次，养老金投资管理机构应当逐步构建和完善绿色资产证券化的相关投资数据库和投资策略，将不符合绿色投资理念和投资策略的项目及公司纳入负面清单，在进行项目分析时将绿色因素纳入基本面分析维度，关注项目募集资金流向等相关信息披露；此外，养老金投资管理机构的管理人员应当重视机构内部的绿色投资体系建工作，在对业务进行过程中提供相应的支持并进行及时的监督，既要支持绿色产业的发展，又要坚守风险底线，保证投资的稳健性。

4. 提高绿色资产支持证券的投后管理与评估能力

完成绿色资产证券化的投资之后，养老金投资管理机构应当及时进行有效的投后管理。在项目存续期内对原始权益人、担保人信用情况及资产池情况进行跟踪，定期去项目现场进行走访并出具相应报告。报告内容除了原始权益人的动态变化之外，还应当包括整体和地域绿色产业的发展趋势、资产池的深入剖析、募集资金的使用明细等，尤其应当关注原始权益人业务方向的变化以及基础资产标的状况是否仍然符合国家绿色产业发展的相关规定。此外，应当定期对绿色资产支持证券的投资工作进行阶段性的评估，对工作成果及时进行总结与反思，科学、客观地评估项目的投资效益，并思考提高投资效益和加强对绿色产业发展支持的有效方法。

5. 提高绿色资产支持证券产品设计的灵活性

在产品设计上，发起人或券商可根据养老金的需要，设计更多固定摊还方式的证券，一方面因为实现了短期限、固定利率的证券设置，降低发行利率，为发起人节约融资成本，提高发行积极性；另一方面可以为养老金提供满足不同期限偏好、风险偏好和摊还方式偏好的投资产品。更好地满足养老金投资管理机构的需求可以从两方面入手：一方面通过增信、补贴等方式提高绿色金融产品的收益率，并持续加强对具有环境风险企业的处罚力度，引导养老金投资管理机构将环境风险考量加入投资决策，促进资金向绿色产业流动；另一方面要激发养老金投资管理机构在社会责任、环境效益方面的诉求。目前养老金投资管理机构对于绿色投资领域的关注还是基于产品本身的风险和回报，对于社会责任的"绿色溢酬"的关注虽开始出现，但相比于责任投资发达的国外市场还有很大差距。需要培育养老金投资管理机构认可投资过程中创造的社会价值、环境价值，并促进企业加强社会责任意识，让投资行为做到寓利于义。

6. 完善绿色资产支持证券信息披露机制

信息披露在包括债券市场在内的所有证券市场上都是投资人保护的核心机制，绿色资产证券化市场也概莫能外。内部信用评级作为绿色资产支持证券投资的一项重要环节，其建设是一项系统性工程。为了让内部信用评级更好地发挥风险识别和预警

的作用,必须有完善的市场信息披露机制作为保障。信息披露包括发起人、受托人、律所、会所、评级机构等的信息披露。规范、全面、深入的信息披露可以提升市场透明度、防范风险,对养老金而言,信息披露的完善一方面能使投资人深入、持续地了解产品的相关信息,另一方面也有助于促进投资人对产品风险价值的自我判断,从一定程度上可以减少对外部评级机构的依赖,提高内部信用评级结果的水平和质量。

参考文献

[1]罗光.东方信用研究[R].2018.

[2]张承惠,谢孟哲,田辉,王刚.发展中国绿色金融的逻辑与框架[J].金融论坛,2016,21(02):17—28.

[3]李琳.保险资金支持长租公寓市场助力实体经济之路径探讨[N].2018

[4]上海证券交易所.关于开展绿色公司债券试点的通知[Z].2016—3—16.

[5]上海证券交易所.上海证券交易所服务绿色发展 推进绿色金融愿景与行动计划(2018—2020年)[Z].2018—4—25.

[6]上海证券交易所.上海证券交易所资产支持证券化业务问答(一)、(二)[Z].2018—8—15.

[7]钱立华,鲁政伟.地方银行发展绿色金融的方向[R].2018.

[8]中国共产党中央委员会.中共中央关于制定国民经济和社会发展第十三个五年规划的建议[Z].2015—11—3.

[9]中国人民银行.绿色债券支持项目目录[Z].2015—12—22.

[10]中国银行间市场交易商协会.非金融企业绿色债务融资工具业务指引[Z].2017—3—22.

[11]中国证券监督管理委员会.中国证监会关于支持绿色债券发展的指导意见[Z].2017—3—2.

[12]中国证券投资基金业协会.绿色投资指引(试行)征求意见稿[Z].2018—7—13.

[13]中国证券监督管理委员会.资产证券化监管问答(一)[Z].2016—5—3.

[14]马璇,唐大千,马西节.2017年绿色债券年度总结——发行篇[R].2018.

[15]中债资信评估有限责任公司,中国建设银行股份有限公司.个人住房抵押贷款证券化的中国实践[M].中国金融出版社,2018.

平台化运营助力税延养老资产管理探索

于子翊*

随着我国人口老龄化的进程加快，养老金融的发展日益受到重视。习近平总书记指出："满足数量庞大的老年群众多方面需求、妥善解决人口老龄化带来的社会问题，事关国家发展全局，事关百姓福祉"。2018 年 4 月 12 日，财政部、税务总局、人社部、银保监会、证监会联合发布了《关于开展个人税收递延型商业养老保险试点的通知》，成为我国养老金发展史上的里程碑，标志着中国多层次养老保障体系将全面焕发新生；其中，养老金第三支柱的建设由保险行业率先吹起了号角，个人税收递延型商业养老保险（以下简称"税延养老保险"）成为了我国养老金第三支柱的奠基石。随着养老资产管理规模不断扩大，机构各自运营可能会成为制约业务发展的瓶颈。如何提高运营效率，降低运营成本，已成为养老资产管理行业共同面临的挑战。

一、养老资产管理行业运营成本不断增加

一是养老资产管理业务模式复杂，缺乏行业标准。养老资产管理包括委托人、投管人、托管人多角色参与主体，覆盖保险、银行、证券多行业，运营流程同质化但是缺乏行业标准，从而增加了资产管理机构的运营成本。二是后台建设科技投入持续提高。随着金融科技的发展，金融机构从资本驱动的重资产模式向技术驱动的轻资产模式过渡。资管机构不断增加科技投入，信息系统覆盖"前中后"台全流程，越来越多的系统增加了系统维护复杂度，而且系统自身的升级和系统间信息整合也增加了维护难度。同时以外包模式为主流的系统建设方案也导致少数厂商占据优势推高运营成本。

二、生态＋平台助力养老投资运营由繁至简

面对行业运营痛点，中国保险资管业协会可以发挥行业自律组织作用，利用保险资管机构专业优势，打造以保险行业为主导的养老投资生态圈；并依托中保保险资产

* 于子翊，中保保险资产登记交易系统有限公司发行交易部。

登记交易系统有限公司的金融基础设施功能，采取平台化运营模式，建立标准化运营机制，实现养老资产管理运营体系集约化、规范化。平台化运营不仅是金融科技的创新，也是监管科技的创新，是推动保险资管行业现代化进程的重要举措。

（一）总体思路

首先充分利用现代化科技，在税延养老保险业务模式方面，借鉴境外实践和同业做法，按照"统一性、开放性、科技性、便捷性"的原则，建设集中统一的养老保险资产管理服务平台。其次，构建透明高效的服务体系产生规模效益，降低行业系统建设和维护成本，实现养老资产管理运营体系平台化、集约化管理。最后，以业务流程模块化、数据信息标准化、行业资源共享化为目标，发挥金融科技优势，以增量业务带动保险资产管理运营模式创新发展。

（二）建议方案

平台化运营模式就是要充分借助平台化优势。一是集中，实现对养老资产管理事务性工作的优化整合。深入优化业务流程，共享标准流程模块功能，减少机构系统重复建设，并通过集约化管理降低机构人工操作成本；二是共享，体现行业一致性。通过服务共享优势，解决机构常规事务性操作痛点。结合面向监管机构的数据报送等常态业务，实现资源共享。三是互联，利用平台开放优势，实现系统互联互通，突破机构间、行业间信息隔离，以星型连接取代网状连接，降低信息交互成本。

三、三大功能夯实平台化运营基础服务

养老资产运营服务平台以服务行业、服务监管为目标，功能设计包括信息交互平台、数据分析平台和智能监测平台。

（一）信息交互平台

信息交互平台实现税延养老保险产品委托人和投资管理人、资产托管人信息披露集中上传、数据互联互通、业务协同处理等功能。

信息披露方面，以税延养老保险的资金运用信息披露为切入点，实现税延养老保险资金运用数据汇集、处理和分析的功能。探索建设规范的信息披露标准，实现非结构化数据的结构化，可以借鉴证券行业采用 XBRL（可扩展商业报告语言），引导机构采用规范的信息披露工具，降低信息交换成本、提高监管对于数据信息的可获得性。

数据互联互通方面，通过专线的方式完成以养老保险资产管理服务平台为中心的传输通道设计，利用数据加解密、校验、对账等机制，实现跨资管行业机构互连，打破机构间协作壁垒，打通信息孤岛和流程孤岛，提高效率及数据规范性。

业务协同处理方面，建立税延养老保险委托人、投管人、托管人三方数据交换标准，实现定期对账交互机制，最大限度消除各参与机构在业务中因理解不同、需求不同等引起的数据匹配问题，保证数据规范标准，安全可靠。

（二）数据分析平台

数据分析平台是通过机构信息披露结构化数据的沉淀和日常运营对账业务数据的积累，建立税延养老保险资金运用行业数据仓库。通过大数据工具，面向消费者、机构和监管，提供不同角度的统计分析，反映统计周期内税延养老保险资金管理的运行情况。

保险资管公司在保险资金管理和企业年金基金管理中，积累了丰富的长期资金管理能力、全品种资产配置能力和跨周期风险管理能力，但是一直以来“养在深闺人未知”，其主要原因是缺乏信息披露的数据基础，没有公开透明的历史业绩，缺失衡量资产管理产品长周期投资业绩的评价机制。税延养老保险是新兴业务，应抓住机遇促进建立长期资产配置管理的配套服务体系，为增强消费者信心，保障消费者权利提供支持。通过有公信力的平台打造行业数据中心，探索建立符合养老资金、保险资金特征的长期资金投资的评价评估体系，形成健康的市场环境，降低市场化运作风险。

（三）智能监测平台

智能监测平台是指运用大数据、人工智能等先进手段，实现全面有效的风控管理，为监管机构提供实时、准确的数据和风险监测服务。通过行业数据分析监测，建立完善估值标准和养老投资风控标准，协助机构逐步完善税延养老保险产品资金运用中的风控体系。

四、平台化运营模式建设的建议

平台化运营模式的具体落实需要保险行业的群策群力，共同建设养老保险行业基础设施。一是建议中资协引领行业机构积极参与，组织专家提供专业意见，制定统一的行业运营标准；二是行业机构提供源源不断的动力和智慧，以业务实践为基础，把握平台建设需求方向；三是中保登作为行业基础设施，可以发挥科技优势、信息汇聚优势，为税延养老保险资产管理运营提供基础服务。期望在监管机构的指导下和全行业共同努力下，平台化运营能够高效服务保险行业，成为我国养老保险“第三支柱”发展、构建多层次养老保障体系的“助推器”。

国际经验篇

美国私营养老金改革和默认投资基金的选择

——生命周期基金

龚 刚 邓佩云 彭昕卉*

在持续完善公共养老金制度的同时，美国将养老金的重心落在第二支柱上，无论是公共部门职业养老金，还是私营部门养老金计划，在《雇员退休收入保障法案》《2006年养老金保护法案》等一系列法案的推动下得到长足的发展，企业年金已成为雇员退休收入的重要来源之一。同时，企业年金的建立也伴随着确定给付制向确定缴费制的改革。确定缴费与个人账户紧密结合，而个人账户的资金归属于计划参与者，这也令养老金计划参与者在法律意义上对养老金资产有管理、决策的权利。《2006年养老金保护法案》正是从提高计划覆盖率和促进计划参与者科学投资的角度，规定了自动加入计划机制和合格默认投资选择制度。通过对雇主和基金管理者进行有条件的法律责任豁免，鼓励采用自动加入机制，提高职业养老金计划的覆盖率。同时，配合合格默认投资选择，能避免计划参与者不成熟的资产配置决策和降低投资者教育成本，保护计划参与者的权益。合格默认投资选择之一的生命周期基金是目前运用最为广泛、发展最为迅速的投资选择。通过考虑计划参与者的年龄、风险承受程度，对其账户资产进行动态配置。生命周期基金在美国有良好的实践。本文主要研究的是美国私营养老金计划中默认基金的选择——生命周期基金，以期借鉴美国的成功经验，为我国企业年金改革提供参考。

一、美国养老金体系发展与现状

（一）美国养老金体系变迁与发展趋势

纵观美国养老金体系的发展历史，美国养老金体系经历了从零散单一到层次分明、制度健全的蜕变，可大致分为三个阶段②。第一阶段为1935年之前，美国养老问

* 龚刚，渤海人寿保险股份有限公司，经济学博士；邓佩云，清华大学经济管理学院博士研究生；彭昕卉，美国本特利大学计量金融硕士。

② 刘秋月．中美养老金体系比较研究[D]．大连：大连海事大学，2015(6)．

题基本由简单的州养老计划和雇主养老金计划解决。在1935年之前,家庭养老辅以简单的州养老计划和少数雇主养老金计划构成当时美国养老金体系。第二阶段为1935年至1974年,在此阶段内社会保障制度基本建立和不断完善。1935年通过的《社会保障法案》在美国建立现收现付制的社会保障制度,解决老年人基本生活问题,以法律的形式规定了国家与社会对公民的养老责任。而在20世纪50至60年代,美国私人养老金领域迅速发展。为了规范养老金基金管理者的行为和保障私人养老金计划参与者的权益,美国国会于1958年通过了《员工利益与养老金计划信息披露法》(Welfare and Pension Plans Disclosure Act),规定了养老金计划的信息公开和财务公开。1962年,企业养老金及其他福利计划委员会成立,以政府力量推动企业养老金计划的发展。

第三阶段为1974年至今,在此阶段中"三支柱"养老保障体系雏形渐显,并不断完善。1974年,美国国会通过了《雇员退休收入保障法案》(Employee Retirement Income Security Act ERISA),并成立了全国性的养老福利担保公司(PBGC)。该法案旨在对养老金体系进行长期规范治理,并改革养老金制度和完善员工权益保障体系。ERISA法案是美国养老金和员工权益保护的基础性法案,对私人部门养老金领域具有最为全面广泛的规定。ERISA与PBGC共同推动了职业养老金制度的发展,为美国建立了真正的现代养老金制度,同时活跃了美国金融市场的发展[①]。

美国职业养老金制度可分为两大类:确定给付制(Defined Benefit,DB)和确定缴费制(Defined Contribution,DC)。在ERISA法案出台之前,企业年金采用的大多是确定给付制。但在ERISA法案出台之后和改革逐步完善的情况下,确定缴费制的规模不断扩大,以最著名的401(K)计划和403(b)计划为典型代表。同时,作为第三支柱重要组成部分的个人退休账户(Individual Retirement Account)也逐步建立,因其减税、盈利延税或免税的优惠广受欢迎。与确定缴费制DC天然相关的是计划参与者对个人养老金账户的所有权。确定缴费制依赖于个人账户的建立,养老金计划参与者将养老金存入个人账户,形成归属个人的养老金资产并对该资产拥有所有权。因此,从物权归属上看,计划参与者对养老金的投资管理具有最终权利。而法案的修改也朝着便于计划参与者管理其养老金资产的方向发展。但限于计划参与者投资能力和投资者教育成本,自主投资的情况不尽人意。这种情况便催生了企业年金计划的默认投资机制。

(二)美国现行养老金体系概述

美国现代养老金体系经过近40年的发展,逐渐形成了多层次、复杂的"三支柱"养老金体系,分别是美国社会保障计划的第一支柱、职业养老金的第二支柱和个人储蓄养老金计划的第三支柱(见图1)。

① 周煜. 美国私人养老金法律制度研究[D]. 济南:山东大学,2015(5).

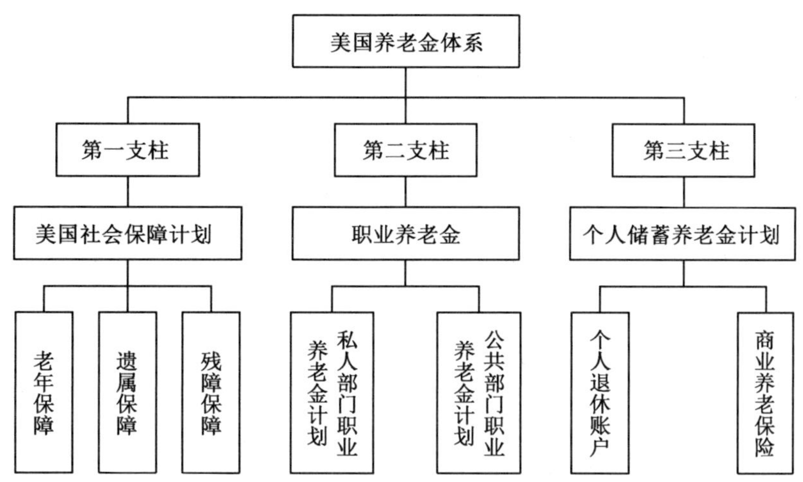

图 1　美国养老金体系示意图

第一支柱是美国社会保障计划(Social Security Program),又名 OASDI 计划(Old—Age,Survivors,and Disability Insurance federal program),是美国养老保障的第一层次,包括了多种社会福利和社会保险,涵盖老年保障,遗属保险和残障保障。

第二支柱是企业年金,按雇员所属机构的不同又可分为私营养老金计划和公共部门职业养老金计划,分别由雇主和政府出资,建立带有自愿和福利性质的养老金计划。公共部门职业养老金计划(public pension plan)是联邦政府、州政府和地方政府及非营利机构为其雇员提供的养老金计划。其中,在联邦政府层次,联邦雇员可以参与联邦政府雇员节俭储蓄计划(Thrift Saving Plan TSP),属于确定缴费型 DC 补充养老保险计划,可选择单项基金或生命周期基金的投资方式;在州政府和地方政府层次,其雇员可参加 457 计划;对于教育和非营利部门的雇员,可参加的养老金计划为 403(b)计划。

私营养老金计划(private pension plan)是营利性企业为保障其员工退休生活建立的企业年金计划,其中以 401(K)计划最为著名。401(K)计划是指依照《国内税收法典》第 401 条 K 项条款建立的,雇员雇主共同缴费形成的确定缴费型完全基金式的养老保险制度。在缴费和纳税方面,在此计划下,退休金缴费由雇主缴纳并从雇员的应税收入中扣除,直到雇员领取退休金。2015 年法律允许的最大税前缴费额为 18 000 美元。无论采用的是税前收入缴费还是税后收入缴费,401(K)计划中获得的投资收入(包括利息、分红或是资本利得)都可享受税费递延。在长期复利计算下,利得税费递延是 401(K)计划的主要政策优惠。尽管雇员无须为存入 401(K)计划中的缴费额缴纳联邦收入税,但仍需缴纳 7.65%的社会保障税和医疗保险税。在自动参与计划方面,雇主被允许自动将其雇员纳入 401(K)计划,除非雇员主动要求退出该计划。《2006 年养老金保护法案》为雇主设置的自动加入机制提供法律免责保障。在该法案之前,在自动加入机制下,雇主需要对投资损失负责。而《2006 年养老金保护法案》通过设立“合格默认投资选择”(Qualified Default Investment Alternative)为雇主建立免责保障,免除雇主的财务责任。美国劳工部规定三种主要的投资方式为合格默认投资选择,分别为生命周期基金、平衡基金和管理基金。在基金管理方面,401(K)的计划参与人包括雇主、雇员、托管人、受托管理人、账户管理人、计划发起人、投资管理人、行政管理人等。

第三支柱是个人储蓄养老金计划,包括个人退休账户 IRA(Individual Retirement Account)和商业养老保险。个人退休账户为退休计划提供税收优惠,是 1974 年《雇员退休收入保障法案》引入的退休安排,起初是为了覆盖无法加入以就业为基础的退休计划的人员。经过 IRA 的逐渐发展,即使已参加雇员退休计划的纳税人也可以选择参与个人退休账户计划。

美国“三支柱”养老金体系不仅为公民按照其收入水平和偏好提供了多层次的养老金计划,保障其退休的生活水平。同时,养老金计划累积的庞大资金还活跃了美国的资本市场。养老金基金作为美国金融市场最大的机构投资者之一,将养老金与金融市场进行对接,为资本市场提供源源不断的资金,促进了美国金融业的发展。

二、美国《2006 年养老金保护法案》的改革

《2006 年养老金保护法案》主要内容为对养老金体系进行改革,旨在保护养老金计划参与者的权益,保障退休生活。对于私营养老金的规定主要集中在自动加入机制的规定和合格默认投资选择。

(一)《养老金保护法案》对私营养老金计划的改革内容

《2006 年养老金保护法案》提出自动加入机制,鼓励雇主对新雇员和已加入计划的合格雇员推行自动加入机制。这一规定从法律上赋予雇主这一权利并提供配套的法律保护。特别地,《2006 年养老金保护法案》在《雇员退休收入保障法》新增 514(e),对州工资扣发相关法律(State Wage Garnishment laws)进行详尽阐述,从联邦法的高度统领各州立法,规定雇主无须雇员的书面同意,即可以从雇员工资收入中自动扣减缴费。这一法律规定减少了雇主实行自动加入机制的阻力。《2006 年养老金保护法案》对自动加入机制的新规定主要在于两方面:一是默认缴费率的规定;二是对雇主实行自动加入机制的细节规定。对于默认缴费率的规定,该法案设计“合格自动缴费安排”(Qualified Automatic Contribution Arrangement),并规定从 2008 年 1 月 1 日起,自动加入的雇员第一年的默认缴费率为 3%,第二年为 4%,第三年增至 5%,第四年及以后年份为 6%,但最高缴费率不得超过 10%。对于雇主实行自动加入机制的细节

规定有：在雇主缴费率要求方面，该法案要求雇主适当匹配缴费。在自动加入机制个体资格方面，《2006年养老金保护法案》规定从2008年起满足特定条件的401(K)计划自动加入机制将符合《国内税收法典》的非歧视原则，避免401(K)计划成为高收入者的福利。在信息披露方面，该法案增加了养老金计划运营情况信息披露的范围，以便养老金计划参加者能及时了解其退休金账户的情况。在投资选择方面，《2006年养老金保护法案》规定未明确做出投资选择的雇员，其账户资产将自动投资于合格默认投资选择。

《2006年养老金保护法》规定，对于未明确表示其投资选择的雇员，其账户资产将会自动投资于合格默认投资选择(Qualified Default Investment Alternative)。合格默认投资选择清单由美国劳工部于2007年提供，分别是生命周期基金(life cycle fund)、平衡基金(balance fund)和管理型基金(managed fund)。生命周期基金是主要依据计划参与者的年龄和其设定领取养老金的年份配置股票基金、货币市场基金和债券基金的投资组合。这一投资组合根据计划参与者的年龄、收入和其风险承担能力对组合内基金的配比进行动态调整。这种投资方式的目标是该基金在计划参与者退休时，能达到其制定的退休收入水平。目前，生命周期基金已代替货币市场基金和稳定价值基金成为默认选择投资工具运用最广泛的投资工具。[①]

(二)《2006年养老金保护法案》对养老金计划的影响

法案的两大改革，自动加入机制和默认投资选择一生命周期基金对401(K)计划从参与率、缴费程度、投资选择和费用等方面有重要影响。其中，自动加入机制对401(K)计划的影响有：第一，自动加入机制使得401(K)计划的制度覆盖率和参保人数不断提高。从制度覆盖率上看，实施自动加入机制的401(K)计划占比从2004年的11%增加至2015年的61.7%。尤其在《2006年养老金保护法案》出台后，对雇主因选择自动加入机制而导致雇员养老金账户投资损失进行条件免责后，采用自动加入机制的企业持续增加，特别是超过1 000个参保者的大型企业，实行自动加入机制的计划占比约占60%。从参保人数上看，自动加入机制使得401(K)计划的参保人数不断上升，从1995年的2 800万人增长至2014年的5 500万人(见图2、图3)。

第二，合格自动缴费安排的设计提高了储蓄水平。合格自动缴费安排的设计使得选择3%默认缴费率的占比从2010年的57%下降至2014年的49%，而在《2006年养老金保护法案》实施之前，超过80%的计划参与者选择3%的默认缴费率。根据分阶段提高默认缴费率的设计，默认储蓄率从2010年的5%上升至2014年的6.2%(见表1)。

① 林羿，美国养老金新法对资本市场的影响[J]. 证券市场导报，2006(12).

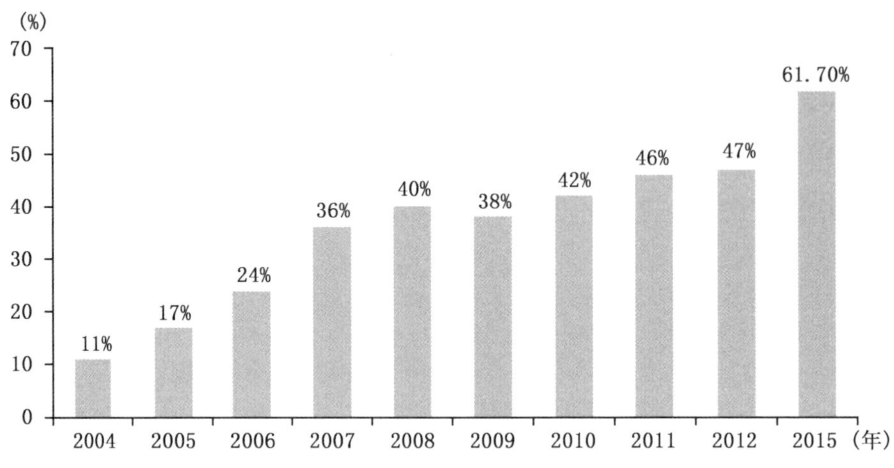

图 2　实行自动加入机制的计划占比情况

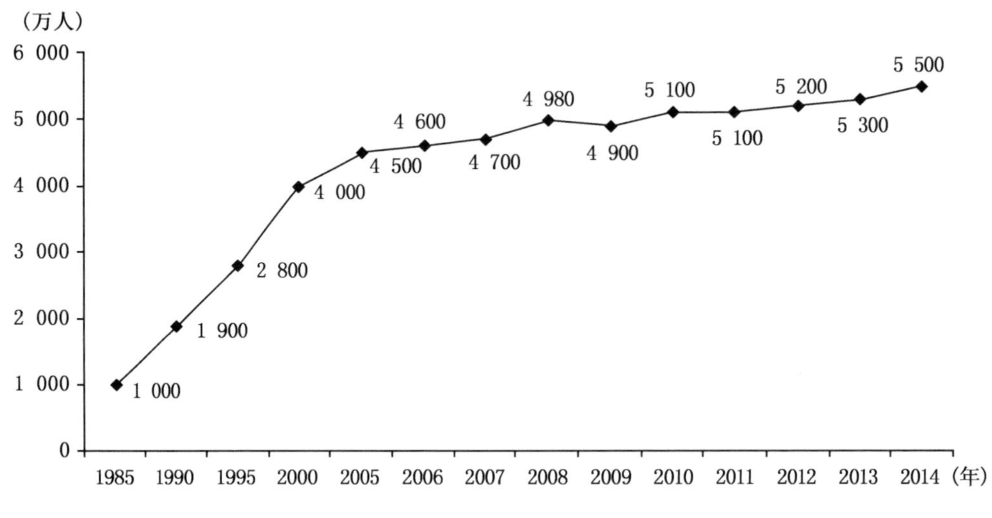

图 3　401(K)计划参保人数变化情况

表 1　自动加入机制默认缴费率和默认储蓄率变化情况

默认自动缴费率	2010 年	2011 年	2012 年	2013 年	2014 年
3%	57%	55%	53%	51%	49%
6%及以上	10%	11%	12%	13%	15%
综合默认储蓄率	5.00%	5.20%	5.10%	5.60%	6.20%

第三,《2006年养老金保护法案》对选择自动加入机制的雇主和对以电脑软件为基础向养老金计划参加者提供咨询服务的托管人和投资管理人给予有条件的豁免,使得自动加入机制的计划数不断增加。在赋予计划参与者投资选择权的前提下,考虑到金融产品设计的复杂性、计划参与者对投资产品的认知程度和投资者教育成本,该法案明确规定了在雇员未明确声明其投资选择时,其账户资产将自动转入合格默认投资选择。其中,生命周期基金最受欢迎。一方面,因其考虑计划参与者的收入和风险承受能力,而合理地配置账户资产,避免过于保守或激进的投资策略,使得计划参与者收益增加,继而提高了401(K)计划的参与率;另一方面,生命周期基金的投资选择策略是通过资产管理公司设计的特殊投资软件得以实现,根据雇员输入的个人有关数据做出资产配置决策,使得401(K)计划的电脑投资模式的普及,将电脑软件自动资产配置模式代替货币市场基金成为计划参与者投资的主流选择①。

生命周期基金引入对401(K)计划的影响有:第一,401(K)账户持有生命周期基金上升。《2006年养老金保护法案》允许雇主采用自动加入机制和合格默认投资选择的政策配合,使得参加401(K)计划的雇员人数持续上升,而采用科学合理风险收益配置的投资选择——生命周期基金也受到计划参与者的青睐。据美国投资公司协会报告,401(K)计划账户资产持有生命周期基金的比例逐年攀升(见图4),从2007年的7.4%增加至2014年的18%,年平均增长率达到15%。同时,新加入401(K)账户计划的新雇员持有生命周期基金的占比不断升高,从2006年的28.3%上升至2013年的51.1%,年平均增长率达到9.3%。其中以20岁、30岁、40岁年龄段持有生命周期基金的新加入雇员占比增长较快,分别为9.28%、9.75%和9.61%(见表2)。

表2　　2006年至2013年持有生命周期基金的新加入雇员占比示意图

年龄组	2006年	2007年	2008年	2009年	2010年	2011年	2012年	2013年
20s	29.40%	31.70%	46.50%	48.50%	52.00%	53.06%	52.00%	51.40%
30s	28.50%	35.10%	43.50%	47.30%	47.80%	52.10%	54.30%	53.30%
40s	27.40%	34.20%	41.80%	45.50%	45.30%	49.50%	51.90%	50.70%
50s	28.10%	34.90%	42.20%	45.20%	45.00%	49.20%	51.80%	49.60%
60s	26.10%	32.10%	38.40%	41.00%	41.70%	46.50%	48.80%	45.50%
所有	28.30%	33.80%	43.60%	46.60%	47.60%	51.20%	52.30	51.10%

第二,生命周期基金对401(K)计划的影响还包括在动态资产配置方面。在生命周期基金引入美国养老金体系之前,个人分散化投资导致严重的养老金收益不足。个

① 林羿.美国养老金新法对资本市场的影响[J].证券市场导报,2006(12).

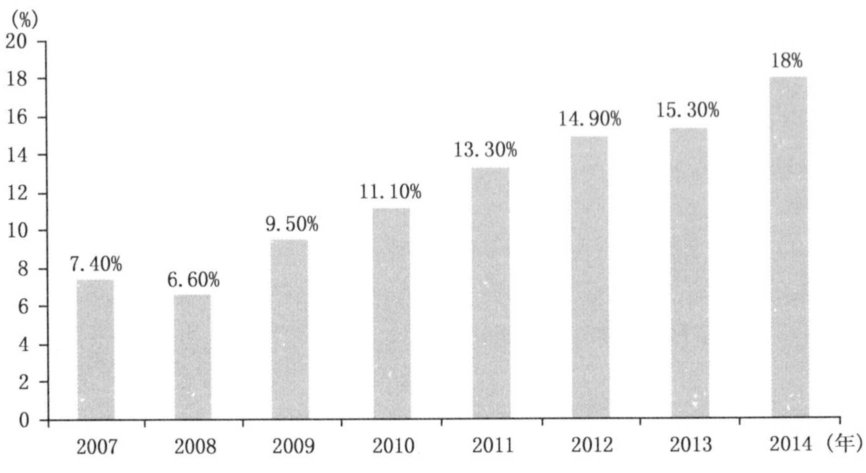

图 4　401(K)账户持有生命周期基金比例示意图[①]

人主导退休账户投资导致的个人分散化投资制造出“山墙现象”,即计划参加者将账户资产全部投资于货币或股票,令 401(K)的投资收益能力大打折扣。从微观角度来看,默认投资选择之一的生命周期基金间接性地促进 401(K)计划参加者投资于股市与股票基金。《2006 年养老金保护法案》促使生命周期基金成为 401(K)计划更加理想的投资选择,通过“基金的基金”方式,间接参与证券市场。从宏观角度来看,生命周期基金推动了企业养老金计划与共同基金的积极互动,促进了养老金计划与美国资本市场的良性互动。

第三,在计划参与费用方面,401(K)计划参加者的平均费用比率持续下降。生命周期基金是“基金的基金”(fund of fund,简称 FOF),在设计此基金的管理费用时,为了避免对投资者进行重复收费,即交予生命周期基金的“第一层”管理费,又交予组合内各种混合基金的“第二层”管理费,生命周期基金一般只按组合内资产比例缴纳“第二层”管理费用。2014 年,生命周期基金向投资者收取 0.78%的费用,已经从 2008 年的 1.01%下降到 2014 年的 0.78%。

三、401(K)计划中默认投资选择——生命周期基金

在 401(K)计划中,计划参与者在加入该计划时就可以确定他们退休资产的投资选择,并积极参与随后的管理。但雇员在处理其退休资产时,产生了投资行为偏差和惰性、不成熟的资产分散、过度依赖保守的投资选择等问题。为了解决计划参与者投资选择的问题,《2006 年养老金保护法案》允许企业在 401(K)计划为员工提供专业管

① 资料来源:Investment Company Institute.

理但默认的投资基金,而不是雇员主动管理其退休账户。下面主要从生命周期基金的简要介绍、运营机制和发展情况介绍401(K)计划中默认投资选择之一的生命周期基金。

(一)401(K)计划默认投资选择的基本介绍

生命周期基金(Life cycle Fund),也称目标日期基金(Target Date Fund),是一种根据持有人年龄增长而不断自动降低股票资产配置比例的投资基金。生命周期基金有两种基本的类型:一种是瞄准到期日基金(Targeted-maturity funds),另一种是静态分配基金(Static-allocation funds)。瞄准到期日基金首先设定一个退休年限并根据距到期日的远近分配账户资产的投资,由激进的投资策略逐步转向保守的投资策略。静态分配基金则是维持一个确定的资产分配,为计划参与者提供一个从积极到保守的资产分配,由投资者自己决定在给定时间内最适合自己的投资选择。

瞄准到期日基金和静态分配基金的共同点在于:一是两个基金都遵从同一投资原则,即采用分散化策略去减少投资风险并设定特定的投资时间范围;二是两个基金都由由上至下的资产分配方法驱动,认为资产分配是组合构建中最重要的步骤。大多数的生命周期基金载体都采用"基金的基金"(FOF)的方法去达到资产分散化的效果。尽管两个生命周期基金方法都遵从同样的投资理念,但两者的区别还是明显的,主要在于投资策略。瞄准到期日基金要求投资者确定一个可能的退休日,并根据退休日选定基金。一旦基金被选定,投资者不需后续操作。基金管理人会随着设定的退休日的临近逐渐采用保守的投资策略,调整资产分配。瞄准到期日基金仅需投资者最少的参与和决策,这种投资决策仅需参考投资者的到期日——退休日。这种投资组合可能不会满足投资者其他的因素,如风险承受能力、消费需求等。静态分配基金则为投资者展示一系列的资产组合,资产组合在共同基金的范围内投资于不同的资产。每个投资组合拥有不同的风险和回报特征,通常由风险暴露来衡量,由保守策略到激进策略。投资者选择一个最符合其时间范围和风险承受能力的资产组合。如果投资者的状况有所改变,投资者可以在规定的范围内改变投资组合。总体上说,静态分配基金需要投资者更多地参与,因为资产分配的变动并非自动完成,投资者需要根据自己的风险承受能力对资产变动做出选择(见表3)。

表3　　瞄准到期日基金和静态分配基金的对比表①

	瞄准到期日基金	静态分配基金
风险特征	该基金假设每个退休日相同的投资者拥有类似的投资目标和风险承受程度	该基金假设每个投资者通过调查问卷来确定个人的风险承受程度

① 资料来源:Vanguard. Funds for Retirement: The 'Life-Cycle' Approach[R]. *Vanguard Investment Counseling & Research*, 2006.

续表

	瞄准到期日基金	静态分配基金
资产分配劳动	基金管理者随着时间变化自动调整资产分配。随着目标到期日的临近,投资策略逐渐变得保守	该基金周期性地再平衡账户,以维持其预定资产分配。投资者决定何时和如何将资产调整至较保守的策略,随着到期日的临近
分配监控	所有的资产分配变动都在基金的范围内,以降低投资者再平衡账户的需要。然而,对于现有基金以外的资产分配变动需要再时间范围和投资目标两个纬度的审视	投资者需要对资产分配进行周期性的监控,以确保资产分配符合其个人风险偏好
时间范围	时间范围是事先确定,基于基金的目标日期	时间范围不是事先确定。投资者可以灵活根据时间范围改变资产分配

生命周期基金旨在解决阻碍计划参与者退休计划的若干问题。一是投资者对专业知识的忽视。对投资者行为的广泛观察发现多数的计划参与者倾向于消极参与计划决策,但大多数的计划参与者认为他们能从其专业知识中获得优势。二是过多选择。投资者会因由数量过多的基金提供的选择而感到无所适从,特别地,这些基金在投资环境较好时做出次优决策,而未在投资环境较差时做出准备。三是投资者金融知识的缺失。最近的研究显示,大多数的退休计划参加者缺乏对基本投资概念的理解,不能为其退休账户做出正确的投资决策。四是投资者态度。先锋基金的研究报告表明,很多计划参与者对其退休账户的投资事宜不感兴趣,无法实时监控其账户的投资情况。

(二)401(K)计划默认投资选择——生命周期基金的运营机制

生命周期基金,即目标日期基金为计划参加者提供一种与其年龄相符合且方便的退休储蓄计划。目标日期是指计划参与者达到退休年龄的年份(通常为计划参与者65岁时)。该基金采用风险平衡方法(risk-balanced approach)对计划参与者的退休资产进行分散化投资。该基金同时还运用"下滑航道"(glide path)对账户资产配置随着时间变动的过程进行标示,即不同风险程度的资产在组合中的比例不断动态调整而形成的曲线。不同风险程度的资产通常包括低风险、低收益的现金资产,中等收益、中等风险的美国大型公司债券、非美国发达国家大型公司债券,高风险高收益的新兴市场债券、核心债券、高收益债券和其他权益等(见图5)。一般而言,生命周期基金通过减少在权益资产的风险暴露和增加在固定收益证券的风险暴露来调整资产组合的投资策略,在接近到期日的过程中,将激进的投资策略逐渐改为保守的投资策略。产品的"下滑航道"和资产配置即使有相同的目标日期,根据不同的基金管理者,采取不同的投资策略,因而各有不同。同时,目标日期并非一定是生命周期基金的终止日期,或者取决于基金管理者对生命周期基金的设计。

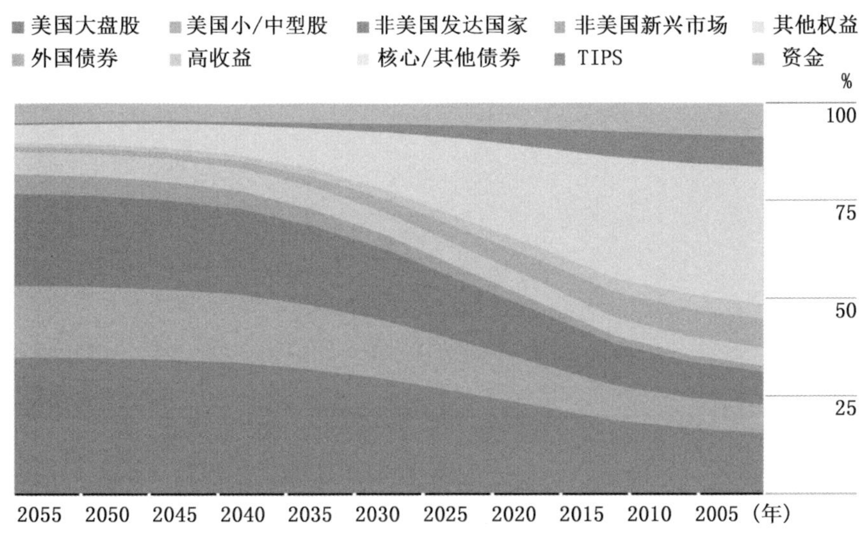

图 5 下滑航道资产配置行业平均情况示意图[①]

生命周期基金基于风险调整策略，同时通过对退休储蓄的专业管理，投资者可以避免一些常见的投资错误，例如不能采用分散化的投资组合、对风险进行及时持续的平衡。通过“下滑航道”，投资者的资产组合能够维持一个适合年龄的资产配置。在加入生命周期基金之前，投资者需要考虑以下因素：投资者自身对投资参与的兴趣、投资者是否拥有时间、精力和投资的专业知识、是否愿意将账户资产委托交予基金管理人进行管理等。对于如何选择一个合适的生命周期基金，主要与退休人员选定的退休日期有关。下滑航道的设定主要是依据投资者距离退休日，即美国法定退休年龄 65 岁的时间间隔。投资者一般选定退休日和目标日期最为接近的生命周期基金见图 6。例如，某一计划参与者现年 40 岁将在 2041 年达到法定退休年龄 65 岁，则该计划参与者一般将选择与其年龄相匹配的生命周期基金，如生命周期 2040 基金。

（三）生命周期基金的发展情况

生命周期基金资产持续得到增长，但在 2014 年基金资产的增长速度有所放缓。投资者 2014 年的新增净投资额达到 500 亿美元，基础增长率达 8%，但相较于近年持续超过 10%的增速，从 2014 年起，行业增速在逐渐放缓。从行业整体资产来看，生命周期基金的总资产超过了 7 060 亿美元(见图 7)。美国的生命周期基金市场从最初的出生期逐渐进入可预见的增速放缓的成长期，尤其在顶层资产基础不断增大的情况

① 资料来源：Morningstar，Inc. 2014 年 12 月 31 日。

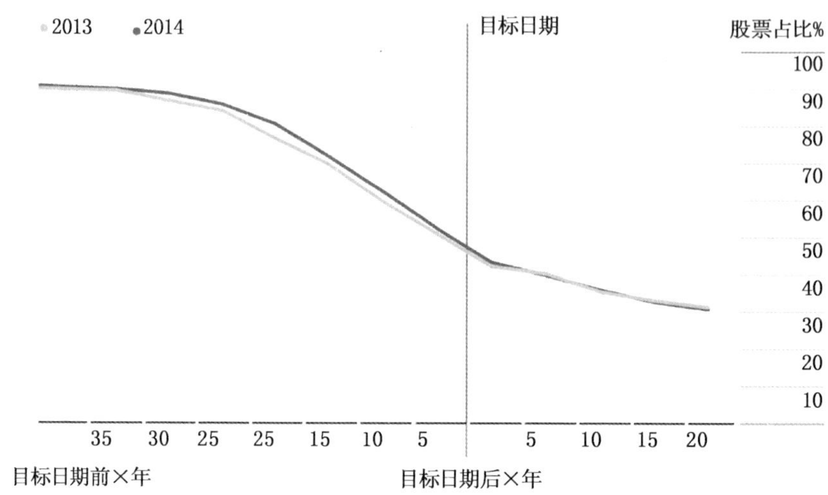

图 6　生命周期基金的行业平均下滑航道示意图①

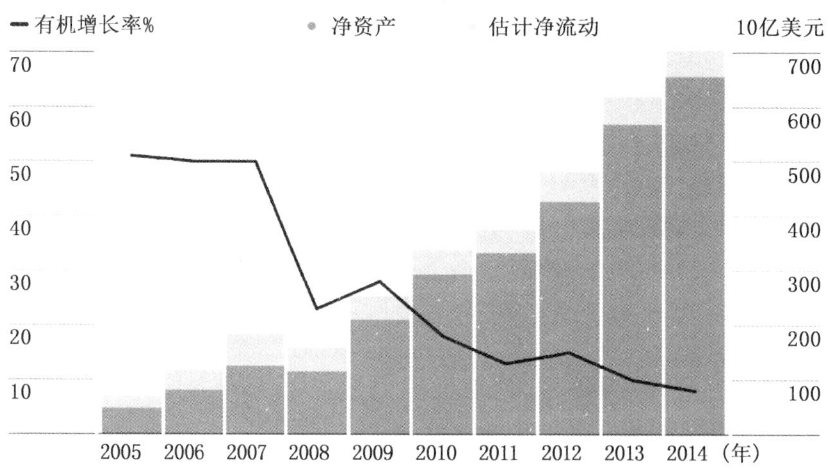

图 7　生命周期基金资产规模和增速示意图②

下。从同等类型的投资产品来看，生命周期基金的增速同样领先，明显高于美国权益类资产增速、国际权益类资产增速和纳税债券等。从生命周期基金内部分类来看，消极管理型生命周期基金，如指数型生命周期基金，其增长速度要高于积极管理型生命周期基金。指数型生命周期基金在 2014 年的基本增速为 9.8%，高于积极管理型生

① 资料来源：Morningstar，Inc. 2014 年 12 月 31 日。
② 资料来源：Morningstar，Inc. 2014 年 12 月 31 日。

命周期基金 7.0%的增速，但其增速相较于指数型证券市场平均 11.6%的增长速度有所放缓。总之，生命周期基金行业尽管增速放缓，但仍处于高速增长的阶段(见表 4)。

表 4　　美国生命周期基金与其他资产类型增速对比表[①]

资产类型	总体净资产规模(单位:10 亿美元)	预计净资产流(单位:10 亿美元)	基础增长率(%)
生命周期基金	705.7	49.4	8
美国权益类资产	6 025.6	69.3	1.3
纳税债券	2 925.6	87.7	3.2
国际权益类资产	225.3	144.2	6.7
部门权益	730.5	69.1	11.6
市政债券	581.8	32	6.2
其他	199.7	20.3	10.9
商品	86.1	−3.5	−3.4

生命周期基金受到计划参与者和基金管理人的广泛欢迎，原因如下：一是《2006 年养老金保护法案》规定了自动加入机制，允许雇主为未做出明确投资选择的雇员提供选定的投资基金并使其自动加入企业退休金计划，该法还做出了有条件的法律责任豁免。同时，美国劳工部公布了合格默认投资选择的选项，生命周期基金成为备选选择之一。法律和文件的规定大大提高了生命周期基金的普及程度。二是养老金账户由确定给付模式(DB 模式)逐渐转变为确定缴费型模式(DC 模式)。而确定缴费型模式与个人账户紧密结合，这意味着个人管理其个人账户的养老金账户责任不断增强，其中包括个人承担投资风险的程度和投资策略等。而根据计划参加者的年龄、收入和风险程度对退休资产进行收益风险匹配的生命周期基金为雇员提供了科学的资产配置方法，成为雇员广为接受的投资选择之一。三是计划参与者和计划建立者对风险的认识不断加深。因此，随着目标到期日不断临近而对资产组合内各资产比例进行动态调整，使资产组合的风险随着计划参与者年龄增长而不断减小的生命周期基金受到欢迎。

四、结论

(一)美国私营养老金改革推动了生命周期基金发展

纵观世界养老金体系的发展轨迹，各国都逐渐形成“三支柱”的养老金体系。与通行的强制性储蓄的第二支柱不同，美国采用的是自愿性储蓄——企业年金形式。1974

① 资料来源：Morningstar，Inc. 2014 年 12 月 31 日。

年《雇员退休收入保障法案》鼓励企业为雇员建立企业年金,将企业福利性质的年金计划转变为推动企业利润最大化、保障雇员权益的退休金计划,其中最著名的企业年金计划是401(K)计划。与之配套的是个人账户的建立,并从传统的确定给付型计划过渡为确定缴费型计划。理论上讲,退休金计划参与者对其在企业年金的储蓄拥有所有权和投资选择和决策的权利。而以个人账户形式为主的私人部门养老金也逐渐放宽计划参与者对其账户资金管理决策的参与程度。但每个计划参与者对风险和收益的认知水平不同,尽管在投资者金融咨询的帮助下,也很有可能不能为自身选择最佳的投资组合。加之现实的管理投资成本、投资者教育成本和投资规模化的需要,使得完全由计划参与者决定其个人年金账户的投资计划显得不切实际。美国《2006年养老金保护法》规定了自动加入机制和合格默认投资选择。而在美国劳工部提供的三种合格默认投资选择中,生命周期基金的实践效果最佳。生命周期基金因其科学合理地根据计划参与者年龄配置投资组合地收益和风险而广泛得以运用。同时,生命周期基金能使养老金通过被动投资,降低投资成本并提高投资收益,并与美国发达的资本市场接轨,与本国金融市场有良好的互动。

(二)对中国企业年金改革的启示

美国私营养老金计划的经验值得我国企业年金改革加以借鉴,尤其是在生命周期基金的运用上。结合目前我国企业年金的现状和美国企业年金的经验,得到以下启示,也可以为我国即将全面启动职业年金提供参考、借鉴。

1. 企业年金开放个人投资选择权,引入默认投资选择工具

企业年金开放个人选择权是解决我国目前企业年金普遍存在的企业统一投资模式的困境。企业统一投资模式即企业全体雇员在统一的投资政策下享受统一的收益率。企业年金基金的绩效考核主要注重于短期或当期收益。而企业年金基金其绩效考核应放眼于基金的长期表现。当期收益考核致使基金管理者为了避免市场波动而采取保守型的资产配置策略,从而导致了企业年金基金对资本市场权益类资产投资过少,导致企业年金基金长期收益减少。而开放个人投资选择权是企业年金采用个人账户模式和解决企业统一投资模式的困境的应有选择。但据国外经验显示,即使在金融市场发达和投资者教育普及的发达国家,开放企业年金的个人投资选择权也会出现个人投资者不理性投资的情况,采用默认投资选择,如生命周期基金的投资形式,能有效缓解和矫正投资不理性的情况。

2. 企业年金与资本市场协同发展

从美国经验来看,企业年金有保值增值的需求,为了满足计划参与者在退休日对退休收入的要求,个人账户的基金需要进行投资获取长期稳定的投资收益,有赖于健康的资本市场,反过来养老基金长期基金的积累为资本市场长期健康发展也带来促进作用,养老基金是资本市场最重要和最大的机构投资者,可以实现养老金与资本市场

的协同发展和良性循环。我国企业年金现阶段企业统一投资决策，进行短期化考核和淘汰，扭曲了企业年金基金长期负债特性、长期资金的特性。迫切推进企业年金投资模式的改革，开放个人投资选择，引入生命周期基金投资模式，真正发挥养老金长期投资的优势，依靠资产配置获取长期稳定的投资收益，这将有利于促进我国养老金市场和资本市场的协同健康发展。

总结起来，政策建议主要有三点：一是我国企业年金制度改革应引入自动加入机制，扩大企业年金计划覆盖面，从而减轻对基本养老保险的压力；二是我国企业年金应开放个人投资选择权，以解决现有的企业统一投资的困境。同时，对企业年金需要引入默认投资选择，避免投资者的不理性投资；三是企业年金应引入生命周期基金模式需要健康的金融市场和完善的法律体系，这是生命周期基金得以健康发展的基础。

参考文献

[1]刘秋月，中美养老金体系比较研究[D]. 大连海事大学，2015(6).

[2]周煜 . 美国私人养老金法律制度研究[D]. 山东大学，2015(5).

[3]李东平，孙博，杨婷，姚远，邱薇 . 美国第一支柱养老金——联邦公共养老金(OASDI)计划管理运作及借鉴[OL]. http://www. bisf. cn/zbscyjw/yjbg/201403/8becb911b86e4770bbe48338e-76469b0. shtml.

[4]Wikipedia. Social Security of United States [OL]. https://en. wikipedia. org/wiki/Social_Security_(United_States).

[5]长江养老 . 美国养老金体系的发展变化趋势及借鉴意义[J]. 上海国资，2012(2).

[6]林羿 . 美国养老金新法对资本市场的影响[J]. 证券市场导报，2006(12).

[7]郑秉文 . 引入生命周期基金是企业年金深化改革的重要环节[N]. 中国劳动保障报，2015—8—7.

[8]郑秉文 . 引入生命周期基金对企业年金改革至关重要[J]. 劳动保障世界，2015，28:44.

[9]Catherine D. Gordon，Kimberly A. Stockton. Funds for Retirement: The "Life-Cycle" Approach[R]. Vanguard Investment Counseling & Research，2006.

[10]Olivia S. Mitchell，Gary Mottola，Stephen Utkus，Takeshi Yamaguchi. The Dynamics of Lifecycle Investing in 401(k) Plans[J]. University of Pennsylvania Scholarly Commons，2008(8).

[11]Janet Yang，Leo Acheson，Jeff Holt，Gretchen Rupp，Kathryn Spica. 2015 Target-Date Fund Landscape[R]. Morningstar，2015(8).

[12]TIAA CREF. ，At A Glance: TIAA-CREF Lifecycle Funds[R]. TIAA—CREF Individual & Institutional Services，2013.

[13]Vanguard. Funds for Retirement: The "Life-Cycle" Approach[R]. Vanguard Investment Counseling & Research,2006.

(本文获"长江养老杯·IAMAC 2018—2019 年度征文"三等奖)

从国际经验看我国商业养老保险资金的投资管理

吴　杰*

2018 年 4 月，财政部等部门联合发布《关于开展个人税收递延型商业养老保险试点的通知》，标志着我国养老金第三支柱建设迈出重要一步。随后银保监会相继发布《个人税收递延商业养老保险产品开发指引》《个人税收递延型商业养老保险资金运用管理暂行办法》等文件，对个税递延养老保险的产品形态和资金运用进行了要求。与传统保险资金及基本养老资金不同，个人商业养老保险资金在风险偏好、投资策略等方面都存在一定差异。经济合作与发展组织（OECD）国家已经在商业养老金投资管理方面积累了丰富实践经验，本文从分析不同养老金的特点出发，通过剖析国际主要国家养老金投资管理经验，以为我国个人商业养老保险资金的投资管理提供借鉴。

一、主要养老金资产的特点及风险偏好

（一）养老金的主要类别

按照养老金体系“三支柱”分类方式，养老金主要包括公共部门养老金、私人部门的企业（职业）年金、私人部门的个人商业养老金三大类别。

公共部门养老金从基金性质和资金来源方面主要分为“缴费型”和“储备型”两种，“缴费型”养老金是由政府或社保部门建立的支撑现收现付制的公共养老基金，资金来源主要是参保者的缴费；“储备型”养老金是由政府直接建立、在管理上与社会保障制度相分离、融资渠道来自转移支付的公共养老基金。多数国家公共部门养老金的投资收益目标为通胀调整后的绝对收益水平，如日本公共部门养老基金的投资目标为最小化风险原则下达到 1.7%的长期真实回报率水平；加拿大为至少获得 4%的净真实回报率。

私人部门企业（或职业）年金是雇主为雇员建立的养老金计划，一般包括 DB 和 DC 两种模式。DB 模式是雇主与职工协商确定未来职工退休后的待遇，确定待遇一

* 吴杰，中国人保资产管理有限公司宏观与战略研究所。

般根据职工退休前的真实薪酬保证一个固定替代率，雇主承担基金运作中面临的劳动力薪酬增长风险、利差损风险。DC 模式是雇主为职工建立个人账户，员工退休后可一次性或分期享有个人账户累计资产金额，雇主不承担 DC 计划运作过程中面临的投资风险和长寿风险（见表 1）。

表 1　　OECD 国家私人部门企业（职业）年金计划情况

类　型	国　家
DB	芬兰、德国、瑞士、以色列
DB 和 DC	澳大利亚、奥地利、比利时、加拿大、丹麦、法国、冰岛、爱尔兰、意大利、日本、韩国、卢森堡、墨西哥、荷兰、新西兰、挪威、葡萄牙、西班牙、瑞典、土耳其、英国、美国
DC	智利、希腊、匈牙利、拉脱维亚、波兰、斯洛文尼亚
没有年金计划	斯洛伐克、爱沙尼亚、捷克

资料来源：OECD，人保资产宏观与战略研究所。

私人部门个人商业养老金是养老体系第三支柱的核心，是个人为自身储备的养老金资产，一般通过委托保险公司、基金公司、商业银行和投资机构实现资产管理。当前所有的 OECD 国家已经建立了个人商业养老计划，我国也于 2018 年 4 月正式试点个税递延商业养老保险业务。

（二）不同养老金的风险偏好

对于公共部门养老金，首要投资目标是跑赢通货膨胀，保证养老金的购买力，在此基础上再追求更高的超额收益；由于投资风险由公共部门承担，养老金受益人不需承担任何风险，因此公共部门养老金的风险偏好较低，往往以追求绝对收益为主。

对于私人部门企业（职业）年金，由于 DB 计划运营管理风险由雇主承担，风险偏好较低，实际投资过程中更注重资金运用的资产负债匹配管理，投资目标以绝对收益为主，这一点与普通寿险账户类似。而 DC 计划的投资管理风险主要由参与人承担，雇主和投资管理机构不承担养老金的投资风险，实务中参与人为了获取较高的投资收益和资产增值，在长达几十年的养老金投资管理周期中，往往会在特定时间承担较高的风险，一般风险偏好较高，短期以追求相对收益为主。

对于私人部门个人商业养老金，具有 DC 属性且投资管理风险由个人承担的保险公司 C 类产品（投资连结保险或变额年金）、证券公司等投资管理机构的产品，由于投资管理机构不承担投资风险，养老金投资风险偏好通常较高。但对于保险公司普通账户中商业养老金，由于具有传统寿险属性的 A 类产品投资管理风险由保险公司承担，一般投资风险偏好较低，以追求绝对收益为主；具有分红险或万能险属性的 B 类产品的投资管理风险一部分由保险公司承担、分红或结算收益风险由参与人承担，保险公司在追求绝对收益的同时，为了提升产品收益率方面的竞争力和增加客户黏性，会适当提高风险偏好，以追求绝对收益水平上的相对收益为主。

二、国际养老金的投资管理策略及趋势

绝大多数 OECD 国家已经建有较为完善的养老体系，在养老金投资管理方面具有丰富的经验。通过比较不同 OECD 国家的养老金投资管理实践看，主要呈现以下特点。

（一）多数 OECD 国家的养老金仍保持大类资产比例监管限制

在 OECD 国家中，除了澳大利亚、比利时、加拿大、荷兰、新西兰、英国和美国七个国家没有对养老金投资的大类资产进行比例约束外，其他国家对养老金的投资管理皆有不同程度的限制。虽然澳大利亚、加拿大和美国等七个国家对养老金投资没有比例监管限制，主要要求养老金管理机构按照“谨慎人”原则管理养老金资产，但仍会有投资集中度、利益人保护等方面的要求，如美国为规避利益人冲突不允许年金计划向雇主自身放贷。在权益投资方面，63%的 OECD 国家有投资比例上限的限制，但在爱沙尼亚、德国、韩国和葡萄牙只对部分养老金计划有权益投资限制。在债券投资方面，对国债的限制要显著低于公司债、抵押贷款债券等其他债券。在不动产投资及放贷方面，多数 OECD 国家设置了限制比例或完全禁止投资，其中禁止直接不动产投资的意大利、日本、印度等国家仍然允许以间接方式进行投资。在海外投资方面，主要通过类别资产的海外投资比例及海外资产的总投资比例来限制境外投资规模，此外还会限制具体的海外投资地理范围（见表 2）。

表 2　代表性 OECD 国家养老金的大类资产比例监管情况

国家	养老金	权益	不动产	公共部门债券	私人部门债券	共同基金	私募基金	贷款	银行存款	其他
芬兰	志愿计划、企业养老金	50%；未上市 10%	100%	100%	50%	100%	10%	100%	100%	—
芬兰	私人部门强制养老金	65%	100%	100%	100%	100%	65%	100%	100%	—
法国	职工保险合同、PERE、PERP	—	—	—	—	—	—	—	100%	—
法国	FRPS	30%	5%	—	特定目的 5%	—	—	—	—	未上市 30%
德国	Pensions-kassen	35%	25%	50%	50%	100%	7.5%	50%	50%	—
德国	Pensions-fonds	100%	100%	100%	100%	100%	100%	100%	100%	—

续表

国家	养老金	权益	不动产	公共部门债券	私人部门债券	共同基金	私募基金	贷款	银行存款	其他
瑞典	寿险合同	100%	100%	100%	100%	100%	100%	100%	100%	—
日本	EPF、DB、DC、MAAS	100%	0%	100%	100%	100%	100%	0%	100%	—

资料来源：OECD，人保资产宏观与战略研究所。

（二）资产配置结构以债券和上市权益为主，不同养老金的风险资产投资比例与管理人的风险偏好基本一致

从OECD私人部门养老金前十大国家的资产配置结构看，资产配置结构仍以债券和上市权益为主，除了日本和韩国外，绝大多数国家高比例配置于股票和基金（见图1）。配置权益类资产比例较高一方面是由于这些国家皆有成熟的DC计划发展经验，DC计划的参与人往往能够承受较高的风险，会投资较高比例的权益资产，相比之下没有DC计划和DC计划占比较低的德国、以色列和葡萄牙等国的权益配置比例偏低；另一方面是由于这些国家的股票市场发展较为成熟，投资管理机构的海外投资能力较强，促使整体权益投资比例要比一些股票市场不成熟及海外投资经验不足的国家要高。

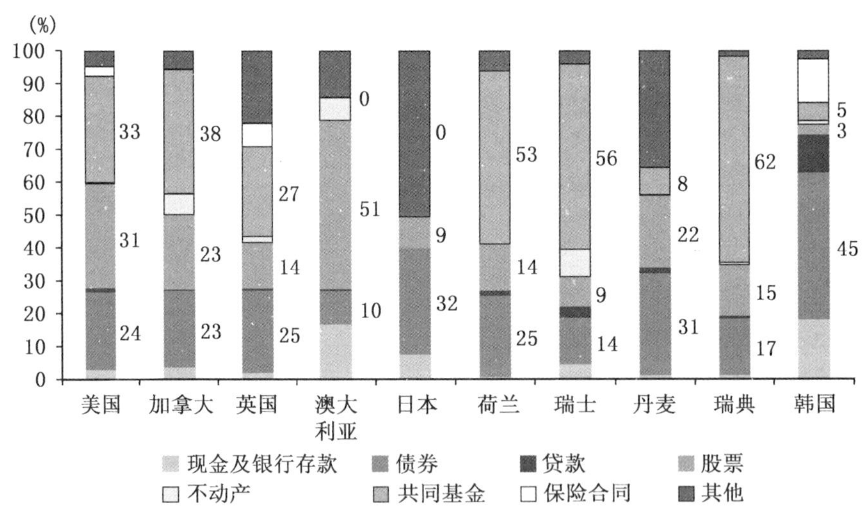

资料来源：OECD，人保资产宏观与战略研究所。

图1　2016年前十大OECD国家养老金的大类资产配置结构情况

此外，从美国养老金投资经验看，不同养老金的风险资产投资比例与委托人的风险偏好基本一致。对于美国联邦、州、当地政府和私人部门的DB计划，由于风险由年金计划发起人承担，实际投资过程中更注重资金运用的资产负债匹配管理，这一点与

寿险公司普通账户类似。但不同的是,DB 计划发起人一方面可以承担短期投资收益的波动,即使亏损也只需自身添补,如果有更高收益反而可减少未来缴纳金额,另一方面不像寿险公司那样面临短期会计准则约束下的财务压力和经营利差损导致偿付能力充足率下降的压力,所以 DB 计划发起人的风险偏好要比寿险公司一般账户的风险偏好要高,DB 计划的权益类资产占比比寿险公司一般账户占比要高可以印证这一观点。除此,由于具有 DC 模式特点的联邦政府 DC 计划、州和当地政府 DC 计划、私人部门 DC 计划、IRAs 和寿险公司独立账户的投资风险完全由持有人承担,而不像 DB 计划那样由发起人承担,所以 DC 计划的风险偏好更高,权益类资产投资比例更高(见图 2)。

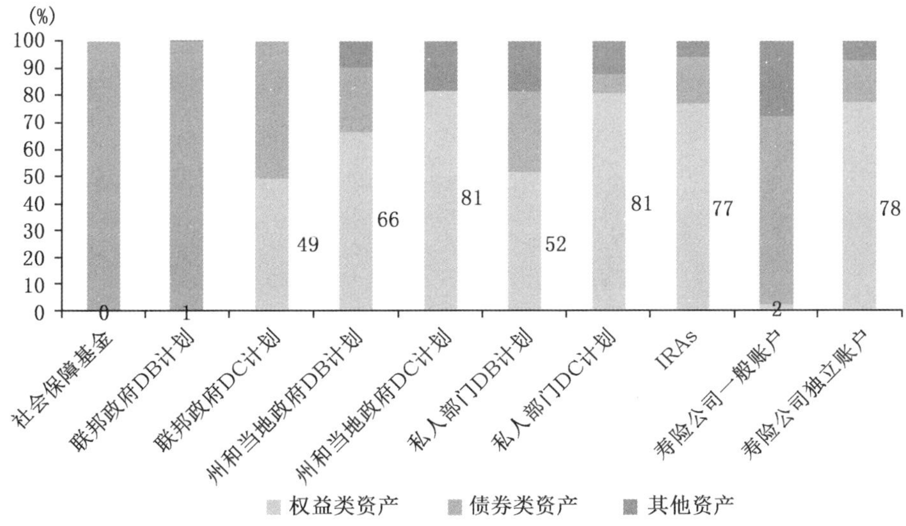

注:联邦政府、州和当地政府、私人部门的 DC 计划中持有的年金保险份额按 78%比例计算权益类资产份额。

资料来源:Federal Reserve System,Investment Company Institute,Life Insurers Fact Book,人保资产宏观与战略研究所。

图 2 美国不同养老金类别的资产配置结构

(三)投资收益的波动与权益配置比例高度相关,且绝大多数高权益配置比例的养老金的长期收益率要高于低权益配置比例的养老金

通过分析 OECD 私人部门养老金规模靠前的国家养老金投资收益率情况,我们发现,一方面投资收益的波动与权益配置比例高度相关,表现为权益配置比例较低的德国和韩国等国家的历年投资收益率较为稳定,权益配置比例较高的美国、澳大利亚、英国等国家的历年投资收益率波动较大(见图 3);另一方面权益投资比例与长期投资收益率呈现出正相关关系,除了美国和瑞士因为 2008 年金融危机影响了近十年(2007

—2016 年)的长期投资收益率外,整体验证了权益投资虽然加大了投资收益率的波动性,但长期能够获得更高超额收益的观点(见表 3)。

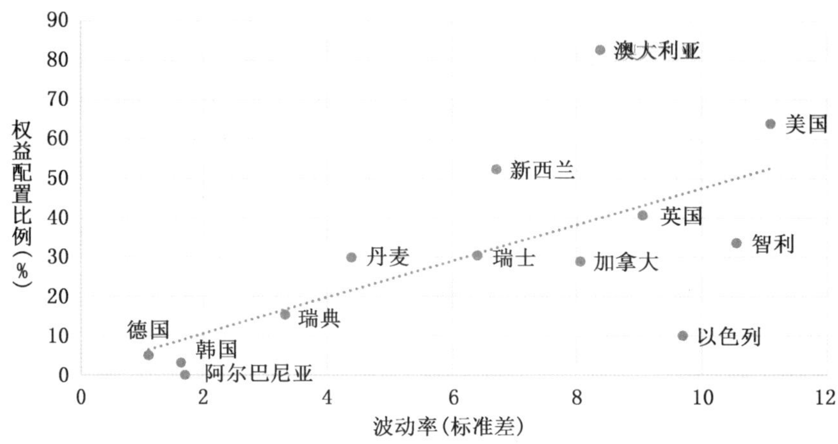

资料来源:OECD,人保资产宏观与战略研究所。

图 3　权益配置比例与近十年投资收益率的波动之间的关系

表 3　代表性 OECD 国家私人部门养老金权益资产与长期投资收益率的关系

国家	权益类资产占比	近五年平均收益率	近 10 年平均收益率
韩国	3.12%	3.5%	4.1%
德国	4.99%	4.2%	4.0%
以色列	10.09%	6.5%	5.8%
瑞典	15.33%	6.9%	6.0%
加拿大	28.91%	8.3%	6.2%
荷兰	29.88%	6.1%	5.3%
瑞士	30.44%	4.9%	3.0%
智利	33.59%	7.3%	7.1%
英国	40.71%	7.5%	7.8%
新西兰	52.36%	7.5%	6.0%
美国	63.91%	5.2%	2.6%
澳大利亚	82.77%	7.8%	6.3%

资料来源:OECD,人保资产宏观与战略研究所。

（四）私人部门养老金中另类资产占比持续上升，其中主要加大了未上市基础设施和私募股权的投资力度

根据 OECD 2016 年调查的全球具有代表性的 29 家大型私人部门养老金的资产配置结构，自 2010 年至 2015 年底，大型私人部门养老金加大了另类资产的配置比例，配置比例由 2010 年的 12.7%上升至 2015 年的 13.8%。其中主要增加了未上市基础设施和私募股权的投资力度，降低了不动产和贷款的投资力度。由于养老金资产具有期限长、规模大的特点，在基础设施投资特别是为实体经济提供融资支持方面具有先天优势。OECD 调查显示，81.3%的养老金的实际基础设施投资比例要低于预期目标值（见图 4）。往后看，随着越来越多的国家鼓励引导养老金投资基础设施领域以及养老金机构自身责任投资理念的不断提升，预计养老金投资未上市基础设施的比例仍将不断提升。

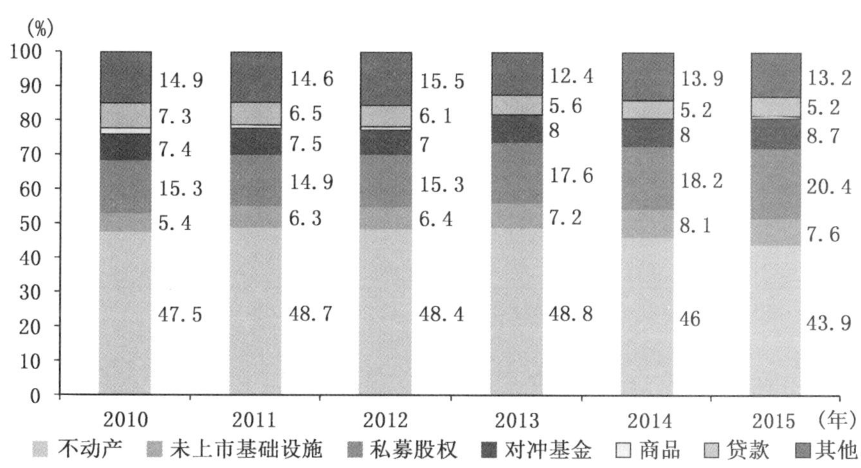

资料来源：OECD，人保资产宏观与战略研究所。

图 4　29 家大型私人部门养老金另类投资的配置结构

（五）不同国家养老金的海外投资比例差异很大，海外资产配置结构也差异较大

由表 4 可以看出，不同国家养老金的海外投资比例差异很大，体现为以下几个特点：一是以荷兰、芬兰、葡萄牙、意大利为主的欧盟国家的海外配置比例较高，这主要受制于本国资本市场的容量限制，但海外配置资产仍多数分布于欧盟区域内；二是以日本、韩国为主的国家为了应对低利率环境提升投资收益率而加大海外投资比例；三是以泰国、巴西、塞尔维亚为代表国家的海外资产配置比例非常低，这主要受本国外汇政策、投资政策以及投资管理机构海外投资经验等因素影响。此外，美国由于自身拥有发达的资本市场，养老金海外投资比例一直较低。从主要 OECD 国家私人部门养老

金的海外资产配置结构看(见图5),大类资产结构差异很大,这可能与受托管理机构的风险偏好相关,也可能与海外投资政策限制有关。

表4 **主要国家(地区)私人部门养老金的海外投资占比** (单位:%)

OECD	海外投资	OECD	海外投资	非OECD	海外投资	非OECD	海外投资
荷兰	81.3	爱沙尼亚	75.7	保加利亚	47.8	中国香港	46.8
斯洛伐克	74.9	芬兰	72.0	秘鲁	37.6	圭亚那	30.6
拉脱维亚	66.4	葡萄牙	63.7	博茨瓦纳	30.1	亚美尼亚	29.4
意大利	59.4	斯洛文尼亚	53.1	毛里求斯	29.2	哥伦比亚	28.9
新西兰	48.8	西班牙	45.5	苏里南	28.3	马其顿	28.2
瑞士	40.8	智利	39	南非	20.1	尼日利亚	11.2
加拿大	32.9	挪威	28.8	乌拉圭	10.0	赞比亚	9.7
丹麦	28.7	英国	26.8	牙买加	9.5	克罗地亚	9.2
日本	26.6	冰岛	23.3	哥斯达黎加	7.4	马来西亚	6.7
澳大利亚	19.3	以色列	17.3	罗马尼亚	6.3	泰国	0.8
瑞典	16.2	捷克	14.5	塞尔维亚	0.4	巴西	0.2
墨西哥	11.3	韩国	10.9				

资料来源:OECD,人保资产宏观与战略研究所。

三、对我国商业养老保险资金投资管理的启示

与OECD主要国家相比,我国商业养老保险资金的投资管理面临市场体制、经济环境、资本市场和参与人风险偏好等方面的差异,但主要OECD国家已经在养老金投资管理方面积攒了丰富经验,仍可为我国商业养老保险资金的投资管理提供有益借鉴。

(一)大类资产比例监管应结合中国实际国情确定

虽然美国、英国和澳大利亚等国家采用了"谨慎人原则",未对养老金投资资产进行过多的比例监管约束,但绝大多数OECD国家面临着不同的投资环境,仍然维持了差异化的大类资产比例限制。考虑到我国资本市场发展还不够成熟,内部养老金管理机构治理情况、资产配置流程等不够完善,参考目前国内对保险资金、企业年金和基本养老金都采取了大类资产比例监管约束,我们认为采用一定数量化比例监管的指导性原则更符合我国的实际国情。

(二)权益资产投资比例要体现投资管理人的风险承担水平

考虑到权益配置比例与投资管理人的风险偏好相关,对于像DB计划及保险公司

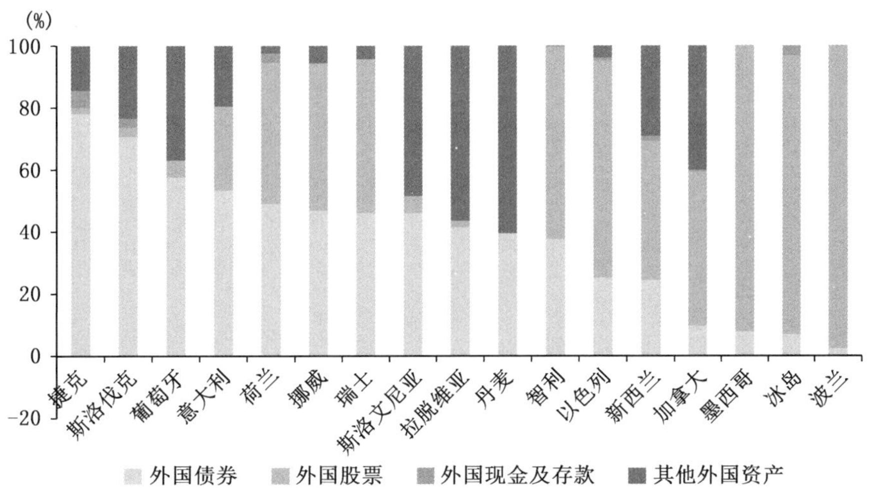

资料来源：OECD，人保资产宏观与战略研究所。

图 5 代表性 OECD 国家私人部门养老金的海外资产配置情况

承担投资风险的保险产品来说，投资管理人更多的是从资产负债匹配角度，并充分考虑偿付能力约束下的永续经营因素进行稳健投资；而对于风险由参与人承担的 DC 计划和投资连结保险，投资管理人不承担投资风险，在充分权衡养老金资产的长期限属性的情况下，可以适度加大权益类资产配置比例，来为参与人获取更高的长期投资收益。

（三）养老金投资应更关注长期投资收益而非短期波动

不仅国外主要国家的权益能够贡献更高的长期收益，从长期看，我国权益市场也能够贡献客观的长期收益，这意味着商业养老金的投资管理应更加关注长期投资收益而非短期波动。与公募基金更加关注当期业绩排名不同，养老金资产首要的投资目标是能够跑赢通胀的长期收益水平。如果过于关注短期波动和投资绩效容易错过可能的投资机会。例如，在未来我国资管新规净值化要求下以及新金融工具会计准则下，金融资产的公允价值变动都将在当期绩效中得以体现。如果过于关注短期投资绩效的波动，一方面可能会导致固定收益资产投资偏重右侧交易，容易忽略债券的配置价值；另一方面可能会导致权益投资的顺周期效应，容易导致在股票市场高位时持有过高的仓位水平，长期投资理念更能够培养养老金管理人的逆周期投资观念（见表 5）。

表 5 我国股票型基金的长期投资收益情况

	近 5 年平均算术收益率	近 10 年平均算术收益率	近 15 年平均算术收益率	近 5 年平均复合收益率	近 10 年平均复合收益率	近 15 年平均复合收益率
股票型基金	9.51%	10.95%	20.78%	8.78%	11.53%	29.69%

资料来源：Wind，人保资产宏观与战略研究所。

（四）养老金投资要在责任投资和服务实体经济方面更有作为

OECD 主要国家近年来不断加强以未上市基础设施和私募股权为代表的另类资产的投资力度，表明国际养老金机构越来越重视对责任投资及实体经济领域的投资力度。考虑到养老金资产期限较长而且规模较大，是实体经济发展重要的长期资金提供者；同时，养老金投资与实体经济相关的另类项目有助于获取流动性溢价带来的超额收益，有助于提升整体投资组合的收益率水平。国际做法也为我国养老金加大支持实体经济力度提供了经验支持，未来我国商业养老保险资金有望持续加大与国家重大发展战略和重要民生工程相关的融资项目的投资力度。

（五）可以适度开展海外投资以分散组合风险和提升投资收益

OECD 主要国家的海外投资比例和资产配置结构差异很大，这体现了各国海外投资所面临的不同环境。尽管我国商业养老保险资金管理机构的境外投资能力有待进一步提升，但在当前我国经济发展正处于新旧动能转化向高质量发展转变的换挡时期，中短期市场利率或有波动，长期看仍将面临利率下行趋势，仍将面临低利率环境下的资产配置荒问题。为提升商业养老保险资金的投资收益率水平，确保长期投资收益率能够跑赢通胀水平，仍有必要在政策允许的范围内适度开展海外投资。

四、对我国商业养老保险资金投资管理的建议

结合国外养老金的投资管理经验启示，我们认为我国商业养老保险资金的投资管理可从以下几个方面进行完善。

一是更加注重商业养老保险资金的资产负债管理。由于个税递延养老保险中 A 类和 B 类产品的经营风险主要由保险公司承担，这类养老金的期限比传统保险资金期限结构还要长，平均期限在 15 年以上甚至更长，收益要求也比基本养老金、社保基金和企业年金要求更高；在资产端由于国内社会融资结构自身的特点，债券供给一直满足不了以保险资金为主的机构资金的配置需要，而且我国债券资产的期限结构多以 5 年期以下为主。无论是从期限结构上还是供给数量上都无法满足商业养老保险资金的期限匹配要求，负债端与资产端长期存在的期限错配会给养老金投资带来更大的资产负债管理压力。建议未来个税递延商业养老保险资金更加注重资产负债匹配管理，从监管方面给予更严格的资产负债管理约束限制，比如在现有资产负债监管规则制度中采用差异化的监管方式，在资产负债期限匹配方面给予个税递延养老保险资金更高的评分占比要求。

二是鼓励开发多投资策略的 C 类税优养老保险产品。一方面绝大多数 OECD 国家同时具有 DB 属性和 DC 属性的私人养老产品，而且近年来 DC 属性产品的占比不断提升；另一方面财政部要求个人税收递延养老保险试点期间加快制定银行、公募基金类产品指引等相关规定，意味着未来个人商业养老资金账户的投资标的选择并非仅

局限于保险产品。为提升个税递延养老保险产品同公募基金等产品的竞争优势，建议鼓励保险机构开发多投资策略的C类产品，特别是探索具有生命周期特性的个税递延养老产品，以丰富的“产品线”为商业养老保险参与人提供差异化的服务。

三是适度提升权益类资产和另类资产的投资比例。由于个税递延商业养老保险资金的主要投资收益目标是抵抗通货膨胀，从国际趋势看权益类资产成为养老金获取长期超额回报的主要资产之一，是跑赢通胀目标实现养老金资金升值保值而不可或缺的类别资产。同时，未来个税递延商业养老资金有望持续参与“一带一路”、京津冀协同发展、供给侧结构性改革、长江经济带等国家重大发展战略和重要民生工程的融资项目，并且商业养老资金的长期属性能够抵抗更高的流动性约束。为了进一步缓解个税递延商业养老保险资金的资产负债匹配压力，建议保险公司可适度提高普通账户权益资产和另类资产的投资比例。

四是探讨实行长期业绩比较基准的可行性。目前商业养老保险产品中C类产品资金的业绩比较基准仍与公募基金产品类似。公募基金不仅每年有业绩排名压力，而且申购人更多的是短期理财需求；相反，C类产品有着长期跑赢通胀的投资收益率要求和申购人长期储蓄的需求，二者存在投资收益目标的期限差异。如果像公募基金那样过于关注短期的业绩，容易错过可能的投资机会。考虑到C类产品个税递延养老金的长期属性，建议业绩比较基准不要过于短期化，可以以过去三年至五年甚至更长期限内的平均收益水平作为业绩比较基准。

（本文获“长江养老杯·IAMAC 2018—2019年度征文”三等奖）

美国 REITs 模式对中国养老地产发展的启示

潘伟智　陈　瑞*

随着中国老龄化的加速，养老地产发展空间广阔。养老地产核心在后续运营，主要盈利来自租金、服务费收入和持有不动产升值，投资回收周期长，在开发和运营阶段均需要有长久期、低成本的稳定资金支持，这与目前追求高杠杆、快周转的房地产开发有本质区别。在美国，养老地产投融资主要通过 REITs 的产品模式进行，养老地产重资产、长周期特点与 REITs 模式的属性十分契合，并为投资者带来投资价值。我们认为，REITs 模式不但能够为融资方提供长久期、低成本的资金，同时能够为投资者带来实在的投资价值，实现双赢。美国的 REITs 模式能为中国养老地产发展提供可复制、可借鉴的经验，促进国内养老地产行业的发展。

一、不动产信托投资基金概述

根据美国不动产投资信托基金协会（NAREIT）的定义，不动产投资信托基金（REITs）是一个持有、运营或提供不动产融资的经营实体。从形态来说，REITs 与公募基金的模式类似，通过资金池汇集分散的投资者的资金，将资金投向房地产并获得投资收益，并按法定最低比例将投资收益通过分红方式分配给投资者。REITs 最早于 1960 年出现在美国，截至 2017 年全球 REITs 总规模已超 2 万亿美元，其中上市 REITs 占总规模的 90%，约 1.8 万亿美元。美国作为 REITs 最成熟市场，目前上市 REITs 总规模为 1.19 万亿美元，约占全球的 65.7%。根据组织形式不同，可以分为公司型和信托型两类，公司型 REITs 在美国占主体地位。

根据资金投向不同，REITs 可分为权益型、抵押型。① 其中，权益型 REITs 拥有不动产的产权，经营不动产并提供物业管理服务。以期获得不动产的经营收入和享受

---

* 潘伟智、陈瑞，太平资产管理有限公司信用评估部。

① 很多文献将混合型 REITs 作为第三个分类，混合型 REITs 从定义上是上述两种类型的混合，既拥有并经营不动产，同时又向不动产所有者和开发商融资。但由于美国市场上混合型 REITs 逐渐消失，NAREIT 取消了混合型 REITs 的分类，根据业务属性将存量 REITs 重分类为前述两类。

不动产的增值。权益型 REITs 是最常见的类型，根据 NAREIT 的统计数据，在美国的 REITs 中，99%为权益型 REITs。另一类是抵押型 REITs，抵押型 REITs 通过直接向不动产所有者或开发商提供抵押信贷、或购买抵押贷款支持证券间接向不动产提供融资，其现金流来源主要为对应的融资利息，在美国，抵押型 REITs 占比只有 1%，并不是主流的产品形式。以永续股权资金为主的特征，能够为 REITs 的融资人提供稳定长久期的资金。

美国市场上 REITs 的可投物业类型十分广泛，例如购物中心、公寓、写字楼、医院、酒店、仓库、基础设施、数据中心甚至林场等，根据 NAREIT 的统计数据，最常见的投资标的为购物中心，其次为公寓、基础设施、写字楼和医院等。详细的投资标的分类参见图 1。

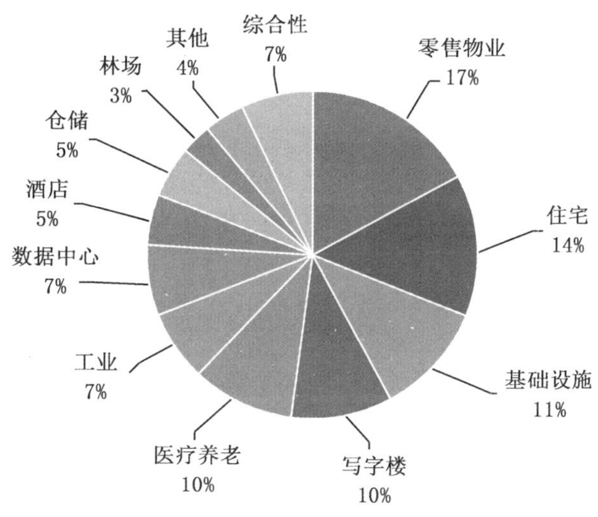

资料来源：NAREIT。

图 1　美国 REITs 投资标的占比(单位：%)

根据上述资产类型分类，与养老地产行业相关的 REITs 被划分为医养 REITs，医养 REITs 专注于投资医养相关不动产，并向客户提供医疗、养老服务，收取租金、服务费等并通过分红将收益与投资者分享。具体来说，医养 REITs 的主要不动产投资标的包括养老院、护理院、医疗办公楼等。随着养老地产行业的发展，REITs 逐渐成为美国的养老地产行业的主要力量。根据美国老年住宅协会(ASHA)的数据显示，全美前五大养老地产运营商中四家是以 REITs 的形式运营的，REITs 持有全美约一半的养老地产。美国 REITs 的资金的稳定性契合了养老地产重资产的行业属性，也是行业发展的必然结果。

二、美国医养 REITs 经营模式

美国的医养 REITs 运营模式通常可以分为净租赁(net lease)模式和委托经营模式。

净租赁是指 REITs 把物业租赁给独立第三方运营商(通常为普通公司,以 Brookdale 为代表)进行管理,运营商除支付租金,还需要支付房产税、房屋保险及物业维护费等,REITs 公司每年收取固定的租金,用这种模式进行运营的主要原因是:在原来美国税收法律框架下,REITs 必须将运营外包给第三方,否则无法享受免税的待遇。在净租赁模式下,REITs 不承担经营风险,也不享受经营收益,所有的风险均由运营商承担。因为税收制度的原因,同时由于运营风险低,是 REITs 的传统运营模式。

委托经营模式,是指 REITs 将旗下物业托管给运营商,运营商与 REITs 签订稳定的管理费协议,REITs 自身需要承担经营风险,但同时也享受超额收益。在 2008 年美国颁布了《REITs 投资多元化和赋能法案》(简称 RIDEA)之后,允许 REITs 公司设立应税子公司(taxable REITs Subsidiary)进行物业运营管理,REITs 开始采用委托经营的模式运营。在这样的模式下,风险和收益均高于净租赁模式。

从现阶段美国大型医疗 REITs 的运营模式看,委托经营模式的收入比重呈现上升趋势。从收入规模看,美国养老地产 REITs 三巨头 Welltower、Ventas 和 HCP 在 2017 年的收入分布:委托经营模式的收入贡献占比分别为 39.5%、51.6%和 28.4%,对应的净租赁收入贡献分别为 43.3%、23.6%和 17.0%,委托经营模式的发展有了长足的进步。我们认为,净租赁和委托经营模式并存,是医养 REITs 公司在股东价值最大化的目标下调整自己经营模式的选择,委托模式替代租赁模式的趋势在未来一段时间仍将持续。

三、医养 REITs 对养老金投资管理的意义

(一)养老金投资组合增加 REITs 配置能够有效的提升收益水平

从资产配置的角度说,REITs 属于另类资产的一种,是独立于传统股票、债券的资产大类,相比股票债券,REITs 拥有独特的风险收益特征。从养老金投资管理的角度说,在投资组合中加入 REITs 能提升收益水平并分散风险。根据 NAREIT 的统计数据,从 2000 年到 2017 年,REITs 的全回报投资收益超过同期的美股投资和美债(见图 2)。由于 REITs 根据法律规定,有最低不低于 90%的分红比率要求,REITs 的股息率相对于股票来说更高,REITs 是少数的与股票之外的能够提供稳定分红和资本增值的资产类别,总收益相对于股票更具有吸引力。

除了收益率更好以外,由于 REITs 主要投资于实物资产,其关联度与股票市场总体来说并不高,并且随着市场的正常化而在过去十几年处于下降趋势。根据巴克莱银

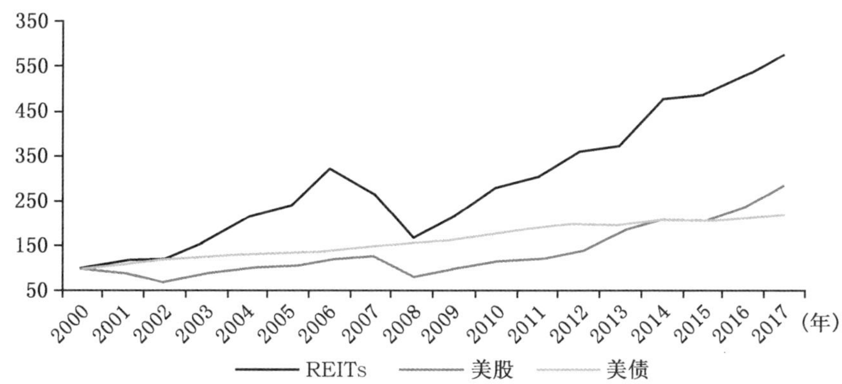

资料来源:彭博。

图 2 REITs 的回报超过股票和债券

行整理的数据显示,以 2017 年为基准,REITs 指数与主要股票指数的相关系数呈现下降趋势,过去 3—5 年的相关系数均在 0.5 以下(见表 1)。2000 年科技股股灾后,REITs 作为投资标的吸引力在逐渐上升,美国市场逐渐将 REITs 作为一个单独的另类资产来研究和投资,而不是作为股票的一个行业,REITs 的走势更多的与房地产实物价格趋同。

表 1　　REITs 和美股关联性较弱

收益	3 年	5 年	10 年	15 年
标普 500	0.52	0.36	0.74	0.70
道琼斯	0.49	0.30	0.69	0.65
纳斯达克	0.40	0.26	0.66	0.62
罗素 2000	0.43	0.32	0.75	0.72
罗素中小盘	0.57	0.45	0.79	0.75

资料来源:巴克莱银行。

从投资组合配置的角度说,在投资组合中加入 REITs 的配置,能够提升投资组合的风险调整收益水平,这与前述的 REITs 与股票市场总体相关性不高的特性相一致,由于 REITs 的属性更偏股票,因此与债券的相关性更低。富达基金于 2016 发布的报告的数据显示,在传统的 60—40 组合中加入 REITs 的配置,能够显著地提升风险调整的收益水平。如表 2 所示,随着 REITs 的配置比例上升,投资组合的夏普比率相对于未加入 REITs 的组合来说得到了明显的提升。

表 2　　假设投资组合的变化和对应的夏普比率变化

	组合 1	组合 2	组合 3	组合 4	组合 5
投资组合	80%股票 20%债券	60%股票 40%债券	55%股票 35%债券 10%REITs	40%股 40%债券 20%REITs	33.3%股票 33.3%债券 33.3%REITs
夏普比率	0.48	0.55	0.61	0.63	0.58

资料来源:Morningstar,Fidelity。

综合来说,在投资组合中加入以 REITs 为代表的房地产资产配置,能够有效地提升风险调整的收益。从美国的养老金投资实践来说,由于 REITs 在法律地位上与普通的公募基金并无区别,美国的养老金对相关行业的跟踪配置十分方便。美股的指数,比如标普 500 指数也已经将 REITs 纳入指数成分股,其他指数也有相应的板块成分股。

(二)REITs 的投融资模式能为养老地产行业提供长期稳定资金

从美国的历史经验看,发展 REITs 是医养产业发展、特别是养老地产行业发展的必然结果。医养产业是养老保障体系的第三支柱的重要组成部分。REITs 成为不动产融资的主流形式、拓宽养老地产商的融资来源、对接整个产业链中最重资产的部分的融资,让其他的医养服务提供商能够轻资产转型。美国养老产业的融资渠道主要是政府政策补贴(购房资金补助、工程项目房租补贴合同)、保险对接(购买人寿保险为养老社区门槛)和 REITs 三种形式。与传统地产行业不同,养老产业投资规模大、资金流动性弱、利润回报周期长,没有稳定长期的资金投入和支持,很难维持长期运营。从养老地产行业的发展历程看,最初也是由开发商自建养老社区,然后自己持有和管理。但是,由于资金的大量占用,迫使许多开发商开始寻求新的盈利模式,或者转型成为专业的运营商、以轻资产模式发挥规模效应,或者致力于开发销售模式、为投资商和运营商提供物业开发服务。在这条探寻的道路上,由于 REITs 具有收益稳定、税收透明等优势,最终成为美国养老地产行业主流融资渠道。

四、REITs 模式为中国养老地产行业发展提供可借鉴的经验

(一)税收政策制约中国 REITs 发展,税收优惠缺乏是主要障碍

中国实际上很早就开始了 REITs 的试点工作,但由于法律、税收和市场培育的缺陷,REITs 作为一个资产类别并没有得到很快的发展。从 2000 年开始至今,大致可以分为萌芽期、停滞期、试点期和加速期四个阶段(见表 3)。

表 3　　中国 REITs 政策发展和推进进程

2001—2005 年	萌芽期	2001 年信托法颁布，涉及房地产信托业务 2005 年越秀 REITs 香港上市
2006—2008 年	停滞期	2006 年 6 部委发文限制外资投资中国房地产，越秀模式被叫停 2008 年 REITs 重新被国务院、央行提及
2009—2013 年	试点期	2009 年 11 部委成立 REITs 协调小组 2010 年京津沪试点保障房 REITs
2014 年至今	加速期	央行、银监会、住建部发文积极推进 REITs 试点工作 2014 年类 REITs 中信起航成功发行，类 REITs 产品加速发展

资料来源：中国 REITs 联盟，中信证券。

从现有的产品看，已经发行的产品均为类 REITs 产品，以结构化产品为主，核心为原始权益人的债权融资或者结构化融资，这是在现有税制框架下的必然选择。从美国的经验看，税收优惠政策是 REITs 得以迅速发展的一个重要原因，REITs 只要符合股权结构、资产、收入、分配等方面的相关条件，就具备享受优惠政策的资格；同时 REITs 架构保持税收中性，分配给投资者的分红部分可以在所得税前予以扣除。而在我国现行的税收制度下，不动产的交易和经营税负较重。当前，在 REITs 的设立、运营和终止中，按我国的税收体制可能涉及多种税收。在 REITs 设立阶段，物业所有者将物业转让给 REITs，可能涉及土地增值税、转让收入所得税、营业税、契税、印花税等各类税收。其中土地增值税是税负最重的一种潜在税收，增值部分征收比例在 30%以上，将大大降低融资人发行 REITs 产品的动力和 REITs 产品的收益率。在 REITs 运营阶段，REITs 可能面临双重征税，也即在 REITs 层面征收企业所得税，在投资者层面再征收所得税，在 REITs 的中止阶段，物业的处置也可能涉及 REITs 设立阶段的种种税收。种类繁多的税收将严重影响 REITs 产品的收益率，降低其对投资者的吸引力（见表 4）。根据中金公司的测算，如果采用与美国类似的税收减免政策，中国 REITs 的回报率平均可提升 2—3 个百分点，将较大程度提升 REITs 对投资者的吸引力。

表 4　　中国 REITs 相关税收梳理

流程	交易方式	征税对象	应税行为	计税依据	税率
发起设立	SPV 收购资产	资产卖方	增值税	转让收入	5%或 11%
			增值税附加	增值税	12%
			土地增值税	土地增值额	30%—60%
			印花税	合同金额	0.05%
			企业所得税	应纳税所得	25%
		资产买方	契税	交易金额	3%—5%
			印花税	合同金额	0.05%
	REITs 收购股权	股权卖方	企业所得税	应纳税所得	25%
			印花税	合同金额	0.05%
		股权买方	印花税	合同金额	0.05%
持有运营	物业运营	项目公司	增值税	租金收入	5%或 11%
			增值税附加	增值税	12%
			印花税	租金收入	0.05%
			企业所得税	应纳税所得	25%

资料来源:北大光华研究院。

(二)保险资金在养老地产发展中的新机遇

我国养老地产从 2001 年以北京太阳城项目开始,就开始了尝试。2000 年到 2010 年的 10 年间,养老地产的发展模式仍沿袭传统地产的开发理念,为了现金流平衡而强调销售,后期运营、服务水平较差,服务多有缩水。之前的标杆项目太阳城项目的配套医院因为资不抵债、股权纠纷而于 2017 年关停。

在中国老龄化加速,需求亟待满足的背景下,从 2010 年开始,国家政策开始逐步倾斜,同时金融机构、特别是保险机构的资金运用限制在逐步解除。保险机构投资股权和不动产的限制放开后,保险资金开始介入养老地产的发展,产品逐渐多元化。2010 年,泰康人寿在获得养老社区试点资格后,成立子公司泰康之家进行养老社区建设,8 年间在国内已经建立了 12 个养老社区,是保险系养老地产的领先者。其他的如太平人寿的梧桐人家、新华保险的新华人家、合众人寿的优年生活社区、平安集团的平安养老社区(桐乡)、中国人寿的国寿嘉园等。

从运营和融资的角度看,保险公司有天然的资金优势。能够为养老社区的持续运营提供资金支持,真正实现类似美国养老地产行业持续照料退休社区(CCRC)的运营模式。同时,保险公司多借鉴美国市场的保单挂钩模式,将养老社区门槛与寿险捆绑销售，让养老社区获得低成本的资金。从现有的项目的实践看，主要以自建为主，融资有自有资金、债务资金（如国开行贷款）和保费收入。但由于自建项目周期长，对资金占用较大，险资仍有在持有期降低财务风险的需求。前文中已经提到过，在养老地产开发运营过程中引入 REITs 可以很好地解决国内养老地产的融资问题，缩短养老地产投资回收期，提升收益率。因此，鼓励发展 REITs 将会给整个养老产业注入新的血液，同时为包括养老金在内的险资拓宽投资渠道，提升收益水平，有利于实现养老产品和投资者的双赢。

五、结语

养老地产的核心在后续运营和持续照护服务，其主要盈利来自长期租金收入、相关服务费收入和不动产资产升值，现金回收期长，在开发和运营阶段均需要低成本、长期限资金支持，这一点与目前追求高杠杆和快周转的房地产开发有本质区别。在融资渠道受限、无法获得长周期和低成本资金支持的情况下，养老地产企业必须利用物业销售回款来平衡现金流。而 REITs 融资模式的核心是权益融资，这将大大降低高杠杆带来的周转回款压力。在权益型公募 REITs 破冰之后，包括养老金在内的长期资金能够方便投资不动产，分享稳定的分红和资产增值的收益，而养老地产运营商得以获得低成本、长期限资金，从而实现双赢。

（本文获“长江养老杯・IAMAC 2018—2019 年度征文”优秀奖）

以参与中国香港市场为契机，积极布局养老金海外市场

朱 炜 陆 悦*

中国香港市场在内地资本市场发展的过程中提供了连接全球的纽带，并为内地机构参与国际竞争提供了重要平台。从当前来看，养老金投资港股市场的时机已经较为成熟，港股市场具有A股所不具有的稀缺行业和投资标的，符合养老金管理公司绝对收益配置目标，并且投资港股市场有利于适当分散养老金的投资风险。未来养老金管理公司可通过持续探索养老金投资港股市场，直接或间接参与中国香港养老金管理，以及加强与中国香港地区优秀养老金管理公司的深度合作，持续实现在海外市场的长足发展。

一、内地资本市场发展过程中香港市场的重要地位

中国香港是世界上最自由的经济体之一，也是全球重要的商业、旅游、航空、海运和物流枢纽之一，在地理区位、金融市场、人力资源及资本配置等方面具有独特优势。面对全球金融经济格局的变化，中国香港充分发挥连接内地与世界的枢纽作用，推动资本市场创新发展，在内地资本市场改革发展过程中发挥了不可替代的作用，与内地市场相互促进、相互成长。

第一，中国香港成为内地资本市场连接全球的纽带。中国香港GDP与资本市场总市值的比例接近1∶15，这一巨大比值差异的背后，正是内地市场大量的拟上市公司、机构投资者和散户投资者与香港市场互联互通的结果。2014年以来，沪港通、深港通先后开放。截至目前，沪深港通累计成交金额超过10万亿元，基金互认、债券通也相继启动，不仅吸引了资本、技术、信息、智慧汇集两地，也为内地资本市场与全球其他市场之间的互联互通积累了重要经验。过去两年，保险资金、公募基金等机构资金积极配置港股。根据中资协公布的数据，截至2017年末，共有50余家保险机构和20

---

* 朱炜，长江养老保险股份有限公司战略行政部(董监办)总经理；陆悦，长江养老保险股份有限公司战略行政部(董监办)高级分析师。

余家保险资产管理公司在中国香港市场开展投资业务，有七成以上以港股通为主要投资方向。长江养老等养老金管理公司也在不断积累自身通过保险资金投资港股通的经验，积极探索养老金的境外投资，为今后养老金的全球化配置打下良好的基础。

第二，中国香港为内地机构参与国际竞争提供了重要平台。目前，内地已有30家证券公司、24家基金管理公司、19家期货公司在中国香港收购或设立子公司，近30家内地银行也在中国香港设立50余家分支机构，大型的保险金融集团也都探索在中国香港设立子公司，太保集团已设立中国太平洋（香港）有限公司和中国太保投资管理（香港）有限公司，提供财产保险和资产管理服务。2017年中国香港资本市场首次公开发行的股票数量达到261只，融资规模达到了1 282亿港元，上市公司中的中资公司数量、市值在中国香港市场占比分别超过5成和6成。经过中国香港市场的磨砺与检验，这些机构竞争力和影响力日益提升，为参与全球范围资源配置，服务企业“走出去”和“引进来”发挥了重要作用。

二、养老金行业探索参与香港市场配置的必要性和适时性

（一）港股市场主要是境内投资者熟悉的资产，且具有A股所不具有的稀缺行业和投资标的

随着内地企业在中国香港上市的增加，港股市场早已是一个中国资产的集中地，同时港股市场有诸多A股所不具有的行业和个股，例如以腾讯为代表的新经济龙头类公司等。尽管2018年港股新经济板块伴随港股市场的波动而降温，但是通过回调挤出了新经济中的估值泡沫，对市场的良性发展更有裨益。随着行业从新兴走向相对成熟，新经济公司有着强大的业务模式和广阔的增长前景。目前，在市场较为低迷的情况下，仍然有大量新经济公司准备赴港上市，因此，未来港股市场在新经济等稀缺标的方面仍有很大优势。因此，只有同时配置了A股市场和港股市场的中国核心资产，才真正完整构建了符合时代特征的中国核心资产投资组合。

（二）港股市场特征符合养老金管理公司绝对收益配置目标

养老金管理公司掌握着重要的长期投资资金，追求稳健的绝对收益，从港股市的投资者结构特征来看，近十年来机构投资者一直扮演着主力军的角色。近年数据显示，机构投资者的市场占比在50%左右，对于推动港股市场价值投资理念的形成以及资本市场制度的不断完善都起到了十分积极的作用。反之，中国香港市场成熟的体系也成为了吸引机构投资者参与的重要原因，形成良性互动。历史数据中，来自英国、美国、澳大利亚、新加坡等海外资金约占市场的60%－70%，这些地区的保险资金、各类社会保障基金、共同基金、对冲基金、私募股权基金、主权财富基金等都积极参与港股市场，并取得了较好的回报。

(三)港股市场与A股波动率不同,包含与内地经济相关性较小的资产

港股通包括了与内地经济相关性较小的资产,可以分散投资风险。目前中国内地投资者,包括基本养老保险基金、企业年金基金等养老金,投资的标的几乎全部与内地有关,但港股市场还有许多与内地经济相关性较小的资产,如国际大银行、大保险、中国香港本地的消费股等。通过港股通投资这些标的,可以适当地分散风险。尽管港股市场上市的资产很大程度上是境内资产,但由于有需要全球来去自由的资金,波动与A股市场大相径庭,过去5年两者的相关性只有0.6左右,养老金同时投资港股和内地市场,可以适当分散风险,提高养老金投资的有效边界,提高经风险调整后的投资收益率。

(四)养老金投资港股市场的时机已较为成熟

从港股通开通以来,内地资金持续通过港股通流入港股,且逐年加速流动。目前整体市场来看,投资港股的趋势已经形成。同时港股通开通3年多来的实践,也为市场培养了一批具有实操经验的人才。因此从内部和外部条件来看,开放养老金投资港股通的时机已经成熟。2018年,全球各大指数的波动率加大,虽然港股各主要指数的年化波动率相对较高,但从指数波动率与收益的匹配度来看,港股各指数均处于第一梯队中,估值洼地的投资价值凸显,目前部分香港和内地同时上市的股票折价率仍然达到50%以上,探索养老金投资港股市场符合投资趋势。

三、未来养老金管理公司参与中国香港市场的途径

(一)持续探索内地养老金的香港地区市场配置

年金是养老金管理公司的核心业务,从此前颁布的相关制度来看,年金的市场化投资相比全国社保基金、保险资金更加严格。对比三者的投资范围,可以发现全国社保基金和保险资金的投资范围更广,且可以开展境外投资。而根据同业交流的情况来看,目前我国企业年金资产配置主要集中在固定收益类,约占70%－80%左右,权益类资产配置占比相对较低,不足20%,同时尚未开展境外投资,资产配置的风险分散作用未能充分发挥(见表1)。

表1　企业年金、全国社保基金、保险资金、共同基金历年投资管理业绩比较

年份	企业年金(%)	全国社保基金(%)	保险资金(%)
2007	41	43.19	12.17
2008	－1.83	－6.79	1.91
2009	7.78	16.12	6.41
2010	3.41	4.23	4.84

续表

年份	企业年金(%)	全国社保基金(%)	保险资金(%)
2011	−0.78	0.84	3.57
2012	5.68	7.01	3.39
2013	3.67	6.2	5.04
2014	9.3	11.69	6.3
2015	9.88	15.14	7.56
2016	3.03	1.73	5.66
2017	5.00	9.68	5.77

数据来源：人力资源和社会保障部《2017 年度全国企业年金基金业务数据摘要》、全国社会保障基金理事会官网、中国银保监会官网。

目前，港股通作为内地投资者参与香港地区证券市场投资的创新形式，已经形成了较为成熟的监管框架和运作模式，规模成熟并处于稳步上升的过程。在探索扩大企业年金投资范围的过程中，总体来看，通过投资港股通实现中国香港市场配置的方式是可行的，这也将为年金投资带来一个新的配置品种，有利于分散风险，提供收益。虽然港股通不属于境外投资，但是由于投资最终标的属于中国香港市场，因此仍具备一定的境外市场特征，年金若能够首先通过港股通参与中国香港市场，将有利于进一步实现全球化的资产配置，更好地推动养老金规模的稳健增长。

（二）适时通过多种方式参与香港养老金市场

在巩固和加速现有养老金业务发展的基础上，内地的养老金管理公司同样可以从公司战略布局出发，探索参与香港地区市场养老金管理的多种途径。一是探索设立香港子公司，直接参与香港地区资本市场资金的委托管理，实现海外业务的突破和延伸；二是探索通过参与持股目前管理强积金等养老金的公司，间接参与香港地区市场的养老金管理。同时，海外机构的设立，也能够成为养老金管理公司与海外市场的联络窗口，促进公司与全球养老金市场的深度交流与合作，提升海外市场信息获取的便捷性，持续推进公司国际化发展战略。

（三）加强与香港优秀养老金管理公司的深度合作

一是推动投资管理经验交流，更好地布局养老金海外市场。从 2018 年最新的强积金投资情况来看，目前主要投资于香港资本市场，但在北美、欧洲和亚洲其他国家（地区）市场具有不小的资产配置比例，形成了多样化的资金成分和全球性的资产分布（见表 2）。未来通过与强积金相关管理机构加强关于全球化的资产配置经验交流，有利于内地养老金管理机构更好地把握养老金在海外市场的资产配置趋势，做出更加合理的投资决策。

表 2　　按基金成分和地域划分的基金资产分配(截至 2018 年 9 月 30 日)

	中国香港	日本	亚洲*	北美洲	欧洲	整体
股票基金	28.45%	0.41%	5.28%	4.06%	2.44%	40.64%
混合资产基金	12.86%	2.57%	3.31%	9.92%	7.71%	36.73%
强积金保守基金	10.81%	0.00%	0.00%	0.00%	0.00%	10.81%
保证基金	6.61%	0.08%	0.08%	0.94%	0.16%	7.87%
债券基金	1.60%	0.17%	0.38%	0.73%	0.59%	3.48%
货币市场基金及其他	0.34%	0.00%	0.13%	0.00%	0.00%	0.47%
整体	60.00%	4.00%	9.00%	15.00%	11.00%	100.00%

* 不包括中国香港和日本,但包括澳洲和印度。

数据来源:中国香港强积金局。

二是加强公司治理经验交流,提升公司运营的合规、稳健、透明。中国香港是一个机构主导的市场,作风相对稳健,内部合规性要求高,因此对于公司治理、财务健康、关联交易等公司基本面更为看重。在未来金融严监管格局下打破刚兑、资产管理产品净值化运行、完善机构公司治理模式等导向下,内地养老金管理公司可加强与香港的优秀养老金管理机构的交流,借鉴好的管理理念和模式。

(本文获"长江养老杯·IAMAC 2018—2019 年度征文"优秀奖)

借鉴海外养老目标基金经验，构建国内第三支柱养老体系

李　真[*]

纵观海外几十年养老目标基金的发展经验，养老目标基金在管理运作上，根据产品定位的不同，会运用多种投资策略。但总体而言，养老目标基金采用多元资产配置策略，严格管理风险，需要一套系统的投资流程推进，自上而下包括：战略资产配置、战术资产配置、风格/行业轮动策略、子基金筛选策略、再平衡策略等。而一个优异的养老产品管理团队应当具备精准定位的产品设计、大类资产配置能力、良好的基金甄选能力和风险管理能力。本文以广发基金养老目标 FOF 团队为例，揭示了我国基金管理机构在养老产品管理中的布局，最后对保险资管公司在第三支柱建设背景下具有的优势和面临机遇进行分析，并就如何参与养老资产管理业务提出建议。

一、我国养老体系建设的迫切需求

目前，我国养老体系结构失衡，第一支柱即社会基本养老保险独大，占比达到80%；第二支柱即企业年金经过多年发展得并不顺利，体量小、覆盖人数少，仅覆盖了2 000 多万人；而第三支柱个人商业养老保险则刚刚起步。而美国则恰恰相反，美国的养老金同样是三大支柱：第一支柱的是公共养老金，也就是美国的基本养老保险，来源主要是社会保险税，且以政府财政作为保障，其规模约 3 万亿美元，占比约 10%；第二支柱雇主养老金规模 2017 年达 19 万亿美元，占比超过 60%；第三支柱个人储蓄养老金的规模近来增长较快，2017 年个人退休账户规模 9 万亿美元，占比近 30%。

我国的第一支柱采取现收现付制，即用现在工作的人所交的养老金来支付退休人员的退休金，现收现付制的好处在于较少受到市场环境的影响，并能够更好地实现收入再分配，但这种体制运行的前提是人口结构的稳定。然而，目前我国人口红利逐步消失，转而面临巨大的老龄化危机，在老龄化社会中，由于工作人口减少而退休人口增多，因此退休人员可分配到的人均收入自然就下滑，这就是导致我国养老金替代率逐

* 李真，华宝证券有限责任公司研究创新部董事副总经理。

年下降的原因。一般来说,如果退休后要维持相同的生活水平,养老金替代率需要在70%以上,若低于50%则会严重影响生活质量,而我国目前的替代率已经低于50%并且还在逐步下滑中,因此建立完善的第三支柱迫在眉睫。

第三支柱采用的是完全累计制,即用年轻时投入的养老金以及投资收益来支付自己退休后的退休金,这种体制的好处是不会受到人口结构的影响,但问题在于会严重受到市场环境的影响,任何一次经济的危机、社会的动荡以及其他重大事件都可能会让资金受到严重损失,而严重的通货膨胀同样会导致购买力的丧失,因此如何科学有效地管理资金变得尤为重要,选择一个好的管理人是让第三支柱更好地起作用的关键一步。

二、养老产品制度建设加速推进

2018年4月11日,财政部、国税总局、人保部、银保监会和证监会5部委联合发文《关于开展个人税收递延型商业养老保险试点的通知》。随后5月7日,银保监会印发《个人税收递延型商业养老保险产品开发指引》。5月18日,银保监会制定并发布了《个人税收递延型商业养老保险业务管理暂行办法》(下称《暂行办法》),从经营要求、产品管理、销售管理、投资管理、财务管理、信息平台管理、服务管理、信息披露等方面对保险公司开展税延养老保险业务提出了具体要求,开启了个人税收递延保险产品的规范化运行之路。6月7日,个人税收递延型养老保险产品,正式在上海市、福建省(含厦门)、苏州工业园区三个试点区域开售,试点期1年。目前具备发行个人税收递延养老产品的保险公司共19家,包括:中国人寿、太平洋人寿、平安养老、新华人寿、太平养老、太平人寿、泰康养老、泰康人寿、阳光人寿、中信保诚、中意人寿、英大人寿、人民人寿、民生人寿、工银安盛人寿、东吴人寿、建信人寿、恒安标准人寿、交银康联人寿。在《暂行办法》中明确了收益确定型、收益保底型、收益浮动型三种类型的递延税收保险产品。

值得关注的是,在《关于开展个人税收递延型商业养老保险试点的通知》中明确提出"试点结束后,根据试点情况,结合养老保险第三支柱制度建设的有关情况,有序扩大参与的金融机构和产品范围,将公募基金等产品纳入个人商业养老账户投资范围";《个人税收递延型商业养老保险业务管理暂行办法》也提及"税延养老保险资金可委托符合条件的投资管理人进行投资管理"。未来,面对庞大的养老需求市场,也需要资产管理机构针对养老型需求提出长久期、风险度低的解决方案,包括产品设计(如目标日期型产品)方案和投资策略解决方案。

为积极参与到养老体系第三支柱建设中,证监会于2018年2月11日颁布了《养老目标证券投资基金指引(试行)》,对养老基金的形式、投资目标、投资风险、投资策略、投资限制、投资标的都做了明确规范,从制度上明确了养老目标基金需以追求养老资产和长期稳健增值为目的。同时对基金公司以及基金经理的要求也达到了前所未有的高度，要求基金公司成立满 2 年，近三年平均规模（剔除货币）200 亿元以上，投研团队不少于 20 人，其中至少 3 人满足养老目标基金经理的条件，3 年没有重大违法违规行为；基金经理则要求 5 年以上投研经验，其中至少 2 年为证券投资经验或者 5 年以上养老或保险资金资产配置经验，历史业绩稳定、良好，无重大管理失当，近三年没有违法违规行为。从制度上要求管理人的专业性及可靠性。

三、我国养老目标基金发展情况

2018 年 8 月，证监会共审批通过 14 家公司旗下的 14 只养老目标 FOF 基金，这将是我国第一批养老目标 FOF 基金。截至 2018 年 9 月 26 日，已有 3 只养老目标 FOF 面向市场发行，分别是华夏养老 2040 三年持有混合 FOF（募集规模为 2.12 亿元）、中欧预见养老 2035 三年和泰达宏利泰和平衡养老目标三年。

其中，华夏养老 2040 三年和中欧预见养老 2035 三年都采用的目标日期策略，而泰达宏利泰和养老则采用的是目标风险策略基金（见表 1）。

表 1　　三只养老目标基金对比

<table>
<tr><th>基金</th><th>比较基准</th><th colspan="4">权益配置方案</th><th>投资策略</th></tr>
<tr><td rowspan="6">华夏养老
2040 三年</td><td rowspan="6">沪深 300 指数收益率×50%＋上证国债指数收益率×50%</td><td>年份</td><td>下滑曲线中枢</td><td>上限</td><td>下限</td><td rowspan="6">养老目标日期基金</td></tr>
<tr><td>2018—2020</td><td>50%</td><td>60%</td><td>35%</td></tr>
<tr><td>2021—2025</td><td>50%</td><td>60%</td><td>35%</td></tr>
<tr><td>2026—2030</td><td>50%</td><td>60%</td><td>35%</td></tr>
<tr><td>2031—2035</td><td>45%</td><td>55%</td><td>30%</td></tr>
<tr><td>2036—2040</td><td>26%</td><td>36%</td><td>11%</td></tr>
<tr><td rowspan="5">中欧预见养老
2035 三年</td><td rowspan="5">沪深 300 指数收益率×下滑曲线值＋中债综合指数收益率×(1－下滑曲线值)</td><td>年份</td><td colspan="3">权益资产占比</td><td rowspan="5">养老目标日期基金</td></tr>
<tr><td>2018—2022</td><td colspan="3">31.35%～59.41%</td></tr>
<tr><td>2023—2027</td><td colspan="3">17.23%～49.67%</td></tr>
<tr><td>2028—2032</td><td colspan="3">8.35%～35.29%</td></tr>
<tr><td>2033—2037</td><td colspan="3">3.04%～27.07%</td></tr>
</table>

续表

基金	比较基准	权益配置方案	投资策略
泰达宏利泰和养老(FOF)	中证全指指数收益率×50%+中证全债指数收益率×50%	投资于权益类资产的战略配置比例为50%,非权益类资产的战略配置比例为50%,其中权益类资产为股票、股票型基金、以及符合以下两种情况之一的混合型基金:一是基金合同约定股票资产投资比例不低于基金资产的50%;二是最近4个季度末,每季度定期报告披露的股票资产占基金资产的比例不低于50%	目标风险策略基金

资料来源:华宝证券研究创新部。

养老目标基金在我国属于新鲜事物,无论是监管层、投资管理公司还是投资者,都处于摸索阶段;但在海外,尤其是美国,养老目标基金已经发展已久,我国可从其中吸取相应经验。

四、海外养老目标基金发展情况

与国内不同的是,以美国为首的海外公募基金壮大发展与其养老系统是分不开的。美国的养老体系包括5个层级,分别为:政府保障计划、自有住房、雇主发起式养老金计划(DC为主)、个人退休金账户(IRA)、其他资产。

截至2017年底,DC计划中共同基金规模达到4.5万亿美元,占比达到59%;而IRA中规模达到4.3万亿美元,占比47%。其中绝大部分资金投向了权益基金,其次为以养老目标基金为代表的平衡型基金,再次为债券型基金,而货币基金的配置比例最少,占比不到5%。

根据ICI披露,养老目标基金过去10年规模的年复合增长率高达18.28%,其中目标日期基金达到39.93%,是10年中最受欢迎的产品。

(一)海外养老基金主要投资策略

在美国,养老目标基金分为两类:一是目标日期基金;二是生活方式基金(即目标风险基金)。截止至2017年底,目标日期基金规模达到1.12万亿美元,其中87%来自养老资金;而目标风险基金规模达到0.4万亿美元,但其中有44%来自养老资金(见图1)。

1. 目标风险基金

目标风险FOF在经历20多年的发展之后日趋成熟,其明确的风险控制策略和风险收益特征为投资者提供了良好的大类资产配置工具。从美国的发展经验来看,针对投资者不同的风险偏好水平,目标风险FOF一般分为“激进型”“成长型”“稳健型”“平衡型”“保守型”和“收入型”,产品针对的投资者群体风险偏好水平逐级递减。风险水

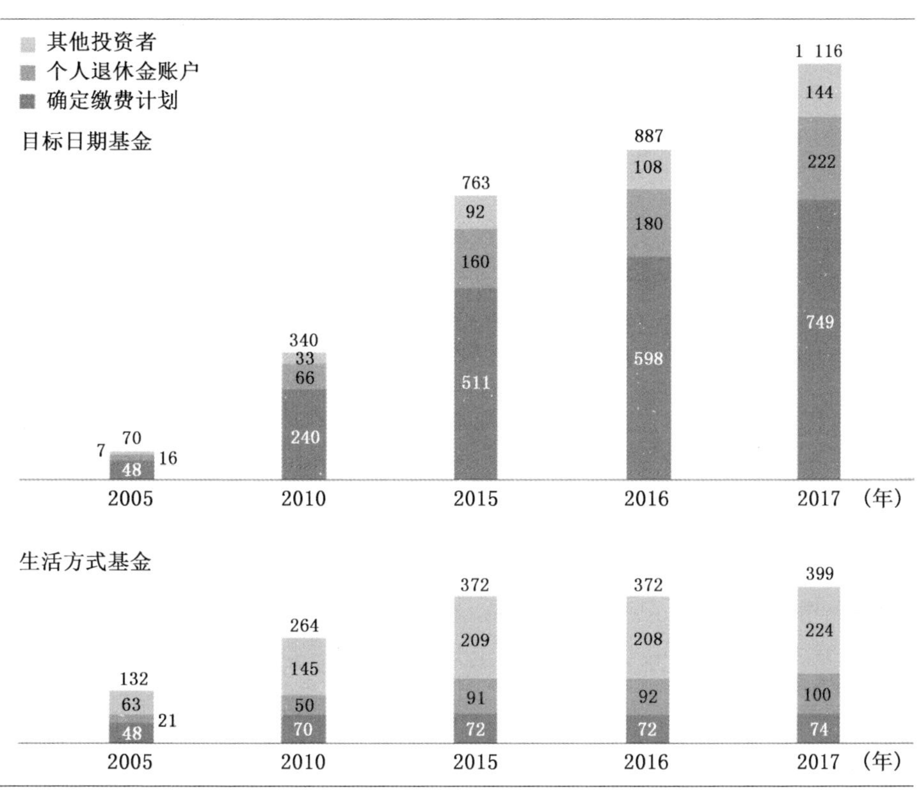

资料来源:ICI华宝证券研究创新部。

图1 美国养老基金规模(单位:亿美元)

平较高的“激进型”“成长型”等类别的产品投资在高风险资产的比重较高;相对的,风险水平较低的“保守型”“收入型”等产品则以投资债券等低风险资产为主。近些年,由于金融危机的发生,美国共同基金投资者对于风险的认识有所提升,对自身的风险偏好和承受能力的衡量也趋于明确,在投资标的的选择上也提出了更加精细化的需求。因而我们可以看到,在美国市场的目标风险FOF产品,分类有进一步细化的趋势,部分共同基金公司的目标风险FOF产品已经在上述的一级分类基础上,针对每一个分类提供了更加细化的、结合不同投资风格的二级分类产品,以满足投资者日益严苛的投资需求。

我们选取了美国John Hancock共同基金公司发行的一系列目标风险FOF产品进行分析,探讨美国目标风险FOF的特点(见表2)。

表 2　　美国 John Hancock 基金公司发行的 6 只目标风险 FOF 系列产品情况

<table>
<tr><th>简　称</th><th>投资目标</th><th>底层基金标的</th><th>底层基金来源</th><th>3 年平均年收益率</th><th>Beta</th><th>Alpha</th></tr>
<tr><td>Lifestyle Aggressive Portfolio</td><td>追求长期资本增值,不考虑当期收入</td><td rowspan="6">1. 权益:大中小盘市值股票、全球市场股票、新兴市场股票、行业类股票、科技类股票、长短期股票
2. 债券:长短期债券、全球市场债券、新兴市场债券、行业类债券、银行贷款
3. 现金</td><td>内部+外部</td><td>5.93%</td><td>0.96</td><td>−4.41</td></tr>
<tr><td>Lifestyle Growth Portfolio</td><td>追求长期资本增值,适当考虑当期收入</td><td>内部+外部</td><td>5.53%</td><td>0.83</td><td>−3.48</td></tr>
<tr><td>Lifestyle Balanced Portfolio</td><td>当期收入与长期资本增值并重</td><td>内部+外部</td><td>4.86%</td><td>0.66</td><td>−2.36</td></tr>
<tr><td>Lifestyle Moderate Portfolio</td><td>追求长期资本增值,同时考虑当期收入</td><td>内部+外部</td><td>4.23%</td><td>0.47</td><td>−1.05</td></tr>
<tr><td>Lifestyle Income Allocation Fund</td><td>追求当期收入高收益,适当考虑资本增值</td><td>内部+外部</td><td>—</td><td>—</td><td>—</td></tr>
<tr><td>Lifestyle Conservative Portfolio</td><td>当期收入与长期资本增值并重,以当期收入增值为主</td><td>内部+外部</td><td>3.45%</td><td>0.29</td><td>0.16</td></tr>
</table>

资料来源:John Hancock 官网,华宝证券研究创新部。

John Hancock 基金公司的目标风险 FOF 系列产品根据投资者风险偏好,将相应的 FOF 产品分为“激进型”“增长型”“稳定型”“平衡型”“保守型”和“收入型”6 类,风险水平逐级递减,从而最近 3 年平均年收益率也从 5.93%降至 3.45%。其投资模式主要以“内部+外部”为主,美国其他基金公司目标风险 FOF 产品也有纯内部投资模式。

投资资产类别广,基金数量多,分散度高:John Hancock 的目标风险 FOF 投资的资产类别非常广泛,并且投资的基金数量众多,其对投资标的的定义和界限划分也非常清晰。子基金标的分类包括股票、债券、现金、优先股和可转换债券等,没有商品、贵金属等类别的投资资产,所配资产将全球市场纳入考量,分散风险,稳定收益。以保守型 FOF 产品 Lifestyle Conservative Portfolio 为例,该产品共投资了 61 只子基金,涉及 17 类资产,资产类别分散度高,单一类别资产最高不超过 30%,基金的分散度也很高,单一基金产品的最高比例不超过 5%(见表 3)。

表 3　　John Hancock 基金 Lifestyle Conservative Portfolio FOF 的持仓基金情况

底层资产名称	底层基金数量	总配比率	最高资产配比率	最低资产配比率
U. S. large-cap equity	11	26.57%	4.85%	0.92%

续表

底层资产名称	底层基金数量	总配比率	最高资产配比率	最低资产配比率
International equity	10	14.63%	2.68%	0.97%
Multi-sector bond	4	11.92%	4.6%	0.97%
Intermediate-term bond	4	11.12%	4.51%	1.58%
Sector	6	5.77%	1.75%	0.5%
U. S. mid-cap equity	3	4.83%	2.22%	0.77%
Bank loan	1	4.3%	4.3%	—
Absolute return	2	3.88%	2.32%	1.56%
Global bond	3	3.17%	1.14%	1.00%
Emerging-market equity	2	3.05%	1.58%	1.47%
High-yield bond	3	2.43%	1.09%	0.53%
U. S. small-cap equity	6	2.29%	0.51%	0.34%
Inflation-protected bond	1	2.13%	2.13%	—
Emerging markets debt	1	1.38%	1.38%	—
Thematic equity	1	1.23%	1.23%	—
Long/short equity	2	1.06%	0.77%	0.29%
Short-term bond	1	0.24%	0.24%	—
Total	61	100%	4.85%	0.29%

资料来源：John Hancock 官网，华宝证券研究创新部。

风险水平在资产配比上有直观体现：对比同一目标风险 FOF 系列下不同风格产品的资产配比可以发现，从“激进型”到“保守型”，权益类资产的配比自然下滑，同时固收类资产的配比逐渐上升，这是其风险水平递减的直观体现（见图 2）。

目标风险 FOF 的投资策略思想为：在风险一定的情况下，选取适当的风险测度指标和方法，设定相应的风险目标值，并在此基础上，以最大化收益为追求，通过优化求解，得到组合中各类资产的最优配置权重。因此，风险的定义方式、风险测度的选取，成为影响投资组合的关键：不同的风险测度指标相对应的指标设定标准和组合权重求解方法均有差异，最终带来组合资产配置权重的不同。在实际的产品设计和投资中，不同的 FOF 产品会选取不同的风险定义和测度。金融风险通常表现为收益或损失的不确定性，一般情况下，会通过某些数量化的指标来具体地刻画绝对和相对风险水平，并以此来构建有限制条件的投资组合。

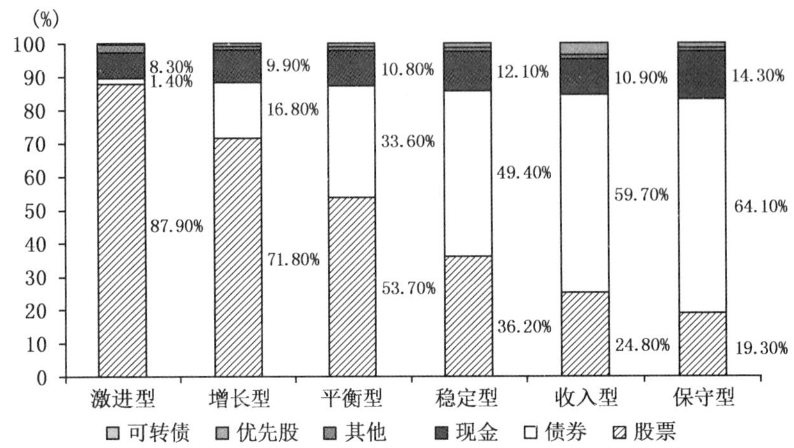

资料来源:John Hancock website,华宝证券研究创新部。

图 2 John Hancock 基金公司目标风险 FOF 资产配比权重

2. 目标日期基金

目标日期 FOF,它属于生命周期型 FOF 的一种,是目前美国共同基金 FOF 中占比最大的一类,也是最受益于 401K 养老计划推动的一类配置型 FOF。目标日期 FOF 的设计以 50 年以上的时间周期为基础,贯穿一个人的生命周期,通常从 25 岁到 95 岁,都有相应的资产配置比例设置,其原理在于认为年龄变化与风险偏好变化有一定的相关关系。在产品的运作期内,针对各类资产的配置比例会设计一个滑行路径(Glide path),滑行路径上,随着风险偏好的变化,会调整资产的配置比重来调整组合的风险水平。对于每一个滑行路径的调仓时点来说,其组合的构建,其实都可以视为一次目标风险 FOF 组合的构建。因此,一个目标日期 FOF,可以说是由多个目标风险 FOF 构成的。

美国发行目标日期 FOF 规模最大的基金公司先锋基金对目标日期基金的发展描述中提到,目标日期基金是可以帮助那些缺乏时间或兴趣去管理自己的退休计划的人建立分散化的投资组合并获取投资目标的一类基金。考虑到不同投资者退休时点的差异,目标日期基金多为"系列型"产品。通常,一个完整的目标日期系列基金包括 10 只以上的产品,如 Vanguard 旗下的"target retirement"系列,不同产品以相隔 5 年的不同退休年份进行命名并加以区分,锁定了 20 岁以上的具有养老需求的投资者(假定投资者 65 岁退休)。

另外,考虑到部分投资者在退休后的理财需求,目标日期基金的产品线设计可以分为两类:"To"系列和"Through"系列。其中,"To"系列产品线中最小目标日期的设置截至当下时点,即基金的存续期截止到投资者退休当年。投资目标在于最大化投资者在退休时的总收益。在目标日期临近时，其权益类资产的配比大幅调降，之后基金将并入 today 或 income 基金继续运行，权益类资产的配比保持不变。"Through"系列产品线中最小目标日期的设置则会延伸至当下时点之前，即基金存续期截止到投资者退休后 10 年到 20 年，如 Vanguard 目标系列中就包含 Target Retirement 2010 和 Target Retirement 2015 两只产品，这类产品在目标日期附近的资产配比相对激进，同时在目标日期之后权益类资产的配比会继续递减。相较于"To"系列而言，"Through"系列的产品线设计不仅考虑到了投资者年轻时对于养老的"储蓄性"投资需求，更考虑到了投资者在退休后对于养老的"消费性"投资需求，投资理念更为完善，同时，整体投资风格也相对激进。

前文提到，目标日期基金最大的特点在于其权益类资产配比的递减，而在实际运作中这一递减操作则是按照具体的滑行路径（Glide path）来执行的（见图 3：Glide path—To&Through 系列），因而关于"Glide path"的设计就成为目标日期产品设计的核心所在，也是不同基金公司旗下目标日期产品差异性的具体体现。

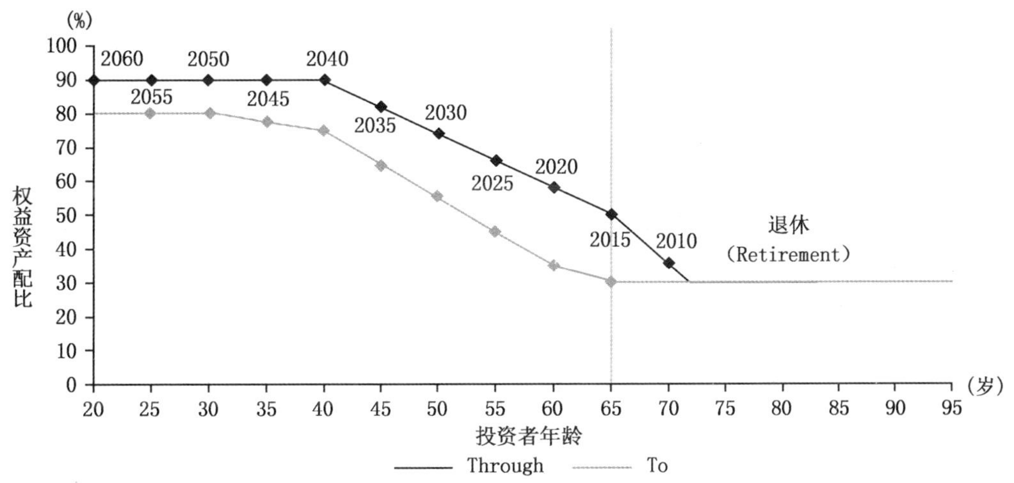

资料来源：华宝证券研究创新部。

图 3　目标日期基金权益资产滑动路径

目标日期 FOF 和目标风险 FOF 针对的人群是不同的，目标日期 FOF 的投资者是将资产配置的决定、组合的构建以及后期的再平衡都交给基金经理来管理的不愿意主动管理的人群，而目标风险 FOF 的投资者是那些对选择基金有困难，但是对自己的风险认知清晰，渴望在生命周期中主动管理自己的投资目标的人群。

（二）海外养老目标基金发行主体情况

美国养老目标基金经历 20 多年的发展，行业已经形成寡头垄断的格局，三巨头先锋、富达、普信占据了目标日期基金70%的市场份额。2016年，前十大公司占据了行业90%以上的份额；2017年，2016年的前10大公司除了贝莱德一家未入前十，其余9家仍稳居前十（见表4）。

表4　　美国前十大基金公司

基金公司	2017年规模（亿美元）	市场占比	2016年规模（亿美元）	市场占比
Vanguard	3 815	34%	2 803	32%
Fidelity	2 275	20%	1 929	22%
T. Rowe Price	1 656	15%	1 480	17%
American Funds	887	8%	536	6%
JP Morgan	535	5%	448	5%
TIAA-CREF	436	4%	313	4%
Principal Funds	264	2%	261	3%
American Century	190	2%	170	2%
Black Rock	185	2%	117	1%
John Hancock	172	2%	163	2%

资料来源：2018 Target-Date Fund Landscape，华宝证券研究创新部。

先锋、富达在养老目标基金的布局上，均覆盖了目标日期基金和目标风险基金。但两家基金在对养老目标基金的管理上有较大的不同。

先锋基金以被动投资见长，其管理的指数基金覆盖面广、费率低，以降低投资者成本为发展目标，近期甚至推出了零费率产品。因此，其管理的养老目标基金也根据其优势，子基金采用内部指数基金，资产涵盖了美股、海外股票、美国债券、海外债券、抗通胀债券。在顶层资产配置的设计上，目标日期基金的下滑路径在不同阶段呈现出更多的线性下滑，而生活方式基金的股债比例也较为严格地按照合同约定定期再平衡，整体呈现出被动投资的特点（见图4），因此基金管理费率也相对较低，仅收取0.10%～0.14%。

富达基金则是著名的以主动投资为特色的基金公司，因此管理的养老目标基金也有更多的主动管理。首先在资产配置上，目标日期基金的下滑路径明显经过很多优化的处理，因此变得较为复杂，而目标风险基金的股债比例设置也更加灵活，给基金经理留有20%左右的灵活空间。在资产选择上也更为丰富、细致，美股资产包括了价值型、增长型、中小盘、大盘等，海外股票也区分成熟市场和新兴市场，债券资产包括了投资级债券、高收益债券、抗通胀债券、浮动利率债券和新兴市场债券，此外还涵盖了货币基金、商品基金、房地产基金。在子基金的选择上，富达基金同样采取了内部基金，

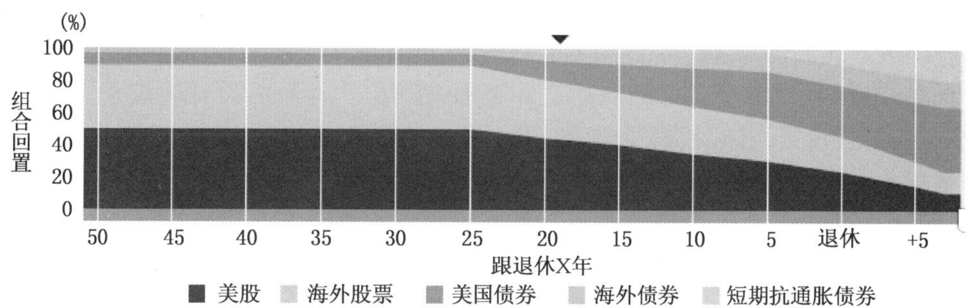

资料来源：Vangard，华宝证券研究创新部。

图 4　先锋旗下不同产品的投资组合结构

但除了被动指数基金外，也投向了多只主动管理基金以获取更多超额回报（见图 5）。

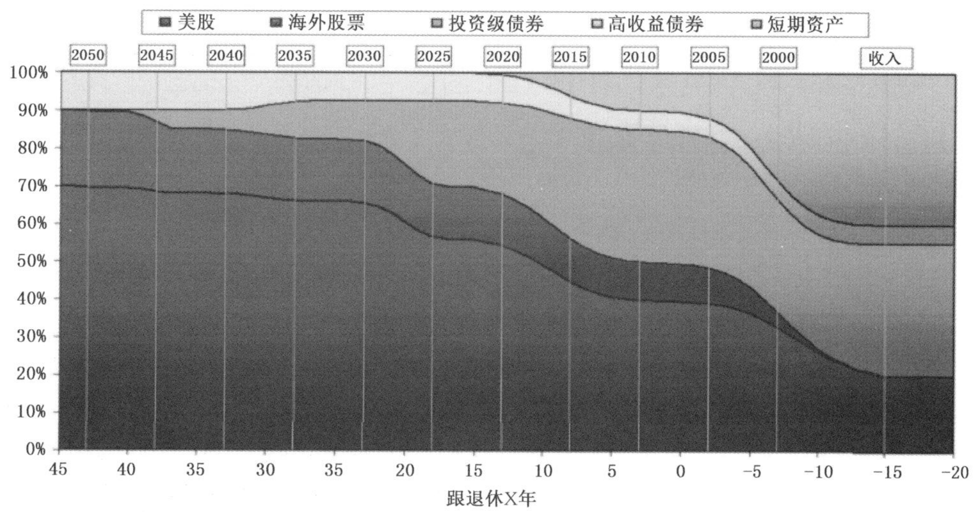

资料来源：Fidelity，华宝证券研究创新部。

图 5　富达基金旗下不同产品的投资组合结构

（三）从海外经验看养老目标 FOF 基金团队搭建

纵观海外几十年养老目标基金的发展经验，养老目标基金在管理运作上，根据产品定位的不同，会运用多种投资策略。但总体而言，养老目标基金采用多元资产配置策略，严格管理风险，需要一套系统的投资流程推进，自上而下包括：战略资产配置、战术资产配置、风格/行业轮动策略、子基金筛选策略、再平衡策略等。以先锋基金为代表的被动投资类产品，主要涉及战略资产配置以及再平衡策略，相对较为简单，投资业绩主要取决于产品设计以及市场环境。但以富达基金为代表的主动管理类产品，则会涉及上述全部策略,投资的复杂度以及专业性大大提高,超额回报更多地取决于团队的综合实力。我们认为一个良好的养老目标FOF团队需要具备以下几大特征。

首先,FOF团队需要良好的产品设计能力,逻辑在于:产品设计决定了一只产品的定位,包括其投资目标、投资策略、风险水平、投资范围等多方面,甚至能决定产品未来十至二十年的业绩表现。一只好产品能够一站式解决投资者最实际的需求,例如:养老、医疗、子女教育等。它能根据不同类型投资者的真实需求制定不同的收益特征、风险特征、流动性特征、分红特征等,并以简单直观的形式呈现在投资者面前。

其次,良好的FOF团队需要具备大类资产配置能力。对于养老目标基金这类长期产品而言,资产配置的作用尤为重要。资产配置的核心在于寻找相关性较低的资产,并根据不同产品的风险、收益特征,采用不同的资产配置模型进行分散化投资(见表5)。因此资产配置涉及多元化的资产、资产本身的风险收益特征、资产之间的相关性、各类资产当前的基本面与估值,以及资产配置模型等。

表5　　资产分类

权益类	债券类	商品类	货币类
新兴市场、发达市场	本国、海外	贵金属、工业金属	本国货币
周期、消费、科技	投资级、高收益	原油	海外货币
大盘、小盘	抗通胀债券	农产品	

资料来源:华宝证券研究创新部。

再次,良好的基金甄选能力。基金产品选择包括产品类别的选择以及产品评级体系,其中类别的选择包括主动或被动、内部或外部产品。主动与被动的优劣势很明显。被动产品风格稳定,更有利于投资策略的实现,因此无论先锋基金还是富达基金,在产品选择时均有被动产品。而主动型产品的优势在于能够获取alpha收益,若能够找到风格稳定、alpha可持续的产品,则是被动产品很好的替代,因此富达基金在管理FOF时更多地采用了主动型产品。

将国内市场与海外市场相比较,被动产品有着费率高、品种少、规模小的劣势;而主动产品由于市场不成熟能够提供更多的alpha收益,因此主动比被动的海外优势更显著,但主动产品风格的漂移仍然是最大的问题。

内部与外部的选择比较简单。内部产品优势在于可以避免双重收费问题,有利于提高投资业绩,研究成本低、可靠性强;缺陷在于可选择的范围更小,对公司本身产品线的布局有更高的要求,因此像先锋、富达等大型基金公司通常采用内部基金,而规模偏小的公司则只能采用内部+外部的方式。

最后,良好的风险管理能力。养老基金因具备养老功能,因此在风险管理上需要格外注意。风险管理则包括事前的投资决策机制、事中的组合风险敞口管理以及事后的业绩归因分析。事前的投资决策机制能够最大程度降低投资经理的个人风险；事中的组合风险敞口管理能够清晰地知道组合当前的风险点在哪里，能够承受多大的市场压力，以便帮助管理人更好的应对市场的变化，防止出现巨额损失；而事后的业绩归因则能够帮助管理人清晰地认识到自己的超额收益来源于哪里，是否与自己的判断一致，是来源于运气还是能力，是 alpha 还是 beta，帮助管理人更好地利用自己的长处。

五、公募基金公司养老型产品团队布局情况——以广发基金为例

早在证监会于 2014 年发布《公开募集证券投资基金运行管理办法》承认 FOF 的合法地位以来，大量公募基金公司开始布局 FOF 产品。随着养老相关政策的推出，养老目标 FOF 逐步成为 FOF 团队的主打方向，相应的布局和产品设计也往养老方向倾斜。

（一）人员配置

在人员配置上，公募基金公司从产品设计、资产配置和基金筛选三个方面着手，采用的是海外人才＋本土人才双管齐下的布局方式。

在众多基金公司中，广发基金属于业内率先布局的基金公司之一，核心团队成员包括：来自富达基金的国外资深专家、拥有 10 年 FOF 运作经验的老将、来自保险资管并拥有 FOF 实战经验的资深投资人员、深耕宏观与量化领域资深投资人才等。

（二）搭建投研体系

养老基金产品的投资策略最重要的是资产配置。大部分基金公司都建立从大类资产到底层基金品种的投研机制（见图 6）。

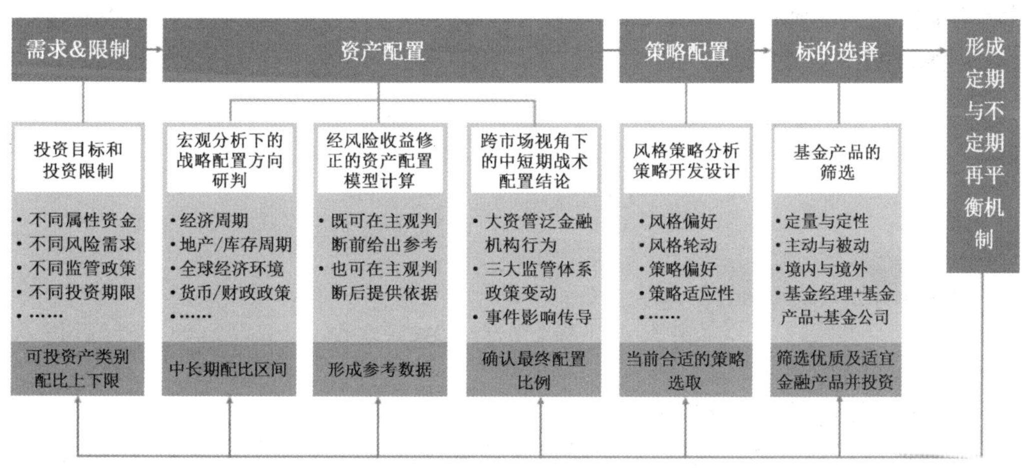

资料来源：华宝证券研究创新部。

图 6　华宝证券 FOF 组合搭建流程

以广发基金为例,其资产配置团队建立了一套涵盖宏观——中观——微观的组合构建体系,以及涵盖了风险管理、业绩归因、再平衡机制的组合管理体系,保证了 FOF 产品能够良好地运作。

基于资产配置研究分析框架,采用定性定量相结合的方法,对基本面、市场观察、配置模型和基金选择进行建模。其中基本面分析包括宏观周期、宏观趋势等;市场观测包括市场周期、市场趋势、量化配置因子和风险监控等;资产配置模型包括均值方差模型、B—L 模型、目标风险、风险平价等模型。基金筛选则通过基金收益、持仓、交易和调研综合判断(见图 7)。

资料来源:华宝证券研究创新部。

图 7 广发基金资产配置投研体系

(三)多维度的风险管理体系

针对养老目标基金,广发基金选择将风险管理的重点放在仓位控制、回撤及波动率控制、子基金筛选以及纪律性再平衡四个维度。在仓位控制上,根据风险变化的理念设置下滑轨道,并用 CVaR、ES 等指标重点评估资产的下行风险和尾部风险;在回撤及波动率控制上,实时跟踪,监测实际风格及相对风险与管理人预期是否保持相对一致；子基金的筛选过程中，剔除下行风险较大的基金，保证底层资产的风险可控；并通过纪律性的再平衡降低组合偏离度，以熨平波动。

同时，团队建立量化模型的方式实时跟踪基本面的变化，对重大变化进行监测；对产品重仓个股的基本面变化以及债券的信用情况实时跟踪；关注投资组合资产结构是否与投资人的需求相匹配，建立流动性预警机制和流动性风险应急预案。

六、养老产业发展背景中的保险资管公司建设

与公募基金发行的目标养老 FOF 产品不同，在现行法规下，保险资产管理产品的门槛较高（30 万元起），属于广义私募产品，直接面向养老需求的个人销售的商业模式性价比不高。但作为保险公司的专业资产管理子公司来说，保险资产管理公司更具有“养老保障”（第三支柱）基因，能够在养老体系建设和发展趋势中获得机遇。

因此，保险资产管理机构可以有针对性地开发面向养老需求的投资策略，特别是发挥其长期以来在资产配置能力建设上的累积优势以及在长久期资产获取中的资源优势，提供更具有竞争力的养老保险产品。就税延产品来说，由于参与税延账户的资金非正常原因外不得于退休前取出，因此负债来源相对稳定，开发低回撤具有竞争力收益的投资策略才能在众多产品提供者中胜出。从首批发行的延税养老产品看，由于试点期，延税力度有限，同时，A 类和 B 类产品的收益并不具有明显的市场吸引力，而 C 类延税保险产品——即收益浮动型产品并未展示其针对养老需求的配置思路和理念，缺乏明确的养老目标，导致其养老保险的特性被弱化。未来，保险资管机构可以采纳和借鉴海内外成熟的养老资金配置经验和团队建设经验，提供优于养老目标 FOF 的风险收益特征，加之本身具有的保险功能，双优势能够令这类产品体现出更强的竞争力。

（本文获“长江养老杯·IAMAC 2018—2019 年度征文”优秀奖）

海外个人养老金产品与投资的经验借鉴和思考

张舒宜　杜长春[*]

养老金的投资管理是养老金制度的关键环节，对个人养老金资产规模的增长具有直接影响，并决定了未来养老金支付水平的高低，海外经验表明养老金长期稳定的资金优势与资本市场的发展密切相关。养老金制度的完善、投资管理能力的提升，对我国经济和社会的稳定发展具有重要的意义。本文主要从养老金产品与投资的角度，分析海外养老金市场发展与投资的相关经验，通过对这些经验和趋势的总结分析，提出对我国养老金产品和投资管理的几点思考。

虽然我国已经建立起了养老三支柱体系，但其内部发展不均衡，养老金支付严重依赖第一支柱，基本养老保险收支缺口逐年扩大；第二支柱企业年金覆盖率低、规模小；第三支柱个人养老仍处于发展初期。随着个税递延型养老保险落地、养老目标基金获批，未来我国三支柱养老体系将不断完善。从全球范围来看，在过去 20 年里，全球养老市场实现了较快增长，积累了庞大的养老金资产规模，在养老金产品设计、资产配置等方面形成了一些可参考的成功经验，可以为我国养老金市场的发展以及投资提供借鉴。

一、国际养老金市场与资本市场的协同发展

（一）养老体系建设是养老金市场发展的基础

目前，各国普遍建立起了三支柱框架的基本养老体系，包括政府主导的公共养老金、单位和个人缴费的养老金，以及个人自主选择的养老金，尽管不同层次养老金的发展程度在各国呈现较大差异，但从主要国家养老金发展情况来看，第二、第三支柱养老金规模占 GDP 比重水平超七成。以美国为例，由于政府主导、强制实施的社会养老保险制度仅面向较低收入和弱势群体，因此，养老储备主要依赖个人的积累，仅个人退休账户余额（IRA）和 DC 计划（主要是 401K）已占到养老金总资产的 60%。美国拥有世

* 张舒宜、杜长春，太平资产管理有限公司战略发展部。

界上规模最大的共同基金,50%的持有者为婴儿潮一代,其中92%的人持有共同基金的目的是为养老做准备。除此之外,对雇主和雇员税收方面的优惠政策,以及帮助个人投资者克服选择困难的默认选择机制的存在,也促进了个人养老的快速发展。

截至2017年末,全球22个主要市场的养老金资产增至41.36万亿美元,较上年增长13.1%,全球养老金资产总额已相当于相关国家GDP的67%。在过去20年中,全球养老金资产规模年化增长率为6.2%,其中,美国养老金资产占全球总量的60%以上。截至2017年末,美国养老金总资产规模达到28.2万亿美元,较1995年增长了3倍。从各国养老金占GDP的比重来看,呈现出经济越发达,养老体系越完备的特征,从另一方面也体现出养老金对经济发展的促进作用(见图1)。

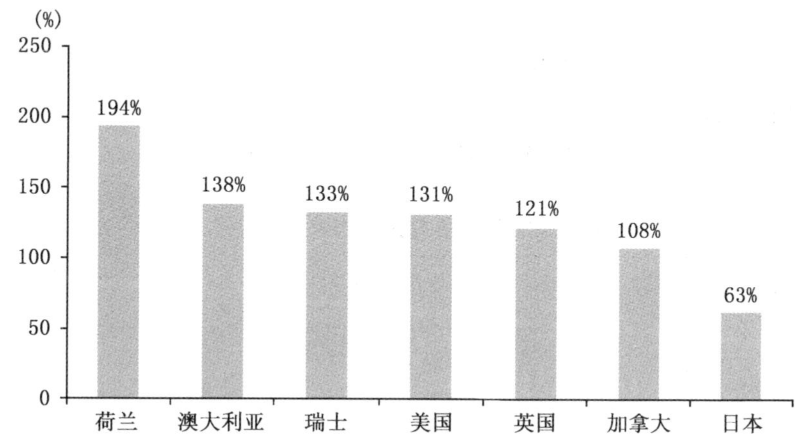

数据来源:Wills Towers Watson。

图1　P7市场养老金占GDP比重

(二)养老金市场与资本市场相互促进

美国于1978年推出"401K"计划、IRA个人养老账户计划,初衷是为了鼓励美国国民增加养老储蓄,但养老金的资产规模迅猛增长,直接成为美国资本市场的有力推手,为美国资本市场提供了数额巨大的长期资金,由于养老基金可投资纳斯达克市场,为众多上市的高科技企业提供充沛的资金支持,推动了技术进步和创新。资本市场的长期优异表现,带来了养老金投资收益的持续增加,也增强了养老金投资计划的吸引力,养老金市场与资本市场形成了良性的正反馈效应(见图2)。

从全球养老金增速与相关组合回报的相关性来看(见表1),二者呈现高度正相关关系。

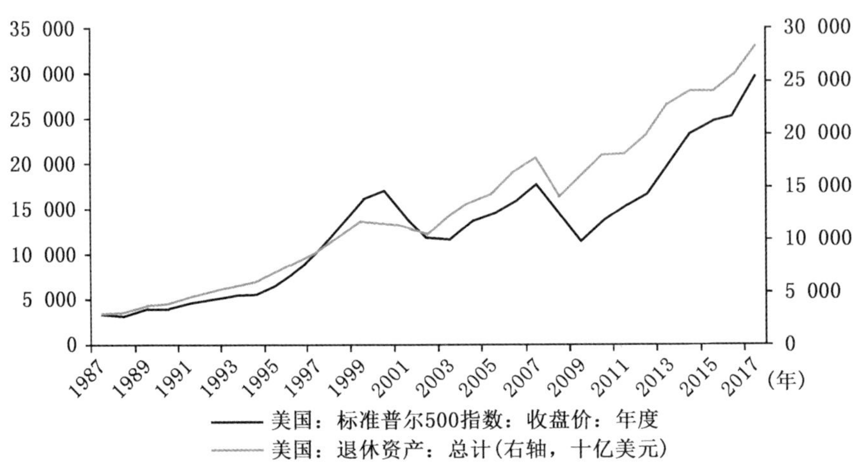

数据来源:Wind。

图 2 美国养老资产与标普 500 指数

表 1 **全球养老金增速与相关组合回报关系**

时间段	全部市场	P7 市场	相关组合回报(60%股票/40%债券)
1 年	13.1%	12.8%	16.4%
5 年	6.2%	6.3%	7.4%
10 年	4.5%	4.3%	4.9%
20 年	6.2%	5.8%	6.0%

数据来源:Wills Towers Watson。

(三)金融产品创新加速推动养老金市场发展

养老金改革的方向是让个人为养老承担更多的责任,同时也给了个人投资者更多的投资选择,激发了对养老金产品的旺盛需求,产品创新也蓬勃发展。FOF 产品分散投资风险、追求稳定收益的特性与养老金资产低风险偏好的属性高度趋同,养老金大规模稳定的资金成为推动 FOF 推出和发展的关键因素,其中最典型的是目标日期基金。

美国目标日期基金在 2000 年的规模仅为 80 亿美元,2017 年已增长至 1.1 万亿美元,IRA 和 DC 型养老计划的投资就占到目标日期基金的 87%,其中 401K 计划参与者中的 74%提供目标日期基金,参与者中的 50%以上选择持有目标日期基金(见图 3)。养老金管理资产规模排名全球第四的澳大利亚,第二支柱超级年金("My super")账户中,采用生命周期策略的资产规模占比达到 35%。我国香港地区强积金预设投资策略,为强积金成员提供现成的投资方案选择,投资风险随成员接近退休年龄而逐步降低,预设投资策略即类似的目标日期基金。

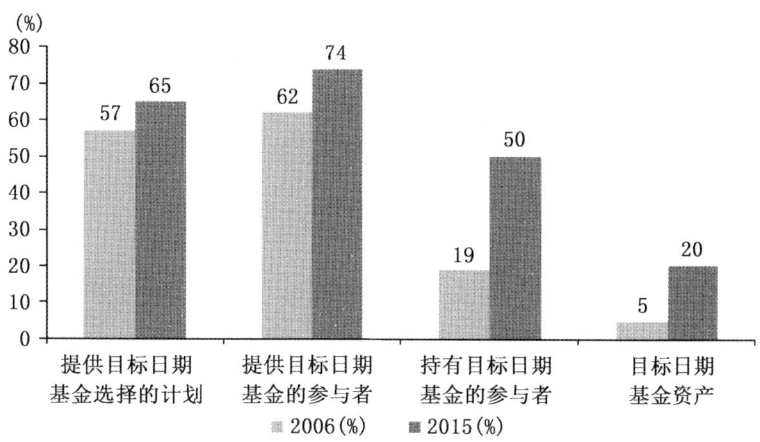

数据来源:ICI。

图 3　目标日期基金占 401K 计划的份额

二、海外养老金资产配置特点

从养老金发达市场看,养老金资产投资主要呈现以下几个特点。

(一)股票资产配置占据主要地位

全球养老金规模较大的管理机构均把权益投资作为养老金投资的重要组成部分,从全球主要几大市场养老金资产配置来看,养老金主要投向股票市场,尽管在过去 20 年间,股票市场投资占比有所下降,但仍然占据主要地位(见图 4)。

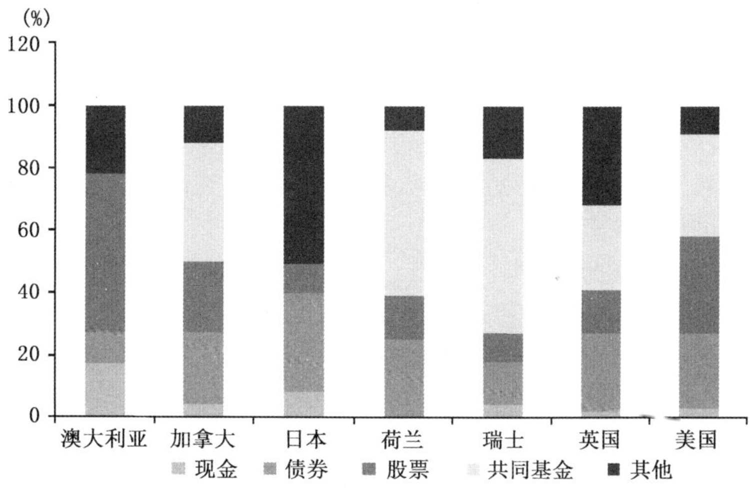

数据来源:OECD。

图 4　P7 市场养老金配置情况

美国个人养老金以共同基金为主的配置形式降低了普通投资者的入市门槛,低利率环境和美国相对稳健的基本面促使个人养老金增加权益配置,养老金与市场相互影响形成正向循环。2017 年,DC 计划和 IRA 中投向股票的资产占比达到 58%,这还不包括占比 24%的混合型基金中投向股票的部分(见图 5)。

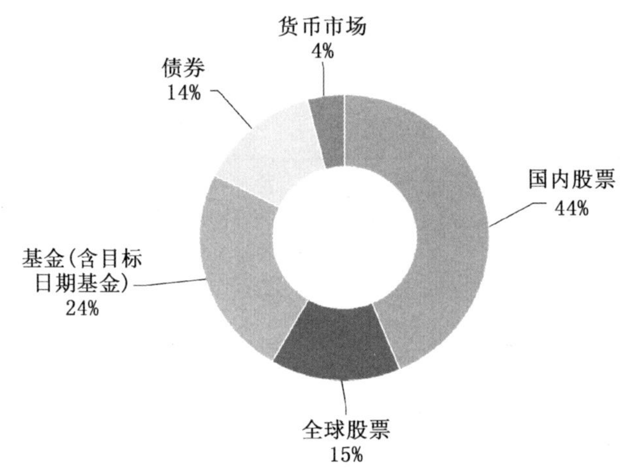

数据来源:ICI。

图 5　美国共同基金退休金账户(IRAs 及 DC plans)配置情况

(二)另类资产占比上升较快

近年来,随着生命周期基金的发展,主要的目标日期基金公司在资产配置策略上设计了权益下滑策略,随着养老金投资者年龄接近退休,会自动降低组合中的权益占比,增加固定收益类产品的配置(见图 6)。

除股票、债券外,近年来,投资房地产、私募股权、基础设施等另类投资比重也逐渐增加,并且出现较快增长,占比已从 4%增加到 20%(见图 7)。在美国,受益于美国经济的强势复苏和资本市场的持续走强,私募基金行业延续增长态势,养老金已经成为私募基金行业的最大投资者。

(三)海外投资较为集中

尽管传统投资理论认为养老金投资在多样化分散风险方面还存在一定空间,一些国家放开了对外国投资者的壁垒。但从实际情况来看,各国养老金投资偏好于国内市场(home bias)。对外国证券的投资往往少于应有的投资,即使是在进行全球资产配置时也存在明显的地区"偏见",海外投资主要针对北美、欧洲或者邻近国家,主要针对一些最先进的经济体,其中,美国是养老金投资者海外投资的五个主要目的地之一,从大部分国家来看,海外投资相对比较集中在美国、欧元区、法国、德国等地。

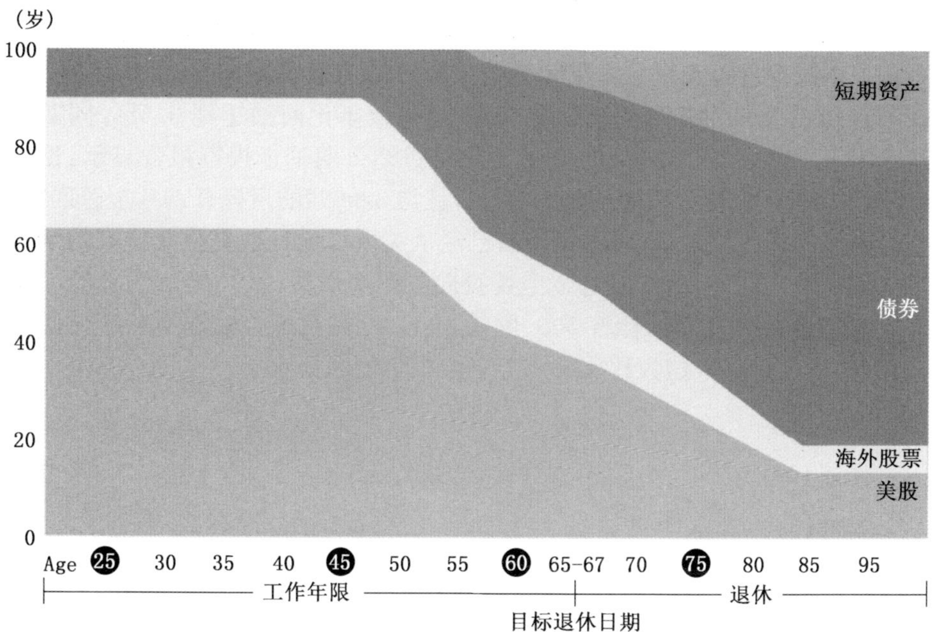

数据来源:Fidelity 基金官网。

图 6　目标日期基金权益下滑策略

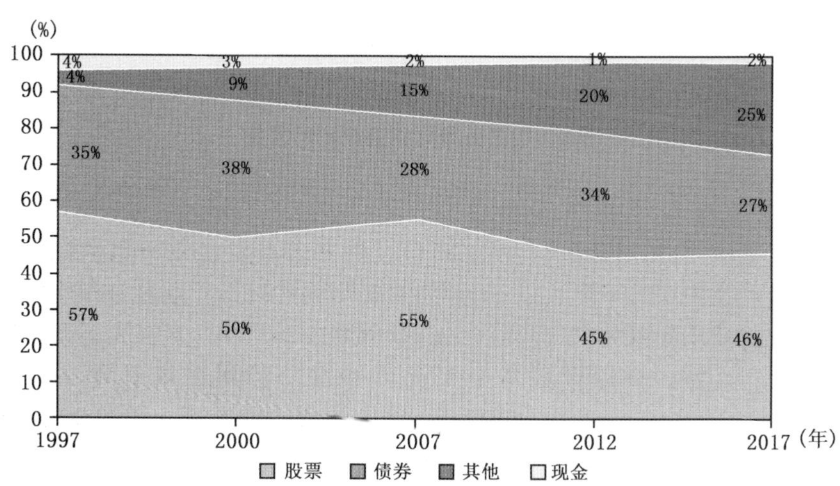

数据来源:Wills Towers Watson。

图 7　P7 市场 1997—2017 年资产配置情况

（四）投资回报呈现出长期稳定

OECD 数据显示，截至 2016 年，有 39 个国家在过去五年中每年的实际投资回报超过 2%。中国香港作为过去十年间养老金资产增速最快的地区（复合增速 8.1%），自 2000 年 12 月 1 日实施强积金制度以来，强积金年化回报达到 3.5%，同期年化综合消费物价指数变更为 1.8%（见图 8）。晨星目标日期基金投资报告显示：目标日期基金十年加权资产投资回报率达到 5.38%，且与 3.99%的目标日期基金总回报相比，取得了 1.4%的正回报缺口，说明投资者已经从买入目标日期基金并持有的状态中获得收益（见图 9）。此外，由于养老金主要投向股票和债券，从美国市场总的回报情况来看，从 2007 年到 2016 年，标普 500、罗素 2000、巴克莱综合债券指数年化回报分别为 7.1%、8.1%、4.1%，这大致反映了养老金投资的回报水平。

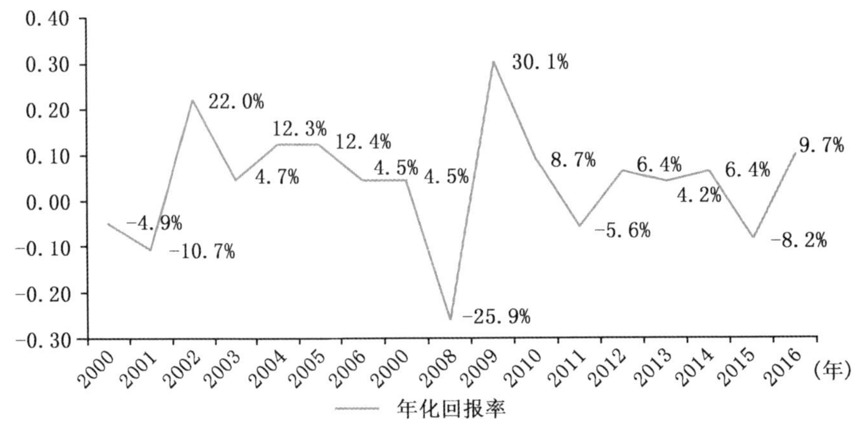

数据来源：香港强积金管理局。

图 8　中国香港强积金年化回报率

（五）投资基金费率呈下降趋势

规模经济效应、日趋激烈的行业竞争，以及消费者对低费率产品的偏好共同导致了近年来基金产品费率的下降。以 FOF 为主要形式的目标日期基金很多在母基金或子基金层面进行费用的减免，以提高产品的竞争力。2017 年，美国股票型基金的加权平均费率降至 0.59%，目标日期基金按资产加权的费率逐年下降，从 2009 年的 1.03%下降到 2017 年的 0.66%（见图 10），且从基金的资产流入情况来看，提供竞争性费用的基金更容易获得投资者青睐，这也能解释指数化产品快速发展原因，持有被动指数化产品的投资者更愿意支付较低的费用。

三、海外养老金市场对我国养老金产品投资的启示

2018 年以来个税递延养老保险落地，养老目标基金获批。未来，个人养老的第三

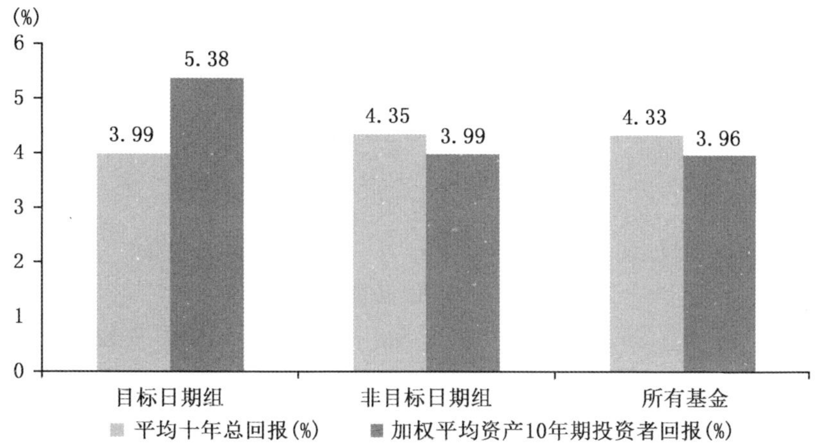

数据来源:Morning star。

图9　养老目标基金投资回报

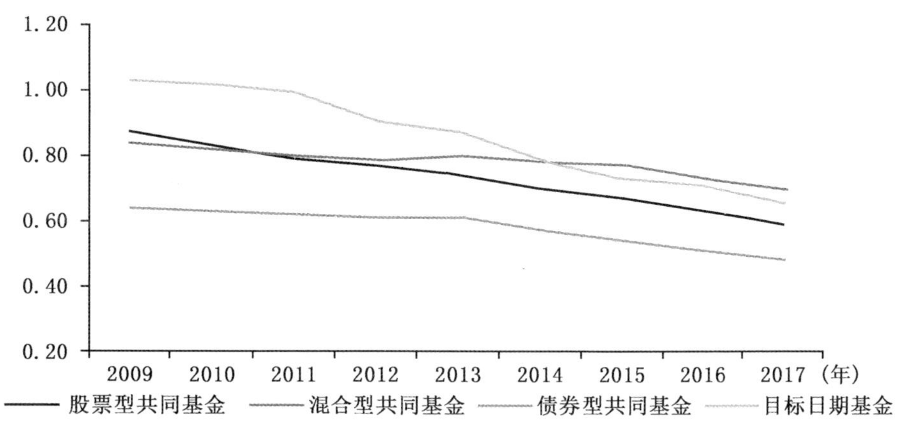

数据来源:ICI,目标日期基金数据来源于 Morning star。

图10　基金费用变化趋势

支柱养老体系将不断完善,个人养老金投资管理也将成为资管行业长期战略的重要组成部分,海外个人养老金市场发展以及投资经验对我国养老金产品投资具有以下启示。

(一)在制度上,将推进养老保险制度改革和加强监管相结合

一是继续为个人养老金的发展提供制度支持。继续推进养老金制度改革,不断改善目前养老金制度体系不平衡的状况,明确当前养老金投资的相关产品、渠道和限制,

不断完善资本市场基本制度建设,为养老金投资运作创造适宜的外部环境。

二是加强养老金投资的审慎监管。充分考虑我国目前金融市场发育程度和养老金投资的实际,加强养老金投资的审慎监管,严格规范关联交易、信息披露、内幕信息管理,建立有效的养老金投资管理的外部约束机制。

三是合理引导养老金的长期稳健投资。在个人养老金投资管理起步阶段,引导养老金投资机构建立长期稳健、严格规范内部投资管理制度,并在投资产品选择、产品收费和投资者保护方面加强引导,促进养老金投资的长期稳定发展。

(二)在产品上,发展符合我国实际的养老金产品

一是符合资本市场实际。美国目标日期基金的繁荣与其发达的股市有较大的关系,长期景气的股市为目标日期基金保持较好的收益率提供了良好的支持。目前我国股市长期回报率偏低,在一定程度上无法像美国那样给目标日期基金良好的收益支持。因此,在研发目标日期等 FOF 产品时,在产品的期限、资产配置、期限等方面均应考虑我国的国情,发展符合我国资本市场实际的目标日期型养老金产品。

二是符合投资者偏好。尽管目标日期基金可以提供多样化投资组合,在设定资产配置和平衡风险时考虑投资者的年龄,但目标日期基金并不能保证回报率,以确保投资者在退休时有足够的储蓄。从国外经验来看,目标日期基金的发展得益于默认选择投资机制。我国目标日期基金刚刚起步,而且我国第一支柱占比较大,个人投资者养老金的投资之外还兼具理财的需求。因此,除了考虑目标日期外,还需要适当考虑投资者的风险偏好以及对流动性的需求,在养老金资产配置时加入目标风险、产品贷款等因素,提高产品设计的灵活性。

三是加强产品的主动管理。尽管指数产品以其公开透明、规则化、低成本的特性将会在养老金投资中发挥非常重要的作用,2017 年,美国目标日期基金净流入资金中 95%流向了被动基金系列。但实际上,被动目标日期系列也并不是真正被动管理,每个目标日期基金经理在建立下滑路径和资产配置方面都需要作出主动的决策,进行基金资产组合的动态调整。因此,在指数型养老产品的管理方面,需要根据市场实际、投资人类型、投资策略做出主动选择。

(三)在投资上,注重动态资产负债匹配

一是树立长期投资理念。目前,国内养老金大多数受委托人要求,按照当年收益和三年期定存作为核心投资目标的设定,且在实际操作中以当年的收益率、合同期收益率作为考核体系的核心。在这种模式下,养老资金作为长期资金投资者地位和资本市场稳定器作用体现不足。如为追求短期业绩,可能会出现为追求短期业务而过分提高风险资产的比重,违背养老金长期投资的目的。因此,要区别养老金的长期保障属性,树立养老金长期投资的理念。

二是要合理分散风险。多元化投资组合可在不降低投资组合预期收益的情况下

降低投资者的投资风险，当资产绩效之间的相关性较低时，资产价格的变动可以相互抵消。多样化允许投资风险在资产之间扩散，并限制投资组合对于单个资产相关的特殊风险的敞口。因此，养老金投资组合可通过多样化投资不同类型的工具、不同部门或在不同国家发行不同货币资产来分散投资组合，寻找更加多样化的回报来源。

三是资产负债动态匹配。不同年龄、不同收入来源的投资者，对于不同的资产流入和未来不同的支付水平会呈现出不同的风险偏好，会导致产品不同的回撤。比如美国传统 IRA 账户中 20—59 岁的投资者的回撤率在 10%左右，远低于年届退休或者已退休的投资者。因此，需要根据养老金投资者的年龄、收入计算养老金长期负债结构，优化养老金的现金流和未来支付水平，从而进行相应的资产配置。

中美养老金体系对比及对我国养老金改革的借鉴

冯铁良*

20世纪80年代以来,伴随着人口老龄化趋势加快,养老金改革成为世界各国的共同选择。一是三支柱养老金体系不断发展、完善,主要表现为第二、第三支柱私人养老金发展更加迅速;二是养老金通过参与资本市场投资运营,实现保值增值。其中,美国养老金市场规模占全球养老金市场60%,[①]已经发展成一个灵活的有弹性的多支柱养老体系。本文主要梳理美国三支柱养老金体系及其投资运营经验,以期对我国养老金改革提供借鉴。

一、中美养老金体系概况

(一)美国三支柱养老金体系概况

美国三支柱养老金体系的核心是实现政府、雇主和个人三方的养老责任分担。第一支柱是联邦税收强制执行的公共养老金计划,即联邦老年、遗属和伤残人保险(简称OASDI),面向全社会提供基本的退休生活保障,覆盖全国96%的就业人口。

第二支柱是政府或雇主为雇员提供的职业养老年金计划,政府给予税收优惠,雇主自愿建立,目前已有55%的劳动人口享受该养老计划。[②] 它包括企业为雇员提供的养老金计划401(K)、教育行业及非营利组织为员工提供的养老金计划403(b)、各级政府部门为雇员提供的养老金计划(457、CSRS)等。

第三支柱是个人退休账户(IRA),IRA是一种由联邦政府通过提供税收优惠而发起、个人自愿参与的补充养老金计划。

(二)中国三支柱养老金体系概况

第一支柱基本养老保险是我国现行养老保障体系的主体,包括城镇职工基本养老

---

* 冯铁良,泰康资产管理有限责任公司副总经理、市场营销总监。

① 数据来自Willis Towers Watson。

② 数据来自ICI。

保险和城乡居民养老保险。截至2017年底，城镇职工基本养老保险基金结余4.39万亿元，城乡居民养老保险基金积累0.63万亿元。

第二支柱包括企业年金和职业年金两部分。企业年金由企业根据自身发展情况自愿建立，企业和个人共同缴费，享有一定的税收递延优惠。自2004年5月1日我国开始实施《企业年金试行办法》和《企业年金基金管理试行办法》，企业年金的投资运营至今已有13年发展历史。截至2017年年底，全国共有8万余家企业建立了企业年金计划，参保人数2 331万人，规模1.3万亿元。职业年金是以机关事业单位人员为对象的职业养老金制度，2015年4月《机关事业单位职业年金办法》颁布，其制度设计参照企业年金。

第三支柱方面，2018年4月12日，财政部、税务总局、人社部、银保监会、证监会联合发布了《关于开展个人税收递延型商业养老保险试点的通知》，标志着中国第三支柱建设从理论走向实践。

与美国相比，中国养老金规模不及GDP的10%（见表1），作为已经步入老龄化的人口大国，我国养老金市场规模明显偏小，国民养老储备不足。并且在三支柱中，主要依赖国家的基本社会保障养老，养老金结构严重失衡。中国在养老金改革上任重而道远。

表1　2016年中美养老金体系比较

		第一支柱	第二支柱	第三支柱	合计
美国	名称	OASDI	雇主养老金计划	个人退休账户	
	规模（万亿美元）	2.81	15.41	7.9	26.12
	占养老金总资产比重	10.76%	59.00%	30.25%	100%
	占GDP比重	15.10%	82.80%	42.20%	140.10%
中国	名称	基本养老保险	企业年金	个人税延商业养老保险	
	规模（万亿元）	4.4	1.11	0	5.51
	占养老金总资产比重	79.85%	20.15%	0%	100%
	占GDP比重	5.90%	1.50%	0%	7.40%

数据来源：ICI，SSA，中国2016年人力资源与社会保障统计公报，国家统计局。

二、美国养老金三支柱

（一）第一支柱概况

1. 国家立法，强制执行

联邦公共养老金作为联邦政府强制性的养老保险制度，具有广覆盖和低水平等特点,联邦政府通过不断修正法案,逐步实现了第一支柱制度的统一,基本覆盖了全部就业人口。

1935 年罗斯福总统签署了《社会保障法》,建立针对退休工人的联邦养老保险计划(OAI),希望以此来解决经济危机带来的社会动荡。而当时的社会保障覆盖范围非常有限,包括农业工人、国内服务业和政府雇员在内的 900 万人被排除在外。1939 年《社会保障法》修订,增加了遗属保险计划(SI),为退休工人的家属以及已故工人的遗属提供一定生活保障;1956 年修正案颁布,增设了残疾保险计划(DI),为 50 岁及以上的严重残疾工人以及已故或退休的工人的成年残疾子女提供福利。至此,历时 20 余年,美国基本形成了完整的老年、遗属及残疾保险(OASDI)计划。

2. 全国统筹,资金主要通过联邦社会保险税收筹集

OASDI 筹资为专项税收方式。美国社会保障税率根据经济发展程度不断进行调整。2011 年以来,按照 10.4%征收。社会保障税以全部工资收入为税基,设有上限,最高水平相当于当年最低工资的六倍、平均工资的两倍。用税收形式加以强调,其威严性、威慑力更高,有效地保证了资金来源的充足;而以限额的方式有效地弱化了收入差距。

3. 采取现收现付制度

1935 年制度建立之初,就确立了现收现付的制度模式,即由工作的一代人缴费供养退休的一代人。随着老龄化程度加深,现收现付的筹资制度具有不可持续性。美国社会保障管理总署(SSA)2018 年发布的年报显示,OASDI 预计将会在 2034 年完全耗尽。

也正是由于完全的现收现付制度,没有个人账户的累积,才使得美国联邦公共养老金的规模在 GDP 的占比较低。

4. 投资方向仅为美国特种国债

在投资管理上,美国的公共养老金以防止老年贫困为目标,资金投资管理追求安全至上,完全投资于定制的本国特种国债,根据养老基金的给付需求量身定制到期日和利率组合,不做主动投资。除此之外,出于流动性管理的考虑,还持有极少比例的短期票据。

(二)第二支柱概况

1. 完善的立法保障了美国第二支柱快速发展

美国的雇主养老金计划是世界上最早产生也是目前最为发达的一类退休金计划。1974 年,美国颁布《雇员退休收入保障法》,为美国雇主养老金计划的发展奠定了坚实的法律基础。1978 年修订《税收法》,创造性地推出 401(K)计划。1986 年通过了《税法改革修正案》,加大了鼓励和引导自愿性企业退休和个人退休投资计划的力度,并在其后不断修正细则。2006 年的《养老金保护法案》(PPA of 2006)更是极大地促进了

401(K)计划的发展,401(K)计划从2005年底的2.4万亿美元快速提升至2017年的5.3万亿美元。《养老金保护法案》主要内容包括:鼓励企业雇主发起计划时设立启动"自动加入"机制,由雇员的选择性加入转变为自动加入;引入"合格默认投资工具";同时提高退休账户的可移动性,在雇员工作发生变动时,401(K)的资金可移动到相应的IRA账户或者新雇主的401(K)计划。如今,美国的雇主养老金计划已经成为社会保障体系的重要支柱。截至2016年底,美国雇主养老金计划规模15.4万亿美元,覆盖55%的美国家庭(7 700万)。[①]

2. DC计划逐渐成为第二支柱的主流选择

最近30年来,美国雇主养老金计划发展的大趋势是:从传统的DB型计划(Defined Benefit,简称DB型)向DC型计划(Defined Contribution,简称DC型)转变。在20世纪70年代以前,雇主养老金计划基本都是采取DB型模式,即雇主根据雇员在本机构的工作年限以及退休前工资等多项指标,按照一定的计算公式确定其退休金标准并支付养老金。自20世纪70年代末,特别是1981年美国《联邦税法》中401(K)、403(b)及457条款中明确规定不同类型雇主为雇员建立积累制养老金账户可以享受延期税收优惠后,加之DB计划雇主承担的压力较大,越来越多的雇主养老金计划开始采取DC型计划。截至2016年末,DB型养老计划规模2.9万亿美元,DC型计划规模高达7.0万亿美元。政府雇员养老计划仍主要采用DB型计划,规模为5.5万亿美元(见图1)。[②]

3. 投资选择多样化

以401(K)计划为例,在投资产品的选择上呈现出多元化趋势,共同基金是规模最大的一类产品,如图2所示。

在401(K)计划中,雇主可以选择纳入计划中投资品种的种类和数量,基本上绝大多数401(K)计划都有提供美国国内股票基金、国际股票基金和国内债券基金。根据ICI 2017年报,平均每个401(K)计划中有28只基金可供选择,其中国内股票基金大约有10只,约有一半的计划提供至少1只货币基金,同时目标日期基金也是比较常见的投资选择,四分之三的计划提供9只备选目标日期基金。[③] 具体情况见图3。

(三)第三支柱概况

1. 发展历程及类型

为了把个体经营者和不参与第二支柱养老金计划的雇员纳入养老计划,1974年美国国会通过的《雇员退休收入保障法案》提出建立IRA。它是美国第一部全面规范企业年金与个人储蓄计划的法案,几乎所有的美国人都能从中受益(见表2)。个人退

① 数据来自ICI。
② 数据来自《ICI2017年报》。
③ 数据来自《ICI2017年报》。

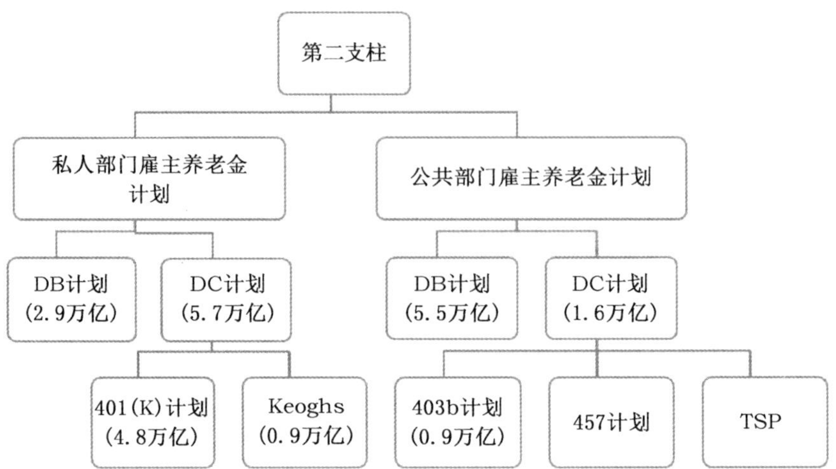

单位：美元。

数据来源：ICI。401(K)是面向营利性且和部分非营利性组织的计划；403(b)计划适用于教师、医护人员；457计划适用于政府雇员；Keoghs是小企业和自雇人员的养老计划；TSP是联邦雇员养老计划。

图1　第二支柱框架

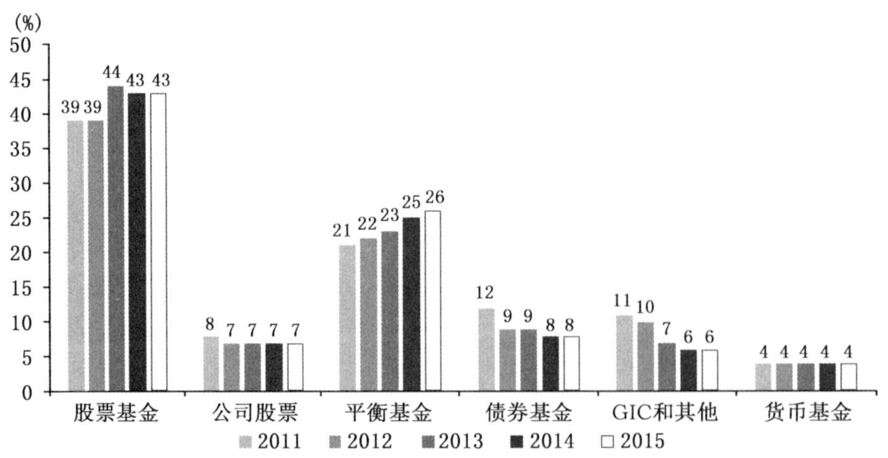

图2　401(K)投资产品类型分布

休储蓄计划同样适用于税收递延条款。根据种类不同，在缴费、投资和给付阶段均有可能免税。2016年最高年缴费限额为5 500美元，年龄超过50岁可额外追加缴费。[①]

① 数据来自《ICI2017年报》。

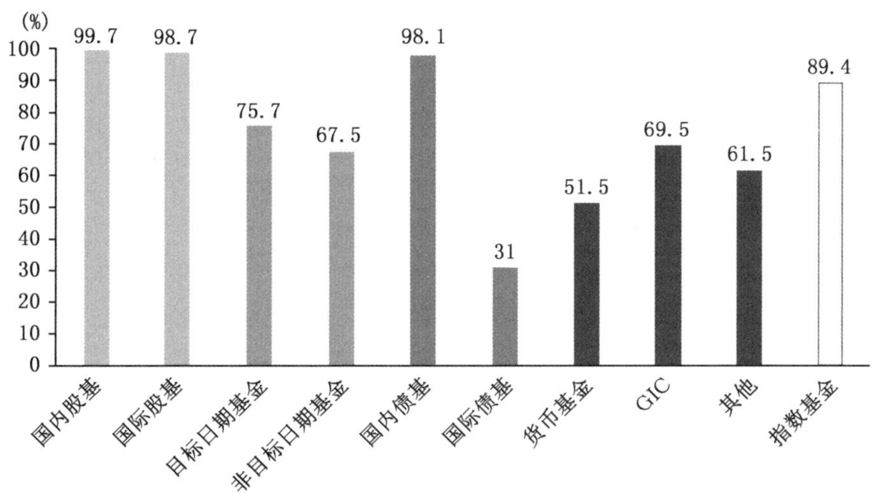

图 3　401(K)计划提供的投资解决方案的比例(%)

表 2　IRA 分类情况

类型	起始时间	特　点	参与家庭数	覆盖率	总资产
传统 IRA	1974《退休职工收入保障法》	个人缴费，EET 税收优惠，开设年龄不超过 70.5 岁	3 210 万户	25.5%	6.7 万亿美元
罗斯 IRA	1997《纳税人救济法》	个人缴费，TEE 税收优惠，无开设年龄限制	2 190 万户	17.4%	0.66 万亿美元
SEP IRA	1978《税收法案》	雇主为所有雇员等额缴费	720 万户	5.7%	0.5 万亿美元
SAR-SEP IRA	1986《税收改革法案》	参与者选择性工薪延期缴费，雇主为雇员缴费			
SIMPLE IRA	1996《小企业工作保护法案》	适用于 100 人以下公司，且无其他养老计划，雇主内年必须缴费			
合计			4 250 万户	33.8%	7.85 万亿美元

数据来源:《ICI2017 年报》。

2. 账户资产配置

IRA 采用信托模式管理，银行、基金、保险、券商等都可以作为托管人。与 401(K)计划相似，IRA 允许个人根据自身的风险收益喜好，自主、灵活地配置资产，投资选择多样化，共同基金是大部分家庭 IRA 资产配置的首选(见图 4)。截至 2016 年底，IRA 账户的资产总额 7.9 万亿美元，占养老金总资产的 30%;其中，3.7 万亿美元投资

于共同基金[①]。

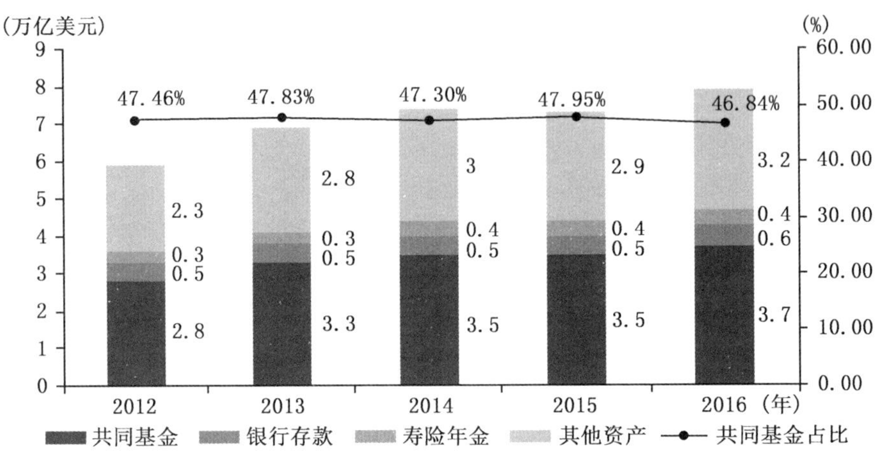

图 4　IRA 投资产品类型分布

三、中国养老金三支柱

（一）第一支柱：基本养老保险

1. 发展历程

目前我国的基本养老保险主要包括城镇职工基本养老保险和城乡居民养老保险，其中城乡居民养老保险包括城镇居民社会养老保险和新型农村养老保险。

我国的基本养老保险自 1951 年颁布的《中华人民共和国劳动保险条例》开始建立。1991 年颁布《国务院关于企业职工养老保险制度改革决定》，我国开始多层次养老保障制度改革之路。2000 年发布《关于完善城镇社会保障体系的试点方案》，开始引导企业为员工建立企业补充养老保险。2009 年，国家政策首次对农村人口养老保险做出明确规定，新型农村养老保险制度试点开始运行，打破了农村原有的单一依靠家庭储蓄和养儿防老的局面。2011 年，城镇居民社会养老保险根据《中华人名共和国社会保险法》开始试点运行。目前，虽然我国社会基本养老保障体系已经实现多层次、广覆盖，但仍处于深化改革时期。

2. 主要类型及特点

我国基本养老保险主要类型及特点参见表 3。

① 数据来源：《ICI2017 年报》。

表 3　　中国基本养老保险主要类型

	城镇职工基本养老保险	城镇居民社会养老保险	新型农村养老保险
参保对象	城镇各类企业职工、个体商户及灵活就业人员	年满 16 周岁，未被城镇职工养老保险覆盖的城镇居民	年满 16 周岁，未被城镇职工养老保险覆盖的农村居民
资金来源	企业缴纳职工工资的 20%，职工缴纳 8%	个人缴费和政府补贴	个人缴费、集体补助和财政补贴
领取条件	达到法定退休年龄并办理完退休手续	年满 60 周岁，缴费满 15 年	年满 60 周岁，缴费满 15 年

3. 采取部分积累制度

我国《社会保险法》规定，职工基本养老保险采取社会统筹账户和个人账户相结合的部分积累制度模式，其中社会统筹部分采取现收现付制，个人账户部分采取基金积累制，这是我国基本养老保险体制最具特殊性的地方。

4. 省级统筹，资金以社会保险费征收

长期以来，统筹层次过低一直是困扰基本养老保险制度发展的重要因素。分区域看，东部结余多、中西部结余少，特别是在东北等老工业地区，缴费人员少、退休人员多、抚养负担重的情况比较突出。因此，如何通过提高统筹层次，在更大的范围内调剂基金余缺，均衡地区之间因抚养比差距而导致的负担不均就变得尤为重要。2018 年政府工作报告中已经提出建立企业职工基本养老保险基金中央调剂制度，从各省份的养老保险基金中提出一部分形成资金池，由中央统一在全国各省份之间调剂使用，逐步解决从省级统筹到全国统筹的制度发展问题。

另外，我国的基本养老保险采用缴费的方式征收，一般由税务部门代为征收，其威慑力弱于税收，所以仍有很多企业少缴、漏缴，甚至不缴社会养老金的现象存在。

5. 养老金入市，成立全国社会保障基金应对老龄化

为了应对老龄化，我国在 2000 年建立了全国社会保障基金作为“国家社会保障储备基金”，并成立全国社会保障基金理事会专门管理社保基金和基本养老保险的投资运营。同时为了进一步提高基本养老保险的投资收益，自 2016 年开始，我国已经允许基本养老基金入市投资。截至 2017 年底，全国已经有 14 个省（区、市）与社会保险基金理事会签署了委托投资合同，合同的总金额是 0.585 万亿元。①

与储备基金 4.4 万亿元的规模比起来，目前准予入市的基本养老基金规模还比较小，大部分仍投资于银行存款和国债，整体收益率较低，所以我国的养老金第一支柱同样面临着“入不敷出”的局面。表 4 是 2017 年我国第一支柱养老金结余情况。

① 数据来自人社部。

表 4　　2017 年我国第一支柱养老金收支结余情况　　单位:万亿元

	城镇职工基本养老保险	城乡居民基本养老保险	全国社保基金
收入	4.33	0.33	0.06
支出	3.81	0.24	—
结余	4.39	0.63	0.86

(二)第二支柱:企业年金、职业年金

1. 企业年金

我国的企业年金从 2006 年下半年开展市场化投资运作,到目前已有 12 年投资运作历史。截至 2017 年底,参与企业 8.04 万家,职工覆盖 2 331 万人,规模 1.29 亿元,运作以来平均收益率 7.34%,取得了超越通胀的稳健收益。[①] 从制度设计来看,第二支柱建立了以受托人为中心的信托模式。例如,企业年金由企业发起设立年金计划,确定受托模式后,由受托人代表委托人选择投资管理人、托管人和账户管理人。通过四个资格管理人之间的相互监督,最大程度保证基金运营安全。在缴费方面,新颁发的《企业年金颁发》规定,企业和职工个人缴费合计不超过企业职工工资总额的 12%,其中企业缴费上限 8%。

(1)建立企业以国企、央企为主

目前年金基金 70%~80%来源自国有大中型企业及银行,多为铁路、电网、石油石化、烟草等,规模排名前十的单一计划规模在市场总规模的占比超过 40%。同时,随着人社部《企业年金办法》的颁布,大部分央企有意愿将企业缴费比例从目前的 5% 上调至 8%,委托人的规模滚动和集聚效应将更加显著。相比之下,中小企业建立企业年金计划的意愿不强烈,整体规模占比较小。

(2)投资范围不断拓宽

2013 年,人社部放开投资范围,基础设施债权计划和信托计划等另类投资品种纳入安全垫资产的范围,并开始推行企业年金投资产品化;2014 年,进行优先股和股权投资的试点。

2. 职业年金

2016 年 9 月 28 日,人力资源社会保障部、财政部正式印发《职业年金基金管理暂行办法》(人社部发〔2016〕92 号),其后陆续下发相关配套政策,职业年金基金市场化管理运营工作在紧密筹备,目前中央国家机关事业单位、新疆维吾尔自治区已完成职业年金管理人的评选工作。

根据市场预测,目前全国机关事业单位工作人员 4 000 万左右,在编人员全部纳入

① 数据来自《2017 年全国企业年金数据摘要》。

职业年金制度。经估算全国每年职业年金新增资金在 1 500 亿元左右;由于缴费规模稳定可持续,考虑投资收益之后,预计到 2020 年后,职业年金市场规模将达到 1 万亿元。在制度设计上,职业年金的定位主要是弥补改革前后机关事业单位工作人员的待遇落差,所以职业年金的缴费比例做了明确规定(单位 8%,个人 4%)。此外,在运营模式上,职业年金虽然和企业年金一样采用信托管理模式,但是在管理人的设置上有所区别,主要体现在职业年金明确了由代理人(省级社保经办机构)负责账户管理工作。

(三)第三支柱:个人税延商业养老保险

2018 年财政部、国税总局、人社部、银保监会和证监会五部委联合发布《关于开展个人税收递延型商业养老保险试点的通知》,标志着中国版养老金税收优惠政策试点正式亮相。从 2018 年 5 月 1 日起,上海、江苏(仅苏州工业园)、福建(含厦门市)三省市率先试点养老税延保险产品,另外公募基金的养老产品政策也将在 2019 年推出。拟试点的个人税收递延型养老保险采用契约型管理模式,将个人养老保险资金与其他保险资金一起运作,其实质是具有养老金功能的商业保险产品。虽然只在三个地区试点且规模上限仅每月 1 000 元,但是作为政策的重大突破,预计随着该模式的不断扩大和优化,会对中国居民的养老投资模式起到颠覆性作用。

四、美国养老金体系对中国的启示

世界上并不存在养老金制度的标准模式,美国的养老金制度也并非尽如人意。但总体上,美国养老金体系的运行十分平稳,其体制框架、组织过程和功能目标都有突出特色,其发展经验能够给中国的养老金制度改革以重要的启示。

1. 提高养老金立法层次

建立健全的养老金体系是政府的责任,不论是公共养老金的进一步改革还是第二、第三支柱的建设,政府都应该制定各项政策促其发展。美国在社会保障制度成立之前先经由大量论证确立基本法《社会保障法》,历经 70 多年实践考验。后期随着社会保障制度的改革及时建立、完善相关法律,从根源上保证了各项制度有法可依。我国社会养老保障运行数十年,单靠行政性法规及办法来支撑运行,直到 2010 年才建立了《社会保险法》,但也仅是对社会保障制度进行纲领性的规定,包括职业年金、企业年金等相关规定主要是部门规章,层级相对较低,制度运作缺乏稳定性和权威性。建议不断加强相关法律法规的建设,提高立法层级以保证养老金制度的长期有效运转。

2. 大力推动第二、第三支柱发展

在多支柱养老体系的制度设计上,应当将三支柱通盘考虑,适当降低社会基本养老保险的缴费比例,让位于第二、第三支柱发展。美国社会保障税率长期保持在 12.4%,受金融危机影响,为减轻老百姓负担,2011 年税率下降到 10.4%,2011 年 OECD 国家公共养老金平均费率 17.9%。而我国则是以养老保险费的形式征缴,基本养老保险费率达到28%,企业缴费负担过重,影响了实体经济竞争力和企业建立企业年金计划的积极性。建议可以考虑将社会保险费改为社会保险税,同时降低缴费比率,提升实体经济竞争力,也为第二支柱和第三支柱发展留出空间。

此外,美国联邦政府的政策支持是第二、第三支柱养老金计划发展的关键基础。20世纪70年代以来,以401(K)计划和个人退休金账户(IRAs)为代表的私人养老金制度从无到有发展壮大,并成为美国养老体系的中坚支柱,联邦政府的税收优惠政策(也即对缴费和投资收益免税、但对领取征税的EET税制)是其获得发展的主要刺激手段。因此,建议强化税收优惠、降费等激励机制,提高第二、第三支柱养老金制度的吸引力。例如,加大第二支柱税收优惠幅度;将比例制的税收优惠方案改为额度制;在待遇领取阶段设置一定的免税额;将第二、第三支柱的税优优惠打通,允许未参加企业年金计划的个人在其个人养老金账户中享受响应的税收优惠力度。

3. 培育长期投资理念,加快养老金入市

养老资金性质具有"唯有源头活水来"式的长期性和稳定性,资金的沉淀性和增量性都很强,是资本市场重要的压舱石。基于美国私人养老金的发展经验,共同基金在DC计划和IRA等雇主发起式退休金计划中扮演了关键角色,截至2016年底,DC计划与IRA账户持有共同基金的比例分别为55%和47%,二者合计持有的7.6万亿美元共同基金在25.3万亿美元的美国退休金市场占比达30%,[①]成为推动共同基金业持续成长的不竭动力。正是在强大的资本市场中的运作才保证了美国私人养老金规模的保值增值。

目前我国养老金三支柱均参与市场化运作,2017年底,市场化运作规模在1.84亿元,占比仅为30%,[②]且第二支柱养老金投资范围相对于保险资金、储备基金较窄,投资比例限制较多。在法规基础上,每个年金计划又设置了个性化的投资政策要求,追求短期收益和短期考核结果,因此权益类资产投资长期低于10%;对固定收益类资产的子类品种设有诸多主体资质、集中度及比例限制,导致可选择的固定收益类资产十分有限。

结合我国养老金保值增值的迫切要求,建议引导建立长期投资理念,应该加快养老金入市步伐,通过市场化的投资运营增加其长期收益。应考虑进一步放开养老金投资范围,结合目前社保基金投资范围和比例,适时放开境外投资,鼓励开展长期投资,进一步放开企业年金权益投资上限和参与优先股、股权类资产投资,推动年金投资的监管模式由组合管理向产品管理转变。同时应制定完善的风险准备金机制和信息充分披露机制,以应对市场风险,保障养老金的安全透明。

---

① 数据来自ICI。

② 根据《2017年全国企业年金数据摘要》和《2017年人力资源与社会保障统计公报》推算。

后 记

伴随着人口老龄化趋势的不断加快，推进国家养老保障体系改革，推动养老金市场化多元化运作，以应对老龄化高峰来临的挑战，成为世界各国养老保障制度的重要任务。养老金规模大，投资期限长，具备抗通胀、下跌风险厌恶等特点，对资金安全性要求高。如何助力提高养老保障的覆盖程度，提升社会养老服务的供给水平，养老金管理机构如何提升投资运营专业能力，养老金如何实现长期稳定保值增值等，都是我国养老金投资管理亟待解决的核心问题。在此背景下，“长江养老杯·IAMAC 2018—2019 年度征文”活动主题确定为“养老金投资管理:战略与机遇”，旨在引导业内外积极探索更好助力养老金投资管理的业务模式与经验方法。

本次征文活动由中国保险资产管理业协会主办、长江养老保险股份有限公司协办。征文活动得到了监管机构、业界及社会各界的积极参与，多篇论文刊登于《中国保险资产管理》(双月刊)、“中国保险资产管理业协会”微信公众号等，取得了良好的宣传效果和广泛的社会影响。

征文活动成立了由中国保险资产管理业协会执行副会长兼秘书长曹德云，中国保险资产管理业协会副秘书长刘传葵，长江养老保险股份有限公司党委书记、董事长苏罡，中国社会科学院世界社保研究中心主任郑秉文，国务院发展研究中心金融研究所保险研究室副主任朱俊生(按姓氏拼音排序)组成的评审委员会。经过严格初审，共有近三十篇论文进入最终评审，经过评审委员会的严格匿名评审，共评选出优秀论文 14 篇，26 篇文章入选论文集。

由于编印时间紧迫，《养老金投资管理:战略与机遇——“长江养老杯·IAMAC2018—2019 年度征文”论文集》的编撰工作难免有疏漏之处，敬请业内同仁、广大读者提出宝贵意见和建议。

中国保险资产管理业协会
2019 年 10 月